Unit 1

[유형 공략법] 자기 소개는 OPIc 시험에서 첫 번째로 출제되는 문제이지만, 실제 등급 결정에 있어 주요 역할은 하지 않는다. 하지만, 영어 인터뷰나 인적성 면접 등 다방면으로 활용될 수 있으므로, 특별한 자기 소개는 미리 준비해두는 게 좋다. 자신을 가장 잘 들어낼 수 있는 요소를 소재를 고르고 잘 배치하면, 자연스러운 흐름으로 독특한 소개를 할 수 있다는 것이 공략법이다.

– 학생

주제	기출 문제
학교	Tell me about your school. Where is it located? What does the campus look like? What can you see on campus? 당신의 학교에 대해 말해주세요. 어디에 위치해 있나요? 캠퍼스는 어떻게 생겼나요? 캠퍼스 안에 무엇이 있습니까? 출제팁 도서관이나 랩실 등 학교 시설이나 강의실 묘사도 출제됨.
수업	What is your favorite class at school? Why do you like the class? Can you tell me about it in detail? 좋아하는 학교 수업은 무엇인가요? 왜 그 수업을 좋아하나요? 수업에 대해 자세히 말해주세요. 출제팁 수강신청 프로세스 설명 문제도 출제됨.
전공	What is your major? Why did you choose this field of study? What course are you currently taking? 전공이 무엇인가요? 왜 그 분야를 선택했나요? 현재 어떤 수업을 듣고 있습니까?
과제	I'd like to know about your last assignment at school. What was it? Were there any difficulties in getting it done? 최근 학교 과제에 대해 알고 싶습니다. 무엇이었나요? 과제를 마치는데 어려운 점이 있었나요?
프로젝트	I'd like to know about a class project that you've worked on recently. What was it about? What did you do to get it done well? 최근 참여했던 수업 프로젝트에 대해 알고 있습니다. 무엇에 관한 것이었습니까? 프로젝트를 잘 마치기 위해 무엇을 했나요? 출제팁 프로젝트의 형태(그룹 vs 개인, 프로젝트를 하면서 어려웠던 점, 마감일과 관련한 경험, 프로젝트에 사용한 기술 등과 관련한 문제도 출제됨.
이벤트	Tell me about a special event that took place at your university, such as a graduation ceremony or a school trip. What was so memorable during that event? 수학여행이나 졸업식과 같이 대학교에서 있었던 특별한 이벤트에 대해 말해주세요. 이벤트 동안 기억에 남는 것들은 무엇인가요?

– 직장인

주제	기출 문제
회사	Tell me about the company you currently work for. Where is it located and when was it established? What services or products does it provide to customers? 현재 다니고 있는 회사에 대해 이야기해 주세요. 어디에 위치해있나요? 그리고 언제 설립되었나요? 어떤 서비스나 상품을 고객에게 제공하나요? 출제팁 현재 다니고 있는 회사 산업분야의 트렌드, 유명한 대표 기업, 그 기업의 서비스나 상품 관련 문제도 출제됨.
업무	What task do you usually do at your work? What are your responsibilities? How do you accomplish them? 회사에서 주로 어떤 일을 하나요? 맡은 일이 무엇인가요? 그런 일을 어떻게 해내나요? 출제팁 동료와 함께 진행하는 업무에 관한 문제도 출제됨.
프로젝트	Have you ever had problems with any project? What was the problem and how did you solve it? 어떤 프로젝트를 하면서 문제를 겪은 적이 있나요? 문제가 무엇이었나요? 그리고 어떻게 해결했나요? 출제팁 프로젝트의 형태(그룹 vs 개인)에 대한 선호도, 마감일을 지키지 못했던 경험 등과 관련한 문제도 출제됨.
테크놀로지	Tell me about the technology or equipment in your office or workplace. Which device do you use regularly? What do you use it for? 사무실이나 회사에 있는 테크놀로지나 기기에 대해 말해주세요. 어떤 기기를 자주 사용하나요? 왜 그것을 사용하나요? 출제팁 사무실에 있는 테크놀로지 외에 프로젝트에 사용된 테크놀로지에 관한 문제도 출제됨.
트레이닝	Please tell me about the most memorable training you have had in your company. What kind of training was it? Why was it memorable? 회사에서 받았던 가장 기억에 남는 트레이닝에 대해 말해 주세요. 어떤 종류의 트레이닝이었나요? 왜 기억에 남나요?

01 자기소개

AL-Unit01_1.mp3

Q) Let's start the interview now. Tell me a little about yourself.

이제 인터뷰를 시작하겠습니다. 자기 소개를 해주세요.

질문 키워드	interview, yourself
답변 키워드	OPIc 시험 시작을 알리는 질문이므로, 듣자마자 바로 자신있게 자기 소개가 나올 수 있도록 준비한다. 단순한 문장들로 외관 묘사에 그치지 않고, 내가 어떤 사람인지를 알리는 정보를 반드시 담도록 한다. 단, 관련 일화를 너무 자세하게 설명하느라, 특정 부분이 길게 늘어지지 않도록 주의한다. 소재를 어떤 순서로 배치하는지에 따라 답변의 흐름이 달라질 수 있다. 따라서, 강조하고 싶은 소재를 뒤로 배치하여 답변을 작성한다.

STORY TELLING 답변 연습

단계별 답변 키워드	샘플 답변
기본 소개 ① 이름 ② 나이 ③ 회사, 부서, 직급 ④ 가족	Sure, no problem. I'd be happy to tell you a couple of things about myself. ① My name is 김상진, and ② I am *in my late 30s. ③ I've been working for 6 years as a manager in the human resources department of ABC Electronics, one of the largest corporations in Korea. ④ Currently, I live with my wife and two kids in an apartment in Seoul. My wife stays at home to take care of our children, and my first child is about to enter elementary school next year.
살붙이기 ① 직장 생활 ② 여가 시간	① I am usually extremely busy at work, but ② when I have free time, I like to go out to dinner with my family or, just stay at home and watch TV. When I *get time to myself, I enjoy a round of golf with some colleagues or old friends.
바람이나 계획	I wish I could have more time to do things, but I am pretty happy with what I have now and what I am doing. That's all I can think of right now, thanks.

해석 [기본 소개] 그럼요. 저에 대한 소개를 할 수 있어 기쁩니다. 제 이름은 김상진이고, 나이는 30대 후반입니다. 저는 한국에서 가장 큰 회사 중 하나인 ABC Electronics의 인사팀에서 6년 넘게 매니저로 일하고 있습니다. 저는 현재 서울에 있는 아파트에서 아내와 두 자녀와 살고 있습니다. 아내는 우리 아이들을 보살피기 위해 집에 있으며, 제 첫째 아이는 내년 초등학교에 입학할 예정입니다. [살붙이기] 저는 직장에서 매우 바쁩니다. 그러나 여유가 있으면, 가족과 함께 외식을 하거나, 주로 집에서 TV를 보면서 쉽니다. 제 자신만을 위한 시간이 생기면, 동료나 옛 친구들과 골프를 즐깁니다. [바람이나 계획] 저는 다른 일을 할 시간이 좀 더 있었으면 좋겠습니다. 하지만 제가 가진 것과 제가 지금 하고 있는 일에 매우 만족합니다. 이상입니다. 감사합니다.

등급업 표현

* in one's early/mid/late 연령대 : 인물 소개를 할 때, 반드시 한번은 어필해야 하는 표현이다. 정확한 나이를 말하지 않고, 연령대로 표현하는 방법이다.

* get (some) time to myself : have a free time의 다른 표현으로 "나만의 여가 시간을 가지다"라는 표현이다. have/need/want 등의 다양한 동사와 활용하여 자기 소개 시, 여가 시간에 하는 활동을 끌어낼 수 있는 표현이다.

EXPRESSIONS 답변 핵심 표현

- corporation   기업
- currently   현재
- human resource department   인사팀
- take care of   돌보다
- be about to   ~하려 하다
- colleague   동료
- go out   외출하다, 외식하러 나가다

02 회사에서 하는 일

 Q) What task do you usually do at your work? What are your responsibilities? How do you accomplish them?

회사에서 주로 어떤 일을 하나요? 맡은 일이 무엇인가요? 그런 일을 어떻게 해내나요?

질문 키워드	what task, what~responsibilities, how~accomplish
답변 키워드	직장 관련 주제에서 task(일)와 responsibility(책임, 맡은일)가 "업무"를 의미한다. 자신의 업무가 어떤 종류인지(what kind~task), 업무가 무엇인지(what~responsibilities), 어떻게 처리하는지(how~accomplish)에 대해서도 추가로 묻고 있다. 특히 what kind와 what의 질문 의도를 파악하여 답변내용이 겹치지 않도록 주의한다.

STORY TELLING 답변 연습

단계별 답변 키워드	샘플 답변
기본 소개 ① 근무 부서 ② 직급 ③ 주 업무	Ok, I can tell you about *what I do at work. At my job, ① I am in charge of the sales team 1. ② As a team leader, ③ I carry a lot of responsibilities related to overall sales management.
살붙이기 ① 맡은 일 1 ② 해내는 방법 ③ 맡은 일 2 ④ 해내는 방법 ⑤ 맡은 일 3	① First of all, I am responsible for making important decisions in managing and tracking of sales and handling problems that come up. ② I do a lot of paperwork such as checking and approving all reports from partner teams as well as those from my own. ③ Another one of my responsibilities is to attend *a multitude of meetings. ④ We have discussions on setting and achieving monthly sales goals, and analyze sales figures. We try to make sure everyone is on the same page and on track to meet out deadlines. ⑤ On top of that, I have to maintain good teamwork. Keeping my team members working efficiently is the most important part of my job.
바람이나 계획	I'm doing my best to perform my role and hope it helps my team members bring out their best to meet our team goals.

해석 [기본 소개] 네, 제가 직장에서 무엇을 하는지 알려드리겠습니다. 직장에서 저는 영업 1팀을 맡고 있으며, 팀장으로써, 전반적인 매출 관리와 관련한 여러 가지 일들을 맡고 있습니다. [살붙이기] 먼저, 저는 매출을 관리하고 추적하기 위해 중요한 의사결정을 하고, 발생하는 문제들도 해결해야 합니다. 그래서 우리 팀은 물론 다른 팀의 모든 보고서를 검토하고 결재하는 등의 많은 문서작업을 합니다. 제가 가장 많이 하는 업무 중 또 다른 하나는 많은 회의를 참석하는 것입니다. 월 단위로 영업 목표를 세우고 달성하는 것에 대한 논의나, 매출 수치를 분석합니다. 우리는 모두 똑같이 이해하고, 일정에 맞게 진행하고 있는지를 확인합니다. 마지막으로, 좋은 팀워크를 유지해야 합니다. 팀원들이 효율적으로 일 할 수 있게 해주는 것이 제 업무에서 가장 중요한 역할이기 때문입니다. [바람이나 계획] 저는 현재 저의 역할수행에 최선을 다하고 있습니다. 이런 노력이 팀원들이 본인들의 실력을 최대한 발휘하여 팀 목표를 달성하는데 도움이 되었으면 합니다.

동급업 표현

* what I do : 문제의 task와 동일한 의미로 사용되었다. 답변에서 앞서 언급한 명사, 구, 문장 등을 반복하지 않고, 같은 의미로 대체하여 사용할 수 있는 표현이다. 같은 의미를 다양하게 표현하는 능력은 OPIc에서 주요하게 평가되는 요소임을 잊지 말자.
* a multitude of : a lot of/lots of만 사용하지 말자. "다수의, 많은"의 동의어 표현이다.

EXPRESSIONS 답변 핵심 표현

* be in charge of　　　～를 맡고 있다, ～에 책임이 있다
* be responsible for　　～을 맡고 있다, ～을 책임지고 있다
* be on the same page　같은 생각이다, 이해하고 있는 내용이 같다
* paperwork　문서작업
* make sure　확인하다
* bring out　끌어내다, 발휘하게 하다

Unit 2

인물 묘사하기

[유형 공략법] 이 문제 유형에서는 묘사할 인물을 먼저 소개하고, 그 인물의 외모나 성격, 장단점 등의 객관적인 정보와 자신과의 관계나 알게 된 특별한 계기 등을 출제된다. 특징 위주의 묘사에 치중한 나머지 객관적인 정보만 답변하지 않도록 주의한다. 짧게라도 주관적인 의견이나 생각을 답변에 담는 것이 표현력을 차별화 시킬 수 있는 공략법이다.

주제	기출 문제
친구	Tell me about one of your friends. What does he or she look like? How did you become friends with him or her? 친구 한 명에 대해 말해주세요. 어떻게 생겼나요? 어떻게 친구가 되었나요?
학교	Who is your favorite professor? What class does he or she teach? Does he or she have any special teaching methods? Why do you like him or her? 좋아하는 교수님은 누구인가요? 어떤 수업을 가르치나요? 특별한 교수법을 가지고 있나요? 왜 그 교수님을 좋아하나요?
회사	Do you have any close colleagues at work? Who is he or she? Why do you think you are close to him or her? 회사에서 가장 친한 동료가 있나요? 누구인가요? 왜 친하다고 생각하나요? 출제팁 관계에 어려움이 있었던 동료나 상사에 관한 문제도 출제됨.
음악	Who is your favorite musician or composer? Why do you like him or her? 좋아하는 음악가나 작곡가는 누구인가요? 왜 그 사람을 좋아하나요?
영화	Can you tell me about your favorite actor or actress? What does he or she look like? How is his or her acting? 좋아하는 배우에 대해 말해주세요. 그 배우는 어떻게 생겼나요? 그 배우의 연기는 어떻습니까?
운동/스포츠	Tell me about your favorite baseball team and players. Also tell me why you like them best. 가장 좋아하는 야구팀에 대해 말해 주세요. 또한 왜 그 팀을 가장 좋아하는지 이유를 말해 주세요. 출제팁 응원하는 팀이나 좋아하는 선수에 대해 묻는 문제도 출제됨.
건강	Tell me about a healthy person you know. Why do you think that person healthy? What does he or she do for his or her health? 당신이 아는 건강한 사람에 대해 묘사해 주세요. 그 사람이 왜 건강하다고 생각하나요? 건강을 위해 그 사람은 무엇을 하나요?

01 회사 동료

AL-Unit02_1.mp3

 Do you have any close colleagues at work? Describe him or her in as much detail as possible.
회사에서 가장 친한 동료가 있나요? 동료에 대해 가능한 자세히 묘사해 주세요.

질문 키워드	close colleague, at work
답변 키워드	이 질문에서 묘사를 요구한 인물은 colleague, 동료이다. 동료는 colleague 외에도, coworker라는 단어도 출제되므로 함께 알아두도록 한다. 이 외에 boss(상사)나 team member(팀원) 등의 어휘도 알아두어, 직장에서 만나는 인물의 키워드를 빠르게 캐치할 수 있도록 한다. 친한(close) 동료를 묘사해야 하므로, 개인적인 친분을 느낄 수 있는 에피소드 등을 소재로 답변해야 한다.

STORY TELLING 답변 연습

단계별 답변 키워드	샘플 답변
인물 소개 ① 이름 ② 나이	Ok, I think I can answer that. Yes, I do have a colleague who is very close to me at work. ① Her name is 이지예. ② She is three years older than me, but there are some good reasons why she and I are very close.
객관적인 정보 ① 외모 ② 성격 ③ 성향	First, as for her physical appearance, ① we are about the same height. She might be a little heavier than I am. Having a similar build, we have the same style of dress as well and often go shopping together for clothes. ② Second, when it comes to her personality, I would say she is very outgoing and sociable, and she has *a great sense of humor *as well. Everybody thinks she is a lot of fun to have around. ③ The last thing I would like to mention about her is how professional she is at work. She always knows exactly what to do to get the job done perfectly.
특징 강조	She and I have been working together for almost ten years now and she has never let anyone down including myself. That is what her superpower is, I guess.

해석 [인물 소개] 네, 답변 드릴 수 있을 거 같아요. 직장에서 저와 아주 친한 동료가 있습니다. 이름은 이지예입니다. 그녀는 저보다 세 살 많지만, 그녀와 제가 친한 이유가 몇 가지 있습니다. [객관적인 정보] 첫째, 외모는 저와 키가 비슷합니다. 아마 몸무게는 저보다 살짝 더 나가는 거 같습니다. 비슷한 체격인지는 몰라도, 우리는 서로 옷 입는 스타일이 비슷해서, 종종 옷을 사러 같이 갑니다. 둘째, 그녀의 성격은 아주 외향적이고 사교적이고 유머감각도 뛰어납니다. 모든 사람들이 그녀가 있으면 재미있다고 생각합니다. 마지막으로 그녀는 직장에서 얼마나 전문적인지 말씀 드리고 싶습니다. 완벽하게 일을 처리하는 법을 항상 정확히 알고 있습니다. [특징 강조] 저희는 10년 가까이 같이 일하고 있고, 그녀는 저를 포함해서 누구도 실망시킨 적이 없습니다. 그것이 그녀의 초능력인가 봅니다.

등급업 표현

* a sense of humor : 흔히 유머 감각, 패션 감각 등 "~감각"이라고 할 때는 a sense of ~를 사용한다. 예를 들면, 흔히 알고 있는 "길치", 역시 "방향감각이 없다" 즉, I don't have a sense of direction.으로 표현한다.

* as well : as well as와 다르게 문장 마지막에서만 쓰이며, too와 같은 의미이다. 우리는 too에만 너무 익숙한 나머지 as well 사용 빈도가 낮은 편인데, 실제 원어민들이 자주 사용하는 표현 중 하나이므로 의도적으로 사용하여 영어구사력을 어필한다.

EXPRESSIONS 답변 핵심 표현

* be close   가깝다, 친하다
* build   체격
* when it comes to   ~에 관해서는
* get 목 done   목적어를 끝내다
* including   ~을 포함하여

AL-Unit02_2.mp3

 Q) Can you tell me about your favorite actor or actress? What does he or she look like? How is his or her acting?

좋아하는 배우에 대해 말해주세요. 그 배우는 어떻게 생겼나요? 그 배우의 연기는 어떻습니까?

질문 키워드	favorite actor/actress, what~look like, how~acting
답변 키워드	어떤 인물의 묘사인지 먼저 명확히 들어야 한다. 이 질문에서는 favorite actor 또는 actress(특별히 좋아하는 배우)라는 키워드를 캐치해야 한다. 이어 어떤 정보를 중점으로 묻고 있는지, 뒤따라 나오는 질문들을 통해 확인한다. what~look like로 외모나 생김새 묘사와 how~acting으로 어떻게 연기를 하는지에 대한 질문 키워드를 캐치하고, 해당 정보도 답변에 담아야 한다.

STORY TELLING 답변 연습

단계별 답변 키워드	샘플 답변
인물 소개 ① 이름 ② 좋아하게 된 계기 ③ 출연 영화	① No problem, I can *definitely tell you all about my favorite actor, Tom Cruise. ② I've been a big fan of him ever since I watched the first *Mission Impossible* series in high school. ③ He has starred in about a million other movies over the years besides *Mission Impossible*.
객관적인 정보 ① 외모 ② 성격 ③ 성향	① The thing I would like to mention is that he is really handsome and athletic. ② Another thing about him is, his acting is professional and good. He can switch quickly from serious to dramatic to light and comedic styles. I think this is why he has become so popular during his career. ③ The last thing I would mention is that his personality is really positive and energetic. He looks very friendly as well.
특징 강조	Even though he is one of the world's top movie stars and one of the most popular celebrities, he never fails to try his best in every movie. I think that is *what has made him number one and he has never lost that title.

해석 [인물 소개] 문제 없어요, 당연히 제가 제일 좋아하는 배우, Tom Cruise에 대해서 말씀드릴 수 있습니다. 저는 고등학교 시절에 첫 번째 *Mission Impossible*을 본 뒤로 Tom Cruise의 열혈 팬이었습니다. Tom Cruise는 수년 간 *Mission Impossible*을 비롯해 수많은 영화에 출연했습니다. [객관적인 정보] 제가 첫 번째로 말하고 싶은 것은 그는 정말 잘 생기고 운동 신경이 아주 좋다는 것입니다. 또 한 가지 사실은 그의 연기가 매우 전문적이고 훌륭하다는 것입니다. 그는 진지한 스타일에서 극적인 스타일, 가볍고 희극적인 스타일로 빠르게 전환 할 수 있습니다. 그래서 저는 Tom Cruise가 영화배우를 하는 내내 인기가 있다고 생각합니다. 마지막으로 그의 성격이 참 긍정적이고 에너지가 넘친다고 생각합니다. 또한 친절해 보이기도 하고요. [특징 강조] 그가 세계 최고의 영화 배우이자 유명한 연예인임에도 불구하고 항상 모든 영화에서 최선을 다합니다. 저는 바로 그것이 그가 1위를 차지하게 되고 그 자리를 한번도 잃지 않은 이유라고 생각합니다.

등급업 표현

* Definitely : "분명히"라는 의미지만, "정말, 당연히"라는 의미로 번역했을 때 더 자연스러운 어휘이다. 더불어 영어권 일상대화에서도 자주 쓰이는 어휘이므로, 오픽 답변에서 적재적소에 사용해 주면 자연스러운 영어구사력을 어필할 수 있다.

* What has made him number one : what은 「what makes + 목적어 + 동사/형용사」의 구조에서는, "무엇"이 아니라, "왜"로 의역된다. why 구문만이 아닌 what makes~구문을 답변에서 활용하여 다양한 문장형식을 어필할 수 있다.

EXPRESSIONS 답변 핵심 표현

• star in	~에 출연하다	• acting	연기	• personality	성격
• a big fan	광팬, 열성팬	• switch from A to B	A에서 B로 바꾸다	• fail to	~을 실패하다
• try one's best	최선을 다하다				

Unit 3 장소 묘사하기

[유형 공략법] 선택 주제와 관련한 장소 묘사는 자주 출제되므로, 다양한 문제(가장 좋아하는/자주 가는/최근에 방문한/가장 기억에 남는 등)에 공통으로 적용시킬 장소 하나를 미리 선정해 두도록 한다. 묘사는 외부에서 내부로 이동하는 듯 묘사하거나, 내부 묘사로 시작하여 전체적인 분위기로 마무리하는 방법이 있다. 두 가지 중, 선정한 장소의 특징이 잘 강조될 수 있는 방법을 선택하도록 한다. 현장감을 살리기 위해 보이고(see, look), 들리고(hear, listen), 재질이나 분위기 등으로 느껴지는(touch, feel) 오감 동사를 활용하도록 한다.

주제	기출 문제
술집	Talk about the bar you like most. Why do you like that bar? What is special about that place? 가장 좋아하는 술집에 대해 말해 주세요. 왜 그 술집을 좋아하나요? 그 장소에 대해 무엇이 특별한가요? 출제팁 자주 가는 술집, 동네의 술집 묘사 문제도 출제됨.
카페	Tell me about the cafes or coffee houses in your community. Where is it located? What does it look like? 동네에 있는 카페나 커피숍에 대해 말해주세요. 어디에 위치해 있나요? 어떻게 생겼나요? 출제팁 자주 가는 카페, 좋아하는 카페 묘사 문제도 출제됨.
해변	Tell me about your favorite beach. Why do you like it? 좋아하는 해변에 대해 말해주세요. 왜 좋아하나요? 출제팁 기억에 남는 해변, 최근에 간 해변 묘사 문제도 출제됨.
콘서트	Tell me about the concert venue you like most. Where is it located? What does it look like? What do you like about it? 가장 좋아하는 콘서트장에 대해 말해 주세요. 어디에 위치해 있나요? 어떻게 생겼나요? 그 장소에 대해 좋은 점이 무엇인가요? 출제팁 자주 가는 콘서트장/공연장 묘사 문제도 출제됨.
공원	Tell me about the park you often go to. Where is it located? What makes you often go there? 자주 가는 공원에 대해 말해 주세요. 어디에 위치해 있나요? 왜 그 공원에 자주 가나요? 출제팁 좋아하는 공원, 기억에 남는 공원, 최근에 간 공원 묘사 문제도 출제됨.
쇼핑	Where do you go shopping? What do you usually buy there? What is special about that place? 어디로 쇼핑을 가나요? 그곳에서 주로 무엇을 사나요? 그 장소에 대해 특별한 점은 무엇인가요? 출제팁 동네 쇼핑몰, 자주 가는 식료품점/상점 묘사 문제도 출제됨.
해외여행	Where do people in your country travel abroad? Why do they like to travel there? What is special about the countries they travel to? 당신 나라 사람들은 해외 여행을 어디로 가나요? 왜 그 곳으로의 여행을 좋아하나요? 여행가는 나라들의 특별한 점은 무엇인가요? 출제팁 처음 가 본 해외여행지, 어렸을 때 간 해외여행지, 기억에 남는 해외여행지 묘사 문제도 출제됨.
음식점	Tell me about the restaurants in your country. What are the typical restaurants like? What kind of food do they mainly serve? 당신 나라의 음식점에 대해 알고 싶습니다. 일반적인 음식점은 어떤가요? 주로 어떤 음식을 제공하나요? 출제팁 자주 가는 음식점, 동네 유명한 음식점, 어렸을 때 간 음식점, 기억에 남는 음식점 묘사 문제도 출제됨.
호텔	Tell me about the hotels in your country. What are those places like? What types of facilities do they have? 당신 나라의 호텔에 대해 말해 주세요. 어떻게 생겼나요? 호텔에 어떤 종류의 시설들이 있나요? 출제팁 자주 가는 호텔 묘사 문제도 출제됨.
은행	Tell me about the banks in your country. Where are they located? When do they open and close? 당신 나라의 은행에 대해 말해 주세요. 어디에 위치해 있나요? 언제 문을 열고 닫나요?

01 좋아하는 술집

AL-Unit03_1.mp3

 Talk about the bar you like most. Why do you like that bar? What is special about that place?
가장 좋아하는 술집에 대해 말해 주세요. 왜 그 술집을 좋아하나요? 그 장소에 대해 무엇이 특별한가요?

질문 키워드	bar, why~like, what~special
답변 키워드	이 질문에서 장소는 좋아하는 술집(bar you like)이다. 대부분은 왜 그 장소를 좋아하는지 이유를 묻는 질문이 대부분 뒤따라 나오므로, 장소를 선택한 이유를 답변에 미리 포함하도록 한다. 좋아하는 이유(why~like) 외에 특별한 점(what~special)도 묻고 있다. 이 두 질문들은 자주 출제되는 형태이므로 질문의 키워드를 미리 알아두고, 질문 의도를 빠르게 파악할 수 있도록 한다.

STORY TELLING 답변 연습

단계별 답변 키워드	샘플 답변
장소 소개 ① 이름 ② 위치	Ok, I can definitely tell you all about my favorite bar. ① It's a chicken and beer place called *Chi-Mek Live*, and ② it is located just a few blocks away from my office in the busiest district downtown.
장소 묘사 (외부 → 내부) ① 외부 ② 내부 ③ 좋아하는 이유	① On the outside, it looks like any normal bar that serves chicken and beer, but the interior is fancier than most. There are various things you can see inside such as a large garden and some tables under the trees for when the weather is nice. ② When you step inside the bar, the atmosphere is friendly and comfortable to stay there for as long as we want to have conversations *over a beer. ③ The reason why I like this place is there are many different kinds of beers to choose from. Their beer is so cold and refreshing and their fried chicken is really crispy on the outside and tender inside.
개인적으로 특별한 이유	And the unique thing about this place is its live performances. A band performs there live every Friday. They play mostly modern jazz and the music adds to the lively atmosphere.

해석 [장소 소개] 좋아요, 제가 가장 좋아하는 술집에 대해 모든 것을 말해 드릴 수 있습니다. 치맥라이브라고 불리는 치킨과 맥주 파는 가게인데, 제가 근무하는 사무실에서 몇 블록 떨어진 시내 번화가에 있습니다. [장소 묘사] 겉으로 보기에는 단순 맥주랑 치킨을 파는 평범한 술집처럼 보이지만, 인테리어는 아주 고급스럽습니다. 안에는 넓은 정원과 나무 아래 테이블과 같은 다양한 것들을 볼 수 있습니다. 그것들은 날씨가 좋을 때를 위한 것입니다. 안으로 들어 오면, 분위기는 친절하며, 맥주를 마시며 대화하고 싶은 동안 편안하게 있을 수 있는 곳입니다. 제가 이 술집을 좋아하는 이유는 선택 할 수 있는 맥주의 종류가 많기 때문입니다. 그곳 맥주는 정말 시원하고 신선하며, 치킨은 정말 겉은 바삭바삭하고 속은 부드럽습니다. [특별한 이유] 이 술집의 가장 특별한 것은 라이브 공연입니다. 한 밴드가 매주 금요일마다 그곳에서 라이브 공연을 합니다. 주로 모던재즈를 연주하는데, 그 음악은 분위기를 살려줍니다.

등급업 표현
* over a beer : have a beer(맥주 한잔 하다)의 부사적 표현으로 '맥주 한잔 하면서'라는 의미이다. 맥주 이외에, over a drink (한잔 하면서), over a glass of soju and beer (소맥 한잔 하면서) 등으로 활용해 본다.

EXPRESSIONS 답변 핵심 표현

- district   지역, 구역
- step inside   안으로 걸어 들어가다
- as long as   ~만큼 오래
- choose from   ~에서 선택하다
- performance   공연

02 해외 여행 장소

AL-Unit03_2.mp3

Q) Where do people in your country travel abroad? Why do they like to travel there? What is special about the countries they travel to?

당신 나라 사람들은 해외 여행을 어디로 가나요? 왜 그 곳으로의 여행을 좋아하나요? 여행가는 나라들의 특별한 점은 무엇인가요?

질문 키워드 where~travel abroad, why~like, what~special

답변 키워드 이 질문의 장소 키워드는 where~go이지만, when 다음의 travel abroad라는 조건으로 한정지어야 한다. 질문의 추가 조건은 질문의 중간에 등장하는 경우가 많으므로 끝까지 집중해서 듣도록 한다. 이어지는 질문은 장소 묘사 문제의 전형적인 질문이다. 그 장소로의 여행을 좋아하는 이유(why~like)와 그 장소의 특별한 점(what~special)이다.

STORY TELLING 답변 연습

단계별 답변 키워드	샘플 답변
장소 소개 ① 이름 ② 위치	Most Koreans like to travel abroad to places ② in Southeast Asia like ① Vietnam and the Philippines for their holidays. They are not that far and they are inexpensive to travel to and around. I will tell you a bit about them.
장소 묘사 (외부 → 분위기) ① 외부 ② 내부 ③ 분위기 ④ 좋아하는 이유	First of all, there are lots of resorts or hotels ① surrounded by nature that have a wonderful view of the ocean. ② People use the *facilities to rest and relax. ③ The staff are very friendly and the service is excellent. ④ The reason why people like visiting these places is that there are many beaches and tourist attractions. People can enjoy a variety of outdoor activities such as beach swimming, scuba diving, and other kinds of water sports. There are also many tourist destinations *of architectural and historical interest. People like to break out of their daily routine to see and learn something new and fun to recharge themselves.
특별한 이유	In my opinion, one of the special things that interest people in Southeast Asia is the abundance of fresh seafood or exotic drinks for really low prices. With the distinctive and unique food selection, people can experience the culture and sentiments of that country as well.

해석 [장소 소개] 대부분 한국사람들은 휴가로 베트남이나 필리핀 같은 동남아시아로 여행가는 것을 좋아합니다. 그렇게 멀지도 않고, 여행경비가 비싸지 않아서입니다. 여행지에 대해 조금 설명하겠습니다. [장소 묘사] 우선, 멋진 바다 광경이 있는 리조트나 호텔이 많습니다. 사람들은 그곳에서 편하게 휴식을 취할 수 있는 시설들을 이용합니다. 직원들은 매우 친절하고, 서비스 역시 훌륭합니다. 사람들이 그곳으로 여행을 좋아하는 이유는 수많은 해변과 관광 명소가 있기 때문입니다. 해변에서의 수영, 스쿠버 다이빙, 또는 기타 수상 스포츠와 같은 야외활동을 할 수 있습니다. 또한 건축학적으로, 역사적으로 흥미 있는 관광지도 많습니다. 사람들은 재충전을 하기 위해, 새롭고 재미있는 것을 보고 배우기 위해 일상에서 벗어나는 것을 좋아합니다. [특별한 이유] 제 생각엔, 사람들이 동남아시아에 관심을 갖게 만드는 특별한 것 중 하나는 아주 저렴하게 먹을 수 있는 신선한 해산물이나 이국적인 음료인 것 같습니다. 독특한 음식으로, 사람들은 그 나라의 문화와 정서도 경험할 수 있습니다.

등급업 표현

* 명사 to 동사 : 형용사 나열 이상으로 디테일하게 명사를 묘사할 수 있다. 동사구 사용을 통해 to 이하에 다양하고 상세한 내용으로 이어질 수 있다는 장점이 있는 구문이다.

* of architectural interest : 같은 의미로 architecturally interesting가 문법적으로는 가능하지만, 어색하고 잘 쓰이지 않는다. of부터 장소에 대한 상세한 묘사가 가능한 표현이므로 장소묘사 문제에서 반드시 활용해 본다. 단, of 뒤에는 반드시 명사(구)임을 잊지 말자.

EXPRESSIONS 답변 핵심 표현

* travel abroad 해외여행하다
* surrounded by ~로 둘러싸여진
* distinctive 독특한
* tourist attraction 관광지
* recharge 재충전하다
* the abundance of 풍부한
* exotic 이국적인

9

Unit 4 사물 묘사하기

[유형 공략법] 선택한 주제와 관련하여 자주 사용하거나 어떤 상황에 필요한 사물묘사 문제가 자주 출제된다. 크기, 재질, 용도 등의 생김새와 특징 묘사는 물론, 장단점 혹은 본인에게 특별한 이유를 들면 표현력을 어필하는 풍성한 답변이 될 수 있다. 다만, 전반적인 묘사나 추상적인 어휘를 사용하기 보다는 구체적인 묘사나 비교나 비유가 더 생생하게 전달할 수 있다.

주제	기출 문제
집	Tell me about the furniture in your house. What is your favorite furniture and why? 집에 있는 가구에 대해 말해 주세요. 가장 좋아하는 가구는 무엇인가요? 왜 좋아하나요?
	What are new home appliances or electronic devices? What do you think about them? 새로운 가전제품이나 전자 기기는 어떤 것들이 있나요? 그 물건들에 대해 어떻게 생각하나요?
음악	What kind of new electronic gadgets or equipment are people who like music interested in these days? What do people like to talk about them? What new products make people feel excited and why? 음악을 좋아하는 사람들은 요즘 어떤 새로운 전자 기기나 기구들에 관심이 있나요? 사람들은 그것들에 대해 어떻게 생각하나요? 사람들이 좋아하는 상품들은 어떤 것들이 있나요? 왜 그런가요? 출제팁 음악을 감상하는 데 사용하는 기기 묘사 문제도 출제됨.
여행	Tell me about all the things you prepare a trip. What do you usually take with you? And why do you need them? 여행을 위해 챙기는 것들을 모두 말해 주세요. 주로 무엇을 가지고 가나요? 왜 그것이 필요한가요?
자전거	Can you tell me about your bicycle? When did you buy it? What does it look like? 당신의 자전거에 대해 말해 주세요. 언제 샀나요? 어떻게 생겼나요?
재활용	Tell me about all the different kinds of things that you recycle. What are they? How do you recycle? 당신이 재활용을 하는 다양한 물건에 대해 말해 주세요. 어떤 것들인가요? 어떻게 재활용하나요?
전화	What do you like most about your phone? Maybe you like the camera or certain applications. Tell me why you like those features. 당신의 휴대 전화에 대해 가장 좋아하는 점은 무엇인가요? 카메라나 어떤 앱을 좋아할 수도 있습니다. 왜 그런 특징을 좋아하는지 말해 주세요.

01 가전제품이나 전자 기기

AL-Unit04_1.mp3

 What are new home appliances or electronic devices? What do you think about them?

새로운 가전제품이나 전자 기기는 어떤 것들이 있나요? 그 물건들에 대해 어떻게 생각하나요?

질문 키워드	what~home appliances/electronic devices, what~think
답변 키워드	이 질문의 키워드는 household appliance, electronic devices를 통해 사물묘사 유형임을 알 수 있다. electronic device는 가전제품 외에 집에서 사용하는 다른 기기도 묘사 가능하다는 뜻이다. 사물은 1~2가지 이내로 자세히 묘사하며, 사물에 대한 의견은 사물이 주는 편리함이나 장점 등으로 언급하도록 한다.

STORY TELLING 답변 연습

단계별 답변 키워드	샘플 답변
사물 소개	There are a lot of new home appliances or electronic devices that make everyday life more convenient. I would like to talk about an air purifier and a smartphone.
[사물 묘사] *공기청정기 ① 생김새 ② 쓰임 *스마트폰 ③ 생김새 ④ 쓰임	First, I would like to talk about an air purifier. The fine dust issue these days is so serious. Breathing in the fine dust is very harmful to our health, so this is why we need an air purifier when indoors. ① This white rectangular air purifier ② helps remove all kinds of dust from the home and allows us to breathe cleaner, filtered air. Another useful device is a smartphone. ③ It is such a small tiny metal piece so that I can keep it in my pocket, yet it is so useful *in many different ways. ④ I can use the apps on it for turning on the light or setting the heating in my home. I can also use it to monitor my home and even open the door without standing at the door. That's why I think it is really convenient and helpful.
의견/생각으로 마무리	Since I want a more convenient lifestyle, I don't think I can live without these modern-day devices.

해석 [사물 소개] 일상 생활을 보다 편리하게 만들어주는 새로운 가전제품이나 전자 기기는 많이 있다고 생각합니다. 저는 공기청정기와 스마트폰에 대해 이야기하겠습니다. [사물 묘사] 먼저 공기청정기에 대해 이야기하겠습니다. 요즘 미세먼지 이슈는 매우 심각합니다. 미세먼지는 우리 건강에 매우 해롭기 때문에 실내에서도 공기청정기가 필요합니다. 이 하얀 사각형 모양의 공기청정기는 집안의 모든 종류의 먼지를 제거하여, 깨끗하고 신선한 공기로 숨쉴 수 있게 도와줍니다. 또 하나의 유용한 기기는 스마트폰입니다. 주머니에 넣을 수 있을 정도로 아주 작은 금속 기기이지만, 다방면에서 매우 유용한 물건입니다. 스마트폰으로 등이나 난방을 켜고, 집안을 감시할 수 있습니다. 심지어 문 앞에 서지 않고도 문을 열 수 있습니다. 그래서 저는 정말 편리하고, 도움이 된다고 생각합니다. [의견/생각] 저는 더욱 편리한 라이프 스타일을 원하기 때문에, 이러한 현대의 장치 없이는 살 수 없다고 생각합니다.

등급업 표현

* in many different ways : AL등급 지표인 다양한 형용사 사용과 형용사의 올바른 순서(many different) 및 부사 구문(in a way)까지 완벽하게 결합된 표현이므로 통으로 암기하여 사용한다.

EXPRESSIONS 답변 핵심 표현

• appliances	가전제품	• rectangular	사각형의	• remove	제거하다
• fine dust	미세먼지				

02 재활용 물건

Q) Tell me about all the different kinds of things that you recycle. What are they? How do you recycle?

당신이 재활용을 하는 다양한 물건에 대해 말해 주세요. 어떤 것들인가요? 어떻게 재활용하나요?

질문 키워드	things~recycle, what, how
답변 키워드	묘사해야 하는 사물은 재활용(recycling)에 관한 물건(things)임을 파악할 수 있다. 이 질문은 하나의 물건(a thing)이 아닌, 여러 개의 다양한 종류의 물건(different kinds~things)로 물었기 때문에, 크게 재활용 물품을 구분하는 종류를 언급하고, 그 분류에 해당하는 구체적인 예나 재활용 방법을 언급한다.

STORY TELLING 답변 연습

단계별 답변 키워드	샘플 답변
사물 소개	There are many different things that I recycle, but I think I can tell you about some of them. I usually recycle them based on the material.
사물 묘사 ① 금속류 + 예 ② 재활용 방법 ③ 유리 및 플라스틱 + 예 ④ 재활용 방법 ⑤ 종이 + 예 ⑥ 재활용 방법 ⑦ 음식쓰레기 + 예 ⑧ 재활용 방법	The first thing I can mention is that, ① I always recycle empty metal cans. ② *They are recycled or reused to produce aluminum foil and more cans. ③ Other things I recycle are glass and plastic, ④ which are also used to produce more containers for beer and things like that. On top of that, ⑤ I recycle paper such as newspapers and books, ⑥ which can be used to make cardboard, recycled paper, and all kinds of other paper products. ⑦ Lastly, I also recycle food waste ⑧ which is turned into fertilizer for farmers. Once in a while, I recycle clothing, furniture, or even electronics as well. These are the most common things I recycle.
의견/생각으로 마무리	Like everyone else, I try to recycle *as much of my garbage as I can to reduce waste for a better environment.

해석 [사물 소개] 제가 재활용하는 여러 종류의 물건이 있지만, 몇 가지 이야기 할 수 있을 것 같습니다. 보통 저는 재료에 따라서 재활용을 합니다. [사물 묘사] 첫 번째는 빈 금속 캔을 재활용합니다. 캔은 알루미늄 호일이나 다른 캔을 만들기 위해 재활용 혹은 재사용됩니다. 재활용하는 다른 것은 유리나 플라스틱인데, 역시 다른 맥주병과 같은 제품을 만드는데 사용됩니다. 그리고, 골판지나 재생지, 여러 종이 제품들을 만들 수 있는 신문이나 책 같은 종이도 재활용합니다. 마지막으로, 음식물 쓰레기도 재활용하여, 농민들을 위한 비료로 만들 수 있습니다. 가끔씩 저는 의류나 가구 또는 전자제품도 재활용합니다. 이것들이 제가 자주 재활용하는 가장 일반적인 것들입니다. [의견/생각] 다른 사람들처럼, 저도 환경을 위해 쓰레기를 줄이고 가능한 재활용을 많이 하려고 합니다.

등급업 표현

* **They are recycled or reused** : 주어와 목적어의 위치만 다른 것이 능동태/수동태라고 알고 있지만, 사실 뉘앙스가 다르다. 수동태는 주로 당하는 "행위"를 강조할 때 쓰이며, 능동태는 행위를 하는 "주체"를 강조할 때 쓰기 때문이다. 직역하면 부자연스러워 보이지만, 영어는 수동태가 더 많이 발달했을 정도이므로, 강조하고 싶은 내용에 따라 수동태를 활용하여 의미를 살려보도록 한다.

* **as much of~as** : '가능한 많은 ~'의 뜻으로 다양한 명사적 표현과 함께 목적어로 사용할 수 있다. as soon as possible처럼 자주 사용되는 표현이므로 문장에서의 쓰임을 확인하고 활용한다.

EXPRESSIONS 답변 핵심 표현

* based on　　　　～에 근거한
* be used to/for　　～위해 사용되다
* waste　　　　　쓰레기
* be turned into　　～으로 변하다
* fertilizer　　　　비료

Unit 5 습관이나 경향 말하기

[유형 공략법] 낮은 레벨을 선택하면 '나'의 습관이나 경향, 높은 레벨을 선택할수록 '우리나라 사람들', 혹은 '내가 아는 주변 사람들'의 습관이나 경향 문제가 출제된다. 활동을 하는 시간, 빈도, 주로 하는 장소, 함께 하는 사람 등의 정보는 기본으로 담아야 한다. 특히, 답안 전반적으로 "현재시제"를 유지하도록 하며, 이로 인한 주어·동사 일치 오류로 인한 감점이 없도록 주의한다.

주제	기출 문제
집	What is your routine at home? What do you usually do on weekdays and on weekends? 집에서 당신의 일상은 어떤가요? 주중이나 주말에 주로 무엇을 하나요? 출제팁 평소 하는 집안일이나 하루 일과 묘사 등의 문제도 출제됨.
음악감상	When and where do you usually listen to music? What do you use to listen to music? 언제, 어디서 주로 음악을 듣나요? 음악 감상을 위해 무엇을 사용하나요? 출제팁 음악감상에 대한 전반적인 습관이나 경향과 관련한 문제도 출제됨.
해변	What do you like to do at the beach? Tell me about the activities you typically do at the beach. 해변에서 무엇 하기를 좋아하나요? 해변에서 보통 하는 활동에 대해 말해 주세요.
자전거	How often do you enjoy riding a bicycle? When and where do you usually ride? Who do you ride with? 얼마나 자주 자전거를 타나요? 주로 언제, 어디서 자전거를 타나요? 누구와 함께 타나요? 출제팁 선택한 운동에 대한 전반적 습관이나 경향과 관련한 문제도 출제됨.
여가	What do people in your country typically do in their free time? What is special about those activities? 당신 나라 사람들은 여가 시간에 주로 무엇을 하나요? 그러한 활동에 특별한 점은 무엇인가요? Tell me about some of the popular outdoor activities in your country. What do people typically do outdoors? 당신 나라에서 인기 있는 야외 활동에 대해 말해주세요. 사람들은 야외에서 주로 무엇을 하나요? 출제팁 개인의 여가활동 습관이나 경향에 대한 문제도 출제됨.
쇼핑	How often do you go shopping? What do you most often buy? Where do you go? 얼마나 자주 쇼핑을 가나요? 주로 무엇을 사나요? 어디로 가나요?
전화	What do you usually talk about with your friends over the phone? How frequently do you talk and for how long? 친구와 주로 무엇에 관해 전화통화를 하나요? 얼마나 자주, 얼마나 오랫동안 이야기를 하나요? 출제팁 친구로 한정하지 않는 개인의 일반적인 통화 습관이나 경향과 관련한 문제도 출제됨.
약속	What kind of appointments do you usually make? Who do you usually make appointments with? Where do you meet? 주로 어떤 종류의 약속을 하나요? 누구와 주로 하나요? 어디서 만나나요?

01 주중이나 주말에 집에서 주로 하는 일

AL-Unit05_1.mp3

 Q) What is your routine at home? What do you usually do on weekdays and on weekends?
집에서 당신의 일상은 어떤가요? 주중이나 주말에 주로 무엇을 하나요?

질문 키워드	routine~home, weekdays, weekends
답변 키워드	routine(규칙적으로 하는 일, 일상)으로 습관이나 경향에 관한 문제임을 바로 파악할 수 있다. 다만, 주중(weekdays)과 주말(weekends)에 집에서 하는 일이다. -s로 한 번의 주중이나 주말이 아닌, 주중마다, 주말마다 반복적으로 혹은 규칙적으로 하는 활동을 묘사해야 한다. 집이 아닌 곳에서 하는 활동까지 세세하게 열거하는 것이 아니라, 집에서 보통 반복하는 몇 가지 일을 묘사하면 된다.

STORY TELLING 답변 연습

단계별 답변 키워드	샘플 답변
주제 소개	There are many things I do in my normal routine at home, and I will tell you what I usually do on my weekdays and weekends.
습관이나 경향 ① 주중 일과 ② 가끔 하는 일 ③ 주말 일과 ④ 가끔 하는 일	① During the week, the first thing I do is wake up about an hour and a half before work and get ready. I usually go directly to the office. I never have enough time to make breakfast in the mornings. After work, I *normally go home and have dinner alone. After that, I sit back and relax while watching TV until bedtime. ② Occasionally, I have to work overtime or attend team dinners, both of which are my least favorite things to do. I don't enjoy those things as they take time away from my much needed rest at home. ③ On the weekends, however, my schedule is totally different. I usually sleep in as late as possible. I eat brunch at home while I catch up on some TV shows I missed. After that, I just stay home and take it easy or do a bit of house cleaning. ④ If I have enough time, I try to schedule something to do with my friends outside the home just for a change.
내 생각으로 마무리	Personally, I think my routine is quite repetitive, but rather enjoyable *on the daily.

해석 [주제 소개] 집에서 하는 일상적인 일들이 많이 있지만, 주중과 주말에 주로 하는 몇 가지에 대해서 이야기 하겠습니다. [습관이나 경향] 주중에는 출근하기 1시간 반 전에 일어나서, 준비를 합니다. 보통 사무실로 바로 출근합니다. 아침마다 아침 식사를 할 시간이 없는 편입니다. 퇴근 후, 보통 귀가하여 혼자 저녁을 먹습니다. 그리고, 편안하게 앉아서 쉬면서 잘 때까지 TV를 봅니다. 때로는, 제가 제일 싫어하는 야근이나 팀원들과의 회식도 해야 합니다. 왜냐하면 집에서 필요한 만큼 충분히 쉴 나의 시간을 빼앗기 때문입니다. 하지만, 주말에는 완전히 다릅니다. 저는 최대한 늦잠을 잡니다. 집에서 브런치를 먹으면서, 밀린 TV를 봅니다. 그 다음에는 쉬면서, 집안 청소를 합니다. 시간이 있으면, 기분전환을 위해 친구들과 집 밖에서 만나기로 약속을 합니다. [내 생각] 개인적으로는 저의 일상이 꽤 반복적이지만, 나름 매일매일이 즐겁다고 생각합니다.

등급업 표현

* normally : 이 외에도 습관이나 경향을 나타내는 부사들을 다양하게 사용한다. 단, 약간의 뉘앙스 차이는 있으므로, 상황에 맞는 부사를 고르는 것이 전략이다. Ex) generally, commonly, ordinarily, regularly, typically, mainly

* on the daily : on a daily basis의 줄임말로, every day와 같은 의미이다.

EXPRESSIONS 답변 핵심 표현

• routine	일상	• sit back	편안히 앉다	• take time away	시간을 빼앗다
• get ready	준비하다	• bedtime	취침시간	• catch up on	밀린 것을 따라잡다
• take it easy	편안히 있다, 진정하다	• for a change	기분전환으로		

02 해변에서 주로 하는 활동

AL-Unit05_2.mp3

Q) What do you like to do at the beach? Tell me about the activities you typically do at the beach.
해변에서 무엇 하기를 좋아하나요? 해변에서 보통 하는 활동에 대해 말해 주세요.

질문 키워드 What~like to do, at the beach

답변 키워드 현재시제와 함께 typically를 통해 습관이나 경향 문제 유형이라고 파악할 수 있다. 특히, 해변(at the beach)에서 주로 하는 활동들(activities)이 무엇이며, 그 활동을 하는 이유나 방법을 답변에 담아야 한다. 해변의 모습이나 상황 묘사에 너무 집중한 나머지 장소 묘사 답변이 되지 않도록 주의한다.

STORY TELLING 답변 연습

단계별 답변 키워드	샘플 답변
주제 소개	There are lots of things I like to do when I go to the beach, but I will tell you about a few of them. Actually, I usually go to the beach with my family as a vacation once or twice a year. It is pretty fun and relaxing.
습관이나 경향 ① 수영 ② 이유 ③ 썬텐 및 모래찜질 ④ 방법	① The first thing I usually do when I go to the beach is go swimming. ② Swimming is one of the most enjoyable things that my children and I do when on vacation. We want to stay in the water for as much time as possible. Sometimes, we do summer sports like water skiing or scuba diving. ③ Another thing I enjoy at the beach is sunbathing. ④ I just lie down on the sand, put on some sunblock or tanning oil, and take a nap in the sun. *I can't be more relaxed and laid-back than this!
내 생각으로 마무리	Personally, I think going to the beach is one of the best ways to spend a vacation with my family.

해석 [주제 소개] 저는 바닷가에 갈 때 즐겨 하는 것이 많지만 몇 가지에 대해서 이야기하겠습니다. 저는 주로 휴가로 가족과 함께 1년에 한 두 번 해변에 갑니다. 해변은 꽤 재미있고 편안합니다. [습관이나 경향] 바닷가에 갈 때 제일 먼저 하는 일은 수영입니다. 바닷가에서 수영하는 것이 저와 저의 아이들이 가장 재미있어 하는 것 중 하나라서, 물 속에서 최대한 많은 시간을 보내고 싶어 합니다. 때로는 수상 스키나 스쿠버 다이빙과 같은 여름 스포츠를 하기도 합니다. 또 한가지 즐겨 하는 것은 일광욕입니다. 그냥 모래에 누워서, 썬크림이나 오일을 바르고, 햇볕에서 잠시 낮잠을 잡니다. 이보다 더 편안하고 여유로울 수 없습니다! [내 생각] 개인적으로, 해변에 가는 것은 제 가족과 휴가를 보내는 가장 좋은 방법 중 하나라고 생각합니다.

등급업 표현

* I can't~more (than ~) : 강한 긍정을 나타내는 표현이다. 우리나라 학습자들이 부정하는 의미로 혼동하기 쉬워 각종 시험문제에 자주 출제되며, 원어민이 실제 자주 사용하는 회화체 표현이다.

EXPRESSIONS 답변 핵심 표현

• on vacation	휴가 중에	• lie down	눕다	• laid-back	느긋한, 한가로운
• sunbathing	일광욕	• take a nap	낮잠자다	• relaxing	편한, 마음을 느긋하게 해주는

Unit 6 과거 경험 말하기

[유형 공략법] 선택 주제에 따라 최초 경험, 최근 경험, 혹은 다양한 경험을 묻는 문제로 출제된다. 어떤 추가 질문에도 대비가 되도록, 경험한 일화에 대해 육하원칙(누구와, 언제, 어디서, 무엇을, 어떻게, 하였나)에 해당하는 정보를 모두 제공하면서 하나의 스토리가 되도록 답변하는 것이 공략법이다. 단, 과거 경험이므로 시제사용에 오류 없이 과거를 나타내는 시제(과거시제, 과거완료, 현재완료)를 사용하여 답변한다.

주제	기출 문제
음식 / 음식점	When was the last time you used the food delivery service. What did you order? What was special about that experience? 최근 음식 배달 서비스를 이용했던 때는 언제인가요? 무엇을 주문했나요? 경험에 대해 특별한 점은 무엇인가요?
	Tell me about your experiences of going to a chain restaurant and a local restaurant. What was the biggest difference between the two restaurants? 체인 음식점과 지역 음식점에 간 경험에 대해 말해 주세요. 두 음식점의 가장 큰 차이점은 무엇이었나요? 출제팁 일상 음식, 점심 식사, 외식 등 다양한 경험 문제도 출제됨.
건강	When was the last time you had some healthy food? Who were you with and how did you feel at that time? What was special about that experience? 최근 건강함 음식을 먹었던 때는 언제인가요? 누구와 함께 있었나요? 기분이 어땠나요? 경험에 대해 특별한 점은 무엇인가요?
운동 / 스포츠	Have you ever injured yourself while jogging? What do you consider when you go jogging? And what do you do to avoid injuries? 조깅을 하는 동안 다친 경험이 있나요? 조깅을 갈 때 고려하는 것은 무엇인가요? 그리고 다치지 않기 위해 무엇을 하나요? 출제팁 운동을 하거나 스포츠를 관람하면서 겪은 경험 문제도 출제됨.
쇼핑	When was the last time you went shopping? Where did you go and what did you buy? Who did you go with? What was special about that shopping experience? 최근 쇼핑을 하러 간 것은 언제였나요? 어디로 갔나요? 그리고 무엇을 샀나요? 누구와 함께 갔나요? 쇼핑 경험에 대해 특별한 것은 무엇이었나요? 출제팁 교환이나 환불, 손상물건 구매, 어렸을 때 쇼핑 등의 경험 문제도 출제됨.
휴가	Can you tell me about the last time you had some free time? When was it? What did you do? Did you spend time with someone? 최근 보낸 여가 시간에 대해 말해 주세요. 언제였나요? 무엇을 했나요? 누구와 함께 시간을 보냈나요? 출제팁 집에서 보낸 휴가나 국내외에서 보낸 휴가 및 여가 시간 문제도 출제됨.
물건 분실	Have you ever lost or forgotten something important? What did you lose or forget and how did you deal with the situation? 중요한 것을 잃어버리거나 잊은 적이 있나요? 무엇을 잃어버리거나 잊었나요? 어떻게 그 상황을 처리했나요? 출제팁 물건 분실이나 물건을 어딘가에 두고 온 경험 문제도 출제됨.

01 최근 건강함 음식을 먹은 경험

AL-Unit06_1.mp3

Q) When was the last time you had some healthy food? Who were you with and how did you feel at that time? What was special about that experience?

최근 건강함 음식을 먹었던 때는 언제인가요? 누구와 함께 있었나요? 기분이 어땠나요? 경험에 대해 특별한 점은 무엇인가요?

질문 키워드	last time, healthy food, who~with, how~feel, what~special
답변 키워드	last time으로 건강한 음식과 관련한 최근의 경험에 대한 문제임을 알 수 있다. 처음 경험이나 가장 기억에 남는 경험 문제와 함께 출제될 수 있으므로 답변의 소재를 잘 분리하여 답변을 준비한다. 누구와 먹었는지(who~with), 당시 기분이 어땠는지(how~feel), 그 경험의 특별했던 점(what~special) 등 추가로 요구한 정보 외에도 육하원칙에 해당하는 정보를 답변에 담도록 한다.

STORY TELLING 답변 연습

단계별 답변 키워드	샘플 답변
경험 소개	Sure, I've been enjoying healthy food on a regular basis and I can tell you about my most recent experience.
육하원칙 정보 ① 언제 ② 어디서 ③ 누구와 ④ 무엇을 ⑤ 왜 ⑥ 어떠했나	The last time I had some healthy food was ① a few days ago ③ with my family at a restaurant. I went to my parents' house and took them out for dinner since we hadn't seen each other for a while. I thought it would be a good idea to get some healthy food, ② so we went to a restaurant that serves ④ samgaetang. Samgaetang is chicken soup with ginseng and other healthy ingredients. ⑤ It is one of the most popular healthy foods in Korea. ⑥ The samgaetang was really tasty and nutritious despite sweating from the very hot meal, so we felt healthy and energized after eating it. My parents were very happy and satisfied, *as were my wife and children. While we were enjoying our meal, we caught up on our personal lives and talked about things like family events and work life. It was a nice time with the family.
당시 기분/느낌	I always thought that eating healthy food was always good for our health, but spending time with family over healthy food is even better. Since that time, I am thinking about doing it more often.

해석 [경험소개] 물론입니다. 저는 다양한 종류의 건강 음식을 즐기고 있어서, 가장 최근 경험에 대해 말할 수 있습니다. [육하원칙 정보] 최근 건강 음식을 먹었던 때는 며칠 전 가족과 함께 식당에서입니다. 한 동안 부모님을 뵙지 못했기 때문에, 찾아 뵙고 함께 삼계탕을 파는 식당에 갔습니다. 함께 건강 음식을 먹는 것이 좋겠다고 생각했기 때문입니다. 삼계탕은 인삼과 기타 건강한 재료가 들어있는 닭고기 수프입니다. 우리나라에서 가장 인기가 많은 보양식 중 하나입니다. 너무 뜨거워서 땀은 흘렸지만, 정말 맛있고 영양가가 풍부해서, 먹고 난 뒤엔 모두가 건강하고 활력이 넘쳤습니다. 부모님도 아내와 아이들도 매우 좋아하고 만족해했습니다. 식사를 즐기는 동안, 서로의 일상생활에 대해서 이야기 나누고, 가족 행사나 직장 생활에 대해서 이야기했습니다. 가족과 함께 한 시간이라 더 좋았습니다. [기분/느낌] 저는 건강을 위해 건강 음식을 먹는 것이 늘 좋다고 생각했지만, 가족과 함께 시간을 보내며 먹는 것이 훨씬 더 좋다고 생각합니다. 그 이후로, 저는 더 자주 함께 먹을 생각입니다.

등급업 표현

* as+동사+주어 : "주어도"라고 자주 쓰이는 회화체 표현이다. 앞서 언급한 문장의 동사의 종류와 시제를 동일하게 사용하는데 주의한다.

EXPRESSIONS 답변 핵심 표현

• on a regular basis	규칙적으로	• nutritious	영양가가 높은	• catch up on	밀린 이야기를 따라잡다
• take 사람 out	사람을 데리고 나가다	• despite	~에도 불구하고	• sweat	땀을 흘리다
• ingredient	재료				

02 물건을 잃어버린 경험

AL-Unit06_2.mp3

Q) Have you ever lost or forgotten something important? What did you lose or forget and how did you deal with the situation?
중요한 것을 잃어버리거나 잊은 적이 있나요? 무엇을 잃어버리거나 잊었나요? 어떻게 그 상황을 처리했나요?

질문 키워드	lost something, forgotten something, what~lose/forget, how~deal with
답변 키워드	중요한 것(something important)을 잃어버리거나(lost) 잊은(forgotten) 경험 문제이다. 주제(topic)가 주어지지 않은, 어떤 상황에서의 경험 문제는 주로 롤플레이 마지막으로 등장한다. 추가로 무엇을 잃어버리거나 잊었는지(what~lose/forgotten), 어떻게 해결하였는지(how~deal with)를 묻고 있다. 문제를 해결하는 과정을 중점으로 답변해도 좋지만, 여기서는 과거의 경험에 초점을 맞추어서 답변해본다.

STORY TELLING 답변 연습

단계별 답변 키워드	샘플 답변
경험 소개	*I can think of a time when I lost something important.
육하원칙 정보 ① 언제 ② 어디서 ③ 누구와 ④ 무엇을 ⑤ 왜 ⑥ 어떠했나	Actually, ① a couple of weeks ago, I lost ④ my wallet. ② I went to the park ③ with my family, so we could spend time together. The weather was great and everyone was in a good mood. We walked around and had a rather enjoyable time. After a couple of hours, we got hungry and thirsty and so, went to the convenience store to buy snacks and drinks for my family. Just as *I was about to pay, at that moment I realized I had lost my wallet. ⑤ I was really worried because my ID and credit cards were all in there. ⑥ I went back to where I had been earlier and looked everywhere for it, but I couldn't find it. It was very stressful and frustrating. Luckily, some of the park staff helped me and eventually we found it right in front of the convenience store. I was so relieved.
당시 기분/느낌	Ever since that incident, I try to be especially careful with my wallet.

해석 [경험소개] 중요한 것을 잃어버렸던 때가 생각납니다. [육하원칙 정보] 사실 몇 주 전에 지갑을 잃어 버렸습니다. 가족과 함께 시간을 보내려고 공원에 갔습니다. 날씨가 좋아서, 모두 기분이 좋았습니다. 산책도 하면서 다소 즐거운 시간을 보냈습니다. 몇 시간 뒤에, 모두 배고프고 목이 말라서, 간식과 음료수를 사려고 편의점에 갔습니다. 계산을 하려는 순간, 지갑을 잃어버렸다는 것을 깨달았습니다. 지갑에는 신분증과 신용카드 모두가 들어있기 때문에 정말 걱정되었습니다. 제가 처음 있었던 곳으로 돌아가서, 이리저리 찾아보았지만 찾을 수가 없었습니다. 매우 짜증나고 좌절감도 느꼈습니다. 다행히도, 공원 직원들이 도와주어서, 마침내 편의점 바로 앞에서 찾았습니다. 너무 다행이었습니다. [기분/느낌] 그 일 이후로, 저는 지갑을 조심해서 가지고 다니려고 노력합니다.

등급업 표현
* I can think of a time when : 질문에 해당하는 답변이 이제 막 생각난 것 같다는 뉘앙스를 담을 수 있는 표현이다. 서두에 활용하면서 답변거리를 할 시간을 벌어본다.
* be about to : "막 ~하려고 하다"라는 의미로 동작 묘사에 생동감을 더하는 좋은 표현이다. I paid만 하는 것보다 동작의 의미가 강조된다.

EXPRESSIONS 답변 핵심 표현

- in a good mood   기분이 좋은
- convenience store   편의점
- realize   깨닫다

- go back to   ~로 되돌아가다
- look for   ~을 찾다
- frustrating   짜증나는

- relieved   안도하는
- incident   사건

Unit 7 기억에 남는 에피소드 말하기

[유형 공략법] 주로 선택 주제와 관련한 사건이나 경험 관련하여 memorable/unforgettable/unexpected 등의 키워드 함께 기억에 남는 에피소드 유형이 출제된다. 육하원칙에 의한 객관적인 사실 위주의 과거 경험묘사와 달리, 사건이 일어난 순간을 생생하게 묘사하는 것이 이 유형의 공략법이다. 이 때, 과거의 생생한 순간을 강조하기 위해 "과거진행형"의 시제를 많이 사용하면 좋다.

주제	기출 문제
음악	Describe the memorable time when you heard live music. When was it and where were you? Who were you with? What happened and what made that performance so memorable? 기억에 남는 라이브 음악을 들었던 때를 묘사해 주세요. 언제였나요? 어디에 있었나요? 누구와 함께 있었나요? 무슨 일이 있었고, 왜 그 공연이 기억에 남나요?
영화	What was the memorable movie you've watched? What was it about? What was special about that movie? Would you recommend that movie to other people? 가장 기억에 남는 영화는 무엇인가요? 무엇에 관한 내용이었나요? 영화에 대해 특별한 점은 무엇이었나요? 다른 사람에게 그 영화를 추천할 건가요?
술집	Tell me about the memorable incident at a bar. What exactly happened and why was it so unforgettable? Tell me everything about that incident. 술집에서 있었던 기억에 남는 사건에 대해 말해주세요. 정확히 무슨 일이 있었나요? 왜 잊을 수 없나요? 그 사건에 대해 모든 것을 말해 주세요.　출제팁 파티나 모임 등으로 인한 에피소드, 안 좋은 사건과 연루되었던 에피소드 등의 문제도 출제됨.
음식	Tell me about the memorable experience while eating something. What happened? Why was it so memorable? 먹는 동안에 겪은 기억에 남는 경험에 대해 말해 주세요. 무슨 일이 있었나요? 왜 기억에 남나요? 출제팁 특히 음식점과 연관되어 예기치 못하게 일어난 에피소드나 잘못된 음식 주문 등의 문제도 출제됨.
집에서 보내는 휴가	Tell me about the unusual or unexpected experience you had during a vacation at home. Who were you with? What did you do? Why was it so memorable? 집에서 휴가를 보내는 동안에 겪은 기억에 남거나 예상하지 못한 경험에 대해 말해 주세요. 누구와 있었나요? 무엇을 했나요? 왜 기억에 남나요?
여행	Have you ever experienced anything surprising, unexpected or unusual during a trip? When and where did you travel? What made it so unforgettable? Tell me all the details of that experience. 여행 동안 놀랍거나, 예상치 못했거나, 특이한 경험을 한 적이 있나요? 언제 어디로 여행을 갔나요? 왜 기억에 남나요? 경험에 대해 자세히 말해주세요. 출제팁 여행 전, 여행 중 일어난 다양한 기억에 남는 에피소드 문제도 출제됨. 관련하여 호텔, 렌터카, 날씨, 대중교통과 관련한 문제도 출제됨.
약속	Unexpected things can happen when you make an appointment. Tell me about the memorable incident related to any appointment. What exactly happened and how did you deal with the situation? 약속을 할 때 예상하지 못한 일이 일어날 수 있습니다. 약속과 관련하여 기억에 남는 사건에 대해 말해주세요. 정확히 어떤 일이 있었나요? 그리고 어떻게 그 상황을 처리하였나요? 출제팁 특히 약속을 지키지 못한 에피소드가 자주 출제됨.
모임	Tell me about your memorable visit to family or friends. Where was it and when did it happen? Please describe the whole story of what happened during the visit in as much detail as possible. 기억에 남는 가족이나 친구 방문에 대해 말해 주세요. 어디였나요? 언제 있었던 일인가요? 방문 동안에 일어났던 일을 가능한 자세히 말해 주세요.
명절/휴일	Tell me about the experience you couldn't do what you planned due to an unexpected situation during a holiday. What exactly happened and how did you deal with the situation? 휴일(명절) 동안에 예상치 못한 상황 때문에 계획했던 것을 하지 못했던 경험이 있나요? 정확히 어떤 일이 있었나요? 그리고 어떻게 그 상황을 처리하였나요?
인터넷	Tell me about the memorable thing that you have seen on the internet recently. What was it about? Why was it so memorable? 최근 인터넷에서 본 것 중 가장 기억에 남는 것에 대해 말해 주세요. 무엇에 관한 것인가요? 왜 기억에 남나요? 출제팁 인터넷 서핑 중 있었던 에피소드, SNS나 블로그에서 접한 게시물과 관련한 문제도 출제됨.

01 식사 중 겪은 기억에 남는 에피소드

AL-Unit07_1.mp3

 Q) Tell me about a memorable experience while eating something. What happened? Why was it so memorable?

먹는 동안에 겪은 기억에 남는 경험에 대해 말해 주세요. 무슨 일이 있었나요? 왜 기억에 남나요?

질문 키워드	while eating, what happened, why~memorable
답변 키워드	while eating과 memorable를 통해, 먹는 동안 일어난 특별한 에피소드를 묻는 문제 유형임을 확인할 수 있다. 이 유형 역시 과거 경험 묘사이므로 기본적으로 육하원칙에 해당하는 정보를 답변에 담도록 한다. 또한 자주 따라 나오는 기억에 남는 이유 (why~memorable)는 따라 나오지 않더라도 답변마무리에 언급하여 완성도를 높인다.

STORY TELLING 답변 연습

단계별 답변 키워드	샘플 답변
에피소드 소개	I can think of a few memorable experiences I had while I was eating. I can tell you about one of them.
에피소드 묘사 ① 언제 ② 어디서 ③ 누구와 ④ 무엇을 ⑤ 왜 ⑥ 어떠했나	① A couple of years ago, ③ my friends and I were eating at a nice steak restaurant. ② It was one of the most popular restaurants shown on TV. ④ We picked out some food and ordered as soon as we got there. The food they served looked great, but the first few bites of the steaks were not as good as we expected. ⑤ We were confused because the appetizers and salad were really good and so we were expecting that the main dish would be just as good. ⑥ *Unfortunately, the steaks were overcooked and difficult to chew. We called the waiter and told him about the situation. I thought he might be annoyed, but he *took one look at it and apologized immediately. He took it back to the kitchen and brought us the new ones about ten minutes later. He also brought out some free drinks to make up for the inconvenience. *Thankfully, the second serving of steaks was amazing.
에피소드와 관련한 기분/느낌	Even though the steaks were terrible at first, the way the waiter handled the situation was really memorable and I am sure I will go there again.

해석 [에피소드 소개] 제가 식사를 하면서 겪었던 기억에 남는 경험이 몇 개 생각납니다. 그 중에 하나에 대해 이야기하겠습니다. [에피소드 묘사] 몇 년 전, 저는 친구들과 좋은 스테이크 레스토랑에서 식사를 하고 있었습니다. TV에서도 소개된 가장 인기 있는 레스토랑 중 하나입니다. 저희는 도착하는 즉시 음식을 고르고 주문했습니다. 음식은 너무 맛있어 보였으나, 스테이크를 처음 몇 입 먹었는데, 기대했던 것만큼 맛있지 않았습니다. 저희는 에피타이저와 샐러드가 정말 맛있었기 때문에 메인 요리도 맛있을 것이라고 생각해서 당황했습니다. 불행하게도, 스테이크들이 너무 익혀져서 씹기 힘들 정도였습니다. 저희는 웨이터를 불러서 상황을 설명했습니다. 웨이터가 짜증을 낼 줄 알았는데, 스테이크를 한번 보더니 바로 사과를 했습니다. 스테이크를 주방으로 가지고 가더니, 약 10분 뒤 새로운 스테이크를 가져다 주었습니다. 그리고 불편하게 한 점을 보상하기 위해 서비스로 음료도 가져왔습니다. 다행히도, 두 번째 스테이크는 훌륭했습니다. [기분/느낌] 처음 스테이크는 맛이 너무 없었지만, 웨이터가 상황을 처리하던 태도가 정말 기억에 남아서 저는 다시 그 곳에 갈 것입니다.

등급업 표현

* 내용의 접속을 위한 부사 외에도, unfortunately, thankfully 같은 당시 감정이나 기분을 나타내는 부사들을 잘 사용하면 생생함을 더할 수 있다.

* take one look at : look at이 어떤 의도를 가지고 오래 본다는 뉘앙스라면, take를 사용하면서 짧은 시간에 한번 훑어본다는 뉘앙스를 더한다. 같은 의미이지만, 뉘앙스의 차이를 알아두고 묘사의 생생함을 살리도록 한다.

EXPRESSIONS 답변 핵심 표현

• shown	상영된	• confused	당황한	• bring out	가져오다
• pick out	고르다, 선택하다	• chew	씹다	• make up for	보상하다
• a bite	한 입	• annoyed	짜증난, 화난		

20

Tell me about the experience you couldn't do what you planned due to an unexpected situation during a holiday. What exactly happened and how did you deal with the situation?

휴일(명절) 동안에 예상치 못한 상황 때문에 계획했던 것을 하지 못했던 경험이 있나요? 정확히 어떤 일이 있었나요? 그리고 어떻게 그 상황을 처리하였나요?

질문 키워드	couldn't do~planned, unexpected situation, during holiday
답변 키워드	unexpected와 during a holiday로 휴일(명절)중 있었던 에피소드 문제로 파악할 수 있다. 추가로 주어진 조건은 계획한 것을 하지 못했던(not enable~do~what~planned) 에피소드이다. 하지 못했던 이유를 perhaps ~로 예를 들고 있다. 하지만 언제까지나 예이므로, 자신만의 이유가 있다면 소재로 사용하는 것이 더 좋다.

STORY TELLING 답변 연습

단계별 답변 키워드	샘플 답변
에피소드 소개	I can remember a few unexpected situations I've had during a holiday. I can tell you about one of them.
에피소드 묘사 ① 언제 ② 어디서 ③ 누구와 ④ 무엇을 ⑤ 왜 ⑥ 어떠했나	① A couple of years ago, ③ my friends and I were ② on a beach vacation together. There was a lot of driving involved, so we decided to rent a car to conveniently get around anywhere we wanted. We thought the traffic wasn't going to be too bad, ④ but *as soon as we got on the highway, we were stuck in heavy traffic ⑤ due to a serious road accident. ⑥ It seemed like many hours before we were able to move. What's worse, it was midsummer in the sweltering heat. It actually took us about 4 hours to get to the beach even though it normally only takes 2 hours to get there. We finally got to the beach after dark, but we didn't have much time or energy left to enjoy ourselves and it was too late to go swimming. We just unpacked and went to get some food.
에피소드와 관련한 기분/느낌	We stayed at a hotel and talked over a drink. Later that night, we got super drunk and still had a good time.

해석 [에피소드 소개] 휴일 여행 도중에 예기치 않은 상황을 겪은 적이 몇 번 있었습니다. 그 중 하나에 대해 이야기하겠습니다. [에피소드 묘사] 몇 년 전, 친구들과 바닷가로 휴가를 가고 있었습니다. 장거리 운전을 해야 해서, 편하게 이동하기 할 수 있도록 차를 빌리기로 했습니다. 교통량이 많지 않을 것이라 예상했지만, 고속도로에 진입하자마자, 심한 교통사고 때문에 예기치 못한 교통 체증에 걸렸습니다. 바닷가로 가는 데 보통 2시간 걸리지만, 그날은 정말 4시간이 넘게 걸렸습니다. 마침내 어두워진 후에나 바닷가에 도착했을 땐, 즐길 시간도 없고 기운도 없었으며, 수영하러 가기에도 너무 늦었습니다. 짐만 풀고, 음식을 사러 갔습니다. [기분/느낌] 호텔에 머무르고, 한잔 하면서 이야기를 나누었습니다. 그날 밤, 우리는 엄청나게 취했고, 여전히 즐거운 시간을 보냈습니다.

등급업 표현

* as soon as : 순간을 강조하는 접속사를 많이 사용한다. 답변에서 "고속도로에 진입했다. 그리고 나서, 차가 막혔다" 보다, "고속도로에 진입하자마자, 차가 막혔다"가 훨씬 더 역동감 넘치기 때문이다.

EXPRESSIONS 답변 핵심 표현

• beach vacation	바닷가로 간 휴가	• be stuck in traffic	차가 막히다	• unpack	짐을 풀다
• involved	포함된, 연관된	• due to	~때문에	• over a drink	술한잔 하면서
• get around	이동하다	• sweltering	푹푹찌는		

Unit 8 계기 말하기

[유형 공략법] 계기 문제 유형은 취미나 관심사, 운동 항목과 관련하여 처음 관심을 가지게 된 때를 묻는 문제로 출제된다. 단순한 시간만이 아니라, 계기가 된 사건에 대한 육하원칙 정보를 담아야 한다. 과거경험 말하기 유형과 달리, 처음 인상이나 느낌, 그리고 그 계기가 미친 영향까지 답변에 담는 것이 공략법이다.

주제	기출 문제
가족/친구	Many students become friends with their classmates. I'd like to know about your close classmate. Tell me about how and when you met him or her. 많은 학생들이 같은 반 친구와 친해집니다. 당신과 가까운 같은 반 친구에 대해 알고 싶습니다. 어떻게 그리고 언제 그 친구를 만났는지 말해 주세요.
이웃	Describe one of your neighbors in detail. How did you first become acquainted with him or her? What do you usually do together? 이웃 중 한 명에 대해 자세히 묘사해 주세요. 어떻게 처음 이웃과 친하게 되었나요? 주로 함께 무엇을 하나요?
쇼핑	Tell me about the food store you go to often. How did you first go there? What is special about that place? 당신이 자주 가는 식품점에 대해 말해 주세요. 어떻게 처음 가게 되었나요? 그 장소에 대해 특별한 점은 무엇인가요? 출제팁 건강식품점, 음식점, 쇼핑몰 등을 처음 가게 된 계기 문제도 출제됨.
음악 감상	How did you first become interested in listening to music? How did you feel when you first listened to your favorite music? How has your taste in music changed over the years? 어떻게 처음 음악 감상에 관심을 가지게 되었나요? 좋아하는 음악을 처음 들었을 때 기분이 어땠나요? 시간이 지나면서 음악에 대한 취향이 어떻게 변했나요?
요리	How did you become interested in cooking? When was it? How did you learn to cook? Who taught you how to cook? 어떻게 요리에 관심을 가지게 되었나요? 언제였나요? 어떻게 요리하는 방법을 배웠나요? 누가 요리하는 법을 가르쳐 주었나요?
신문읽기	When did you start reading newspapers? What made you get interested in reading it? What was your first newspaper? Tell me all about how your interest has developed. 언제 신문을 읽기 시작했나요? 왜 관심을 가지게 되었나요? 어떤 신문을 처음 읽었나요? 어떻게 관심이 발전했는지 모두 말해 주세요.
조깅	What do you like about jogging? Why did you first become interested in it? How does jogging make you feel? 조깅에 대해 어떤 점을 좋아하나요? 처음에 왜 관심을 가지게 되었나요? 조깅을 하면 기분이 어떤가요?
농구	How did you first become interested in playing basketball? When did you start? Who taught you how to play? 어떻게 처음 농구하기에 관심을 가지게 되었나요? 언제 시작했나요? 누가 농구하는 법을 가르쳐 주었나요?

01 신문을 읽게 된 계기

AL-Unit08_1.mp3

 When did you start reading newspapers? What made you get interested in reading it? What was your first newspaper? Tell me all about how your interest has developed.

언제 신문을 읽기 시작했나요? 왜 관심을 가지게 되었나요? 어떤 신문을 처음 읽었나요? 어떻게 관심이 발전했는지 모두 말해 주세요.

질문 키워드	when~start reading newspaper, what made~interested, first newspaper, how~developed
답변 키워드	get(=become) interested를 통해 신문 읽기에 관심을 가지게 된 계기 질문임을 파악할 수 있다. 이어 신문 읽기를 시작한 과거 경험에 관해 많은 질문이 뒤따르고 있지만, 육하원칙에 의한 묘사를 통해 놓치는 답변이 없도록 한다. 마지막으로, 어떻게 관심이 커졌는지(how~developed)는 짧게 현재에 미친 영향으로 마무리하도록 한다.

STORY TELLING 답변 연습

단계별 답변 키워드	샘플 답변
계기 소개	I think I can remember the first time I started reading the newspaper. I became interested when I was in middle school and used them for homework assignments.
상황/사건 묘사 ① 상황/사건 (육하원칙) ② 인상/느낌	① The first newspaper I've ever read was a kid's version for a report I had to write for my homework. Once I started reading it, I couldn't put it down as I was fascinated by all the wordy information printed on the pages. I became very curious and wanted to find out more about the world. As I got older, newspapers became my main source of reading interest. My father would buy me all sorts of newspapers to satisfy my curiosity even though I could not understand everything that was written in them. ② Only newspapers could satisfy my intellectual curiosity and I would read them over and over again.
자신에게 미친 영향	I have been reading newspapers every day since I started college. These days, I get most of my news from online newspapers for convenience, but I still have good memories about reading the actual papers when I was younger.

해석 [계기 소개] 제가 처음으로 신문을 읽기 시작했을 때를 기억할 수 있습니다. 처음 신문에 관심 가지게 된 것은 중학교 때 숙제를 하기 위해서였습니다. [상황/사건 묘사] 제가 처음 읽은 신문은 아이들용이었고, 숙제로 보고서를 써야 했기 때문이었습니다. 일단 읽기 시작하니, 신문에 쓰여진 이런저런 정보가 너무 재미있어서 내려 놓을 수가 없었습니다. 세상에 더 호기심이 생겼고, 점점 더 알고 싶어졌습니다. 학년이 올라감에 따라, 신문은 관심 분야의 주 원천이었습니다. 아버지는 저의 호기심을 충족시켜주려고 온갖 종류의 신문을 사주었지만, 모든 내용을 모두 이해하기는 힘들었습니다. 신문이 유일한 지적 호기심을 만족시켜 주었기 때문에, 저는 계속해서 읽었습니다. [미친 영향] 대학교에 입학한 이후로도 저는 매일 신문을 읽고 있습니다. 요즘은 편의상 온라인 신문으로 소식을 접하지만, 어렸을 때 실제 종이 신문을 읽은 좋은 추억이 많습니다.

EXPRESSIONS 답변 핵심 표현

- become interested 흥미를 갖게 되다
- be fascinated by ~에 사로잡히다, 매료되다
- curiosity 호기심
- assignment 과제
- wordy 장황한
- convenience 편리, 편의
- put down 내려놓다
- satisfy 만족시키다

02 농구를 시작하게 된 계기

AL-Unit08_2.mp3

 How did you first become interested in playing basketball? When did you start? Who taught you how to play?

어떻게 처음 농구하기에 관심을 가지게 되었나요? 언제 시작했나요? 누가 농구하는 법을 가르쳐 주었나요?

질문 키워드	playing basketball, when~start, who~taught
답변 키워드	playing basketball과 first become interested를 통해 농구에 처음 관심을 가지게 된 계기 질문임을 파악할 수 있다. 뒤따라 나오는 질문으로 농구를 시작한 경험을 묻고 있다. 특히 누가 농구를 가르쳐주었는지(who~taught)는 나의 경험묘사로 놓칠 수 있으므로 주의하며 답변을 작성한다.

STORY TELLING 답변 연습

단계별 답변 키워드	샘플 답변
계기 소개	I remember the first time I became interested in playing basketball. I can tell you about how I started playing. The first time I became interested in basketball was back in high school, if I am not mistaken.
상황/사건 묘사 ① 상황/사건 (육하원칙) ② 인상/느낌	① Most of my classmates from when I was in high school played basketball on the playground court. I was very athletic and interested in all sports. I didn't actually learn skills from anyone, but I just improved my game over time by playing against others. ② It was pretty fun to compete against each other and to feel the joy of victory. *Not only that, I learned about good sportsmanship on the court. Probably the greatest skill of all was how I learned to cooperate with others and good teamwork.
자신에게 미친 영향	Through basketball, I picked up good qualities such as a spirit of confidence and cooperation. It is still one of the most enjoyable sports for me to play.

해석 [계기 소개] 농구에 처음 관심을 가지게 되었던 때를 기억합니다. 어떻게 농구를 시작했는지 이야기할 수 있습니다. 제 기억이 옳다면, 처음 농구에 관심을 가지게 되었던 것은 고등학교 때였습니다. [상황/사건 묘사] 저의 고등학교 친구들 대부분이 운동장에서 농구를 했습니다. 저는 운동을 잘하고 대부분의 스포츠에 관심이 많았습니다. 누군가에게 스킬을 배우지는 않고, 다른 학생들과 시합하면서 점점 잘하게 되었습니다. 서로 경쟁을 하고 승리의 기쁨을 느끼는 것은 정말 재미있었습니다. 그 뿐 아니라, 경기에서 좋은 스포츠맨 정신도 배웠습니다. 아마도 가장 중요한 스킬은 다른 사람들과 협력하고 좋은 팀워크를 배우는 방법이었습니다. [미친 영향] 농구를 통해 저는 자신감이나 협동심 같은 좋은 자질들을 갖출 수 있었습니다. 여전히 저에게 가장 즐거운 스포츠 중 하나입니다.

등급업 표현

* not only that : 의미는 다 알고 있지만, 막상 문장구조에서 활용하지 않는 표현이 not only A but also B이다. 앞서 평범한 문장을 말한 뒤에, 그 문장 전체를 의미하는 that을 사용하여, not only 구문을 활용해 보도록 한다.

EXPRESSIONS 답변 핵심 표현

• become interested in	~에 흥미를 갖게 되다	• compete against	~와 경쟁하다	• pick up	배우다
• improve	향상시키다, 나아지다	• cooperate with	~와 협력하다	• spirit	정신

Unit 9

[유형 공략법] 어떤 사건이 발생하게 된 원인과 발생 후 미치게 된 결과나 영향을 설명하는 유형이다. 인과 설명은 물론이고, 육하원칙을 활용하여 사건 발생 배경을 묘사하고, 결과나 영향에 대한 의견이나 생각까지 더하면 논리적이고 짜임새있는 고퀄리티의 답변을 할 수 있다.

주제	기출 문제
집	Tell me about the change that you made to your home. What kind of change was it and why did you decide to do that? What did you have to do to make the change? 집에 준 변화에 대해 말해 주세요. 어떤 변화였나요? 왜 그렇게 하기로 결심했나요? 변화를 주기 위해 무엇을 해야 했나요?
가족/친구	What issues or concerns do you and your classmates usually talk about? How do those issues affect you? What do you need to do to address those concerns? 당신과 당신의 반 친구가 주로 이야기를 나누는 이슈나 걱정거리들은 무엇입니까? 그 이슈들은 당신에게 어떤 영향을 미치나요? 그러한 걱정거리를 해결하기 위해 무엇을 해야 하나요?
이웃	I'd like to know about the issues related to your neighborhood. How did they start and how have they affected your community? What do you think of these issues? 당신의 동네와 관련된 이슈에 대해 알고 싶습니다. 이슈가 어떻게 시작되었고, 당신의 지역사회에 어떤 영향을 미쳤나요? 이 이슈에 대해 어떻게 생각하나요?
쇼핑	What are the changes in people's shopping habits in your country? What is the most significant change in shopping? 당신 나라 사람들의 쇼핑 습관에 어떤 변화들이 있었나요? 쇼핑에 있어 가장 주요한 변화는 무엇인가요? 출제팁 쇼핑 장소의 변화가 미친 원인과 결과에 관한 문제도 출제됨.
신문	Tell me about the change from paper to digital forms of reporting the news. How has it affected the way people get their news? 종이에서 디지털 형태로의 뉴스보도의 변화에 대해 말해 주세요. 사람들이 뉴스를 접하는 방식에 어떻게 영향을 미쳤나요?
여행	Tell me about some changes in traveling you've observed over time. How have these changes affected people's traveling experiences? 시간이 지나면서 관찰한 여행의 변화에 대해 말해주세요. 이러한 변화가 사람들의 여행 경험에 어떤 영향을 미쳤나요? 출제팁 특히 여행 수단과 관련하여 교통 수단의 발달이 미치는 원인과 결과에 관한 문제도 출제됨.
음식점	When your friends and family discuss restaurants they like or dislike, what are some of the characteristics they discuss the most? How do these characteristics affect their dining experiences? 친구나 가족이 좋아하거나 싫어하는 음식점에 대해 이야기할 때, 어떤 특징을 가장 많이 이야기하나요? 그런 특징은 식사 경험에 어떤 영향을 미치나요?
	Many restaurants are changing their menus for increasingly health-conscious customers. Tell me about some changes you've noticed regarding this trend in your country. 많은 음식점들이 점점 건강을 의식하는 고객들을 위해 메뉴를 바꾸고 있습니다. 이러한 트렌드와 관련하여 당신이 발견한 당신 나라의 변화에 대해 말해 주세요. 출제팁 다양한 형태의 음식점의 변화(체인 음식점, 배달 음식점, 포장 음식점 등)로 인한 외식문화에 미친 원인과 결과에 관한 문제도 출제됨.
지형	I'd like to know about a specific historical event that has affected the relationship between your country and one of its neighboring nations. It could be a treaty signed between two countries, a cultural event, or a visit to another country's minister or president. Tell me about the event in detail. 당신 나라와 이웃 국가 중 한 나라와의 관계에 영향을 미친 구체적인 역사적 사건에 대해 알고 싶습니다. 두 나라간 조약일 수도 있고, 문화 행사나 장관급이나 대통령의 방문일 수도 있습니다. 이벤트에 대해 자세히 말해 주세요.

01 여행이 어려워진 원인과 결과

Q) Tell me about some changes in traveling you've observed over time. How have these changes affected people's traveling experiences?

시간이 지나면서 관찰한 여행의 변화에 대해 말해주세요. 이러한 변화가 사람들의 여행 경험에 어떤 영향을 미쳤나요?

질문 키워드	changes~traveling, how~affected
답변 키워드	첫 번째 문장에서 변화가 나쁘게 일어난 예를 들어주고 있지만, 이해를 돕기 위한 예문이므로 답변까지 부정적으로 작성할 필요는 없다. 다만, 부정적인 변화든 긍정적인 변화든, 변화를 설명하면서 자신의 여행 경험이나 일화 등 구체적인 예를 사용하여 충분한 근거를 되도록 한다.

STORY TELLING 답변 연습

단계별 답변 키워드	샘플 답변
배경이나 원인 ① 원인	I think it has become *much easier and more convenient with ① the development of the Internet and infrastructure.
결과나 영향 ① 온라인 예매 가능 ② 영향 ③ 대중교통 발달 ④ 영향	① As a result, people can book or buy tickets online anytime and anywhere. ② It is getting *way easier and cheaper to plan a trip however they want. Based on my experience, I can search and find so many low-cost flights on the Internet to any destination in the world. Secondly, ③ public transportation in many countries has improved a great deal as well. Some countries even have bullet trains and express buses that take people anywhere conveniently and efficiently. ④People can now visit places that were once not accessible. Safety for travelers has improved also.
결과나 영향에 대한 자신의 의견이나 생각	All in all, traveling is *a lot easier now than before. I believe that it will get *even easier and more convenient in the future.

해석 [배경이나 원인] 저는 인터넷과 인프라의 발달로 여행이 더 쉬워지고 편리해졌다고 생각합니다. [결과나 영향] 그 결과, 사람들은 언제 어디서든 온라인으로 티켓을 예매하거나 구매할 수 있습니다. 원하는 대로 여행을 계획하기가 더 쉽고 저렴해졌습니다. 제 경험에 비추어 보면, 저는 전세계의 목적지로 가는 많은 저가 항공편을 검색해서 찾을 수 있습니다. 두 번째로는, 대부분 나라들의 대중교통시스템도 역시 많이 발전했습니다. 어떤 나라들은 사람들이 고속열차와 고속버스로 편리하고 효율적으로 어디든 갈 수 있습니다. 사람들은 예전에 갈 수 없었던 장소들도 이제 가볼 수 있습니다. 여행객들도 역시 더 안전해졌습니다. [의견/생각] 대체로 여행은 전보다 지금이 훨씬 쉬워졌습니다. 저는 앞으로 더 쉽고 편리해 질 것이라고 생각합니다.

등급업 표현

* much/way/a lot/even : 형용사를 더 맛깔나게하는 어휘가 바로 부사이다. 비교급을 꾸며주는 부사들을 알아두고 활용한다. 위에서 언급된 4가지 중, way는 구어체스러운 표현이므로 등급업을 위해 한번은 사용한다. 단, very는 사용할 수 없으니, 주의한다.

EXPRESSIONS 답변 핵심 표현

- convenient   편리한
- development   발달
- infrastructure   인프라, 기반 시설
- book   예약하다
- low-cost   저가의, 저비용의
- destination   목적지
- public transportation   대중교통
- take+사람+장소   사람을 장소로 데려가다
- accessible   접근할 수 있는

Many restaurants are changing their menus for increasingly health-conscious customers. Tell me about some changes you've noticed regarding this trend in your country.

많은 음식점들이 점점 건강을 의식하는 고객들을 위해 메뉴를 바꾸고 있습니다. 이러한 트렌드와 관련하여 당신이 발견한 당신 나라의 변화에 대해 말해 주세요

질문 키워드	restaurants, change menu, health-, in your country
답변 키워드	이 질문은 음식점과 건강이 모두 토픽이다. 선택 레벨이 높아질수록 토픽이 섞여 나오는 경우도 있으니, 기출문제를 통해 확인해 둔다. 원인을 설명할 때도 두 가지의 주제가 모두 언급될 수 있도록 한다. 결과를 직접적으로 묻지는 않았지만, 결과를 보았다면 목격한 결과를, 결과를 보지 못했다면 어떤 결과가 예측되는지로 마무리하면 좋다.

STORY TELLING 답변 연습

단계별 답변 키워드	샘플 답변
배경이나 원인	I think that many restaurants are changing their menus to be healthier these days. I have noticed that more and more restaurants are using fresh and organic ingredients instead of processed foods to make their dishes, common in the past.
결과나 영향 ① 원산지 표기 ② 영향 ③ 건강식 메뉴 추가 ④ 영향	As a result, ① the information on the country of origin of the main dish ingredients is now posted publicly in Korea. This is actually a law legislated only recently requiring all restaurants do so. ② People are more willing to pay for food knowing *where it comes from and *how it was produced. Furthermore, ③ the trend is now for restaurants to remove the greasier and spicy foods from their menus. ④ Menus that have a wide selection of fresh salads and diverse vegetarian dishes have grown ever so popular.
결과나 영향에 대한 자신의 의견이나 생각	In my opinion, these changes will probably continue into the future since people are becoming more health-conscious about what they eat.

해석 [배경이나 원인] 저는 많은 식당들이 메뉴를 건강식으로 바꾸고 있다고 생각합니다. 과거에나 흔했던 가공식품 대신 신선한 유기농 재료로 음식을 만드는 식당이 점점 많아지고 있음으로 알 수 있습니다. [결과나 영향] 그 결과, 한국에서는 주 재료의 원산지 정보를 표기하고 있습니다. 사실 이것은 모든 음식점들이 해야 하는 최근에 제정된 법입니다. 사람들은 원산지가 어디인지, 어떻게 재배되었는지 아는 음식에 비용을 더 지불하고 싶어합니다. 게다가, 식당들이 기름지거나 양념이 강한 음식을 메뉴에서 빼는 것이 요즘의 트렌드입니다. 신선한 샐러드나 다양한 채식요리가 있는 메뉴가 전보다 더 인기를 끌고 있습니다. [의견/생각] 제 생각에는 사람들이 먹는 것에 더 건강을 의식하고 있기 때문에 이런 변화는 지속될 것 같습니다.

등급업 표현

* when it comes from/how it was produced : 간접의문문은 득점하기 좋은 문장이다. 평서문과 의문문이 만나면서 주어, 동사의 위치변경은 물론 시제와 주어의 수일치를 시켜야 하는 복잡한 문법이 들어있는 구문이다. 의문문의 습관으로 오류가 발생하지 않도록 주의한다.

EXPRESSIONS 답변 핵심 표현

• notice	알다, 의식하다	• origin	원산지	• a wide selection of	다양한
• ingredient	재료	• legislated	제정된	• health-conscious	건강에 신경쓰는
• processed food	가공 식품	• be willing to	기꺼이 ~하다		

27

Unit 10 문제 해결 과정 말하기

[유형 공략법] 이 유형은 Background Survey 선택 주제는 물론 공통주제, 특히 롤플레이 마지막 문제로도 많이 출제되고 있는 만큼 유형의 출제빈도가 매우 높은 편이다. 주제 별 겪은 문제 상황을 묘사하고, 문제의 해결 방법에 초점을 맞추는 답변 전략을 사용해야 한다. 과거 경험 말하기나 기억에 남는 에피소드 말하기 유형과 혼합될 수 있으므로, 앞서 작성해놓은 답변을 적절하게 활용한다.

주제	기출 문제
쇼핑	Have you ever had any difficulty while shopping? What was the problem? And how did you deal with it? 쇼핑을 하는 동안 어려움을 겪은 적이 있나요? 문제가 무엇인가요? 어떻게 해결했나요? 출제팁 구매한 물건의 문제나 환불/교환 경험 관련 문제도 출제됨.
여행	Tell me about the time when your plans for the trip did not work out as expected. What happened? What did you do and how was the situation finally resolved? 여행 계획이 예상했던 대로 되지 않았던 때를 생각해보세요. 어떤 일이 있었나요? 상황에 대해 모두 말해주세요. 당신은 무엇을 했나요? 그리고 결국 상황은 어떻게 해결되었나요? 출제팁 여행 전, 여행 중에서 겪은 문제도 출제됨. 특히 호텔 예약, 항공 취소, 일정 변경 등의 주제와 자주 출제됨.
교통	Have you ever had any problems caused by a flight cancellation? Tell me what exactly happened. Describe that experience in detail from beginning to end. 항공 취소로 인해 문제를 겪었던 적이 있나요? 정확히 어떤 일이 있었는지 말해 주세요. 그 경험의 처음부터 끝까지 자세히 말해 주세요. Tell me about the last time when you had trouble with your car. What was the problem and how did you deal with it? 최근 차에 문제가 있었던 때에 대해 말해 주세요. 문제가 무엇이었나요? 그리고 어떻게 해결했나요? 출제팁 렌트카의 문제, 명절이나 휴일의 교통 체증, 대중 교통에서의 겪은 문제도 출제됨.
전화	Tell me about the time when you had trouble with using your phone. What exactly happened and how did you solve the situation? 전화를 사용하면서 문제가 있었던 때에 대해 말해주세요. 어떤 일이 있었나요? 그리고 어떻게 해결하였나요?
약속	Have you ever planned a trip or party, but you had to cancel at the last minute because of something unexpected? Tell me everything about what prevented you from going. 여행이나 파티를 계획했는데, 예상치 못한 일이 생겨서 마지막 순간에 취소해야 했던 적이 있나요? 왜 가지 못했는지 말해 주세요. 출제팁 약속을 지키지 못한 경험이나 업무에서 마감일을 지키지 못한 경험 등의 문제도 출제됨.
재활용	Tell me about the time when you had trouble with recycling. You may have moved to a new place and did not know the rules, or you may have made a mistake in sorting out. Describe what happened from beginning to end. 재활용을 하면서 문제가 있었던 때를 묘사해 주세요. 새로운 곳으로 이사를 해서 규칙을 몰랐을 수도 있고, 분리수거하는데 실수를 했을 수도 있습니다. 무슨 일이 있었는지 처음부터 끝까지 묘사해 주세요.
건강	Tell me about any challenge you had when trying to maintain or improve your health. You may have tried a hard diet or quit smoking. Tell me everything about what you did. 건강을 유지하거나 개선하려고 할 때 겪은 어려움에 대해 말해 주세요. 힘든 다이어트를 하거나, 금연을 시도했을 수도 있습니다. 당신이 한 모든 것을 말해 주세요. 출제팁 건강 관련 문제가 있어서 병원을 찾았던 경험, 운동을 하며 다쳤던 경험 등이 출제됨.
테크놀로지	Have you ever had a problem because of some technology not working properly? Your computer may have crashed, or your cell phone may have lost its service. Describe the situation in as much detail as possible. 제대로 작동하지 않는 기술 때문에 문제를 겪은 적이 있나요? 컴퓨터가 다운되거나 휴대폰이 터지지 않았을 수도 있습니다. 사건에 대해 가능한 자세히 묘사해 주세요.

01 자동차에 생겼던 문제

AL-Unit10_1.mp3

Q) Tell me about the last time when you had trouble with your car. What was the problem and how did you deal with it?

최근 차에 문제가 있었던 때에 대해 말해 주세요. 문제가 무엇이었나요? 그리고 어떻게 해결했나요?

질문 키워드	trouble, your car, what~problem, how~deal with
답변 키워드	problem이나 trouble, difficulty는 전형적인 키워드이다. 발생한 문제가 무엇이었고(what~problem), 어떻게 해결하였는지(how~deal with)에 대해서만 질문했지만, 발생한 배경부터 사용한 방법, 그리고 그 결과까지 모두 답변에 담도록 한다. 단어만 바꾸어서 렌터카 주제에서도 적용할 수 있도록 답변을 작성한다.

STORY TELLING 답변 연습

단계별 답변 키워드	샘플 답변
문제 상황 ① 배경 ② 문제	I can remember the last time I had trouble with my car. Not too long ago, ① I was driving from place to place with my family on a trip. Suddenly, ② a warning sound and light turned on in my car dash. My family and I started to panic, thinking it could be a critical car issue.
해결책과 결과 ① 해결책 ② 그 해결책을 사용한 이유 ③ 결과	As soon as I found the place to park safely, ① I pulled over and started investigating. I had no clue about what the problem was, so ② I called the insurance company and asked them for assistance. It turns out, it was just a battery replacement for the car key. So, ① I ran to the nearest convenience store and bought a new battery, but what was worse was that I didn't know how to change it. So, ② I searched the Internet for some tutorial videos on how to change it by myself. ③ Eventually, my family was on our way with a feeling of relief.
느낀 점이나 교훈	Personally, I think I need to make sure to inspect the car before going on a road trip and get a car inspection on a regular basis as well.

해석 [문제 상황] 최근 제 차에 문제가 있었던 때를 기억합니다. 얼마 전에, 저는 가족여행으로 이곳 저곳 운전하며 여행을 하고 있었습니다. 갑자기 차 경고음과 함께 경고메시지가 계기판에 나타났습니다. 가족들과 저는 심각한 문제일지도 모른다는 생각에 겁에 질리기 시작했습니다. [해결책과 결과] 저는 안전하게 주차할 곳을 찾아, 차를 세우고 차를 살펴보았습니다. 무엇이 문제인지 정확히 알 수가 없어서 보험회사에 전화해서 도움을 요청했습니다. 알고 보니, 단순히 자동차 키의 배터리 교체였습니다. 저는 가장 가까운 편의점으로 달려가서 새로운 배터리를 샀습니다. 하지만 설상가상으로 저는 교체할 줄을 몰랐습니다. 그래서 인터넷으로 교체방법을 알려주는 동영상을 검색해 보았습니다. 결국 저희 가족은 안심하며, 여행을 다시 할 수 있었습니다. [느낀 점이나 교훈] 개인적으로, 여행을 떠나기 전에 차를 반드시 점검하고, 또 정기적으로 차 점검도 받아야 한다고 생각했습니다.

EXPRESSIONS 답변 핵심 표현

from place to place	여기저기	critical	중요한	clue	단서
warning sound	경고음	pull over	길 한쪽으로 차를 세우다	tutorial	안내의, 지도의
dash(board)	계기판	investigate	조사하다, 살펴보다	relief	안도
inspection	검사, 점검				

AL-Unit10_2.mp3

 Have you ever planned a trip or party, but you had to cancel at the last minute because of something unexpected? Tell me everything about what prevented you from going.

여행이나 파티를 계획했는데, 예상치 못한 일이 생겨서 마지막 순간에 취소해야 했던 적이 있나요? 왜 가지 못했는지 말해 주세요.

질문 키워드	plan, cancel, last minute, unexpected, what~prevented going
답변 키워드	이 질문은 문제 해결 과정을 알리는 전형적인 키워드가 없기 때문에 혼동할 수 있다. 롤플레이 콤보문제로 자주 출제되는 유형이다. prevent가 문제 상황과 관련해서 "막다, 방해하다"의 의미로 사용되면서 문제의 원인에 대해 묻는다. 이 질문은 이미 여행을 가지 못하게 된 결과가 주어졌기 때문에, 가지 못한 이유(what prevented~going)에 초점을 맞추는 답변이 되어야 한다.

STORY TELLING 답변 연습

단계별 답변 키워드	샘플 답변
문제 상황 ① 배경 ② 문제	I can remember the time when I had to cancel a plan at the last minute because of something unexpected. Two summers ago, ① my family and I planned to a beach vacation to Jeju Island. Just a few days before we were supposed to leave, ② the flights to Jeju Island were all canceled because of heavy rain and wind. I had no choice but to postpone our beach trip.
해결책과 결과 ① 해결책 ② 그 해결책을 사용한 이유 ③ 결과	It was just so sudden, and I couldn't think of what to do. However, I thought that just because the trip was canceled, it didn't mean we needed to be stuck at home. Right at that moment, my children *came up with a fun solution. It was to ① suggest one thing each family member would like to do together during a day. ② I thought it was a good idea and everyone seemed to like it. As a result, ③we did four different things over 4 days. We went to a water park, played a sport together, watched a movie, and had a nice dinner at a good restaurant.
느낀 점이나 교훈	It's been a while since we had such a good time together. This made me realize that we don't need to wait for a vacation to have fun together. So, I'll try to do any of these things anytime.

해석 [문제 상황] 예기치 못한 일로 인해 마지막 순간에 계획을 취소해야 했던 때를 기억합니다. 2년 전 여름에, 제 가족이 제주도의 한 바닷가로 휴가를 가려고 계획하였습니다. 그러나 여행을 떠나기 몇 일 전, 폭풍 때문에, 모든 비행편이 취소되었습니다. 저는 바닷가로의 여행을 미뤄야 했습니다. [해결책과 결과] 너무 갑작스러워서 무엇을 해야 할지 생각도 못 하고 있었습니다. 하지만, 여행이 취소되었다고 해서, 집에만 있을 수는 없었습니다. 바로 그 때, 제 아이들이 재미있는 해결방안을 제시했습니다. 그것은 가족 모두가 하루 동안 함께 하고 싶은 것을 한가지씩 제안하는 것이었습니다. 저는 좋은 아이디어라고 생각했고, 모두 이 아이디어를 좋아하는 것 같았습니다. 그 결과 우리는 4일 동안 4가지 색다른 것을 하였습니다. 워터파크에도 가고, 운동도 같이 하고, 영화도 보고, 멋진 음식점에 가서 맛있는 저녁을 먹었습니다. [느낀 점이나 교훈] 모두 함께 모처럼 만에 즐거운 시간을 보냈습니다. 이번 일로 우리가 함께 즐거운 시간을 보내기 위해 꼭 휴가를 기다릴 필요가 없다는 것을 깨달았습니다. 그래서, 언제든 이러한 것들을 하려고 노력할 것입니다.

등급업 표현

* come up with : 어떤 아이디어나 해결책 등이 생각해 냈을 때 사용하는 구동사로 점수를 받기 좋은 표현이다. 단, 수동태로는 쓰이지 않으니 주의한다.

EXPRESSIONS 답변 핵심 표현

• have no choice but to	~할 수 밖에 없다	• solution 해결책	• while 잠깐, 잠시
• postpone	연기하다	• suggest 제안하다	

Unit 11 방법 설명하기

[유형 공략법] 이 문제 유형은 어떤 일의 진행 혹은 처리 단계, 물건의 사용 방법, 정보를 알게 된 방법 등에 대한 질문이 주로 출제된다. 이때 시간의 흐름보다는 어떤 과정이나 단계를 거쳐 결과에 도달했는지를 설명하는데 초점을 맞추어 답변을 작성해야 한다. 과정이나 단계를 너무 세분화시키기 보다, 핵심적인 단계 중심으로 3개 내외를 유지하는 것이 적절한 답변길이를 유지하는 공략이다.

주제	기출 문제
수업	You may have some experiences of registering for some classes you already took or you're taking. Please tell me about the process of registering in detail. 당신은 이미 들었거나, 현재 수강하고 있는 수업을 신청한 경험이 있을 겁니다. 수업을 신청하는 과정을 자세히 말해 주세요.
프로젝트	How did you use the internet to get a project done in the past? What was the project about? Please explain why it was useful in detail. 과거에 프로젝트를 수행하기 위해 어떻게 인터넷을 사용했었나요? 프로젝트는 무엇에 관한 것이었습니까? 왜 인터넷이 유용했는지 자세히 설명해주세요. 출제팁 최근 프로젝트를 어떻게 마쳤는지에 대해 묻는 문제도 출제됨.
쇼핑	Tell me about the time you learned about an exciting new product. It might be new smartphones, video games, cars, or other new products. Tell me about what the product was and how you learned about it. 흥미로운 신제품에 대해 알게 된 때에 대해 말해 주세요. 스마트폰이나 비디오게임, 자동차 또는 그 밖에 다른 신제품일 수도 있겠습니다. 그 상품이 무엇이었고, 어떻게 알게 되었는지 말해 주세요.
음식점	Tell me about how you found out about a special food or grocery store. It might be a new specialty store that just opened in your community or a new farmer's market that you've wanted to try out. How did you get to know about this new food or grocery store? What was your first visit like? 특별한 음식이나 식료품을 파는 가게를 어떻게 찾아 냈는지 말해 주세요. 이제 막 개장한 동네의 전문점일 수도 있고, 평소 가보고 싶어했던 농산물 직판장일 수도 있겠습니다. 이 새로운 가게에 대해 어떻게 알게 되었나요? 처음 방문 어땠나요?
재활용	I'd like to know about all the different kinds of things you recycle. When and how often do you recycle? Describe the way you recycle in as much detail as possible. 재활용을 하는 모든 종류의 물건에 대해 알고 싶습니다. 언제, 얼마나 자주 재활용을 하나요? 재활용 하는 방법에 대해 자세히 묘사해 주세요.
건강	Tell me how you found out about eating healthy. Did your family eat healthy when you grew up? Or do you have any friend who become healthier by eating healthy food? Describe how you started to eat healthy in as much detail as possible. 건강한 식생활에 대해 어떻게 알게 되었는지 대해 말해 주세요. 당신이 자랄 때, 당신의 가족은 건강한 식생활을 했나요? 또는 건강식 덕분에 더 건강해진 친구가 있나요? 어떻게 건강한 식생활을 시작했는지 자세히 묘사해 주세요.
약속	When you want to meet up with people, how do you get in touch with them? Do you make a phone call, send an e-mail, or do something else? Tell me about the process from beginning to end. 사람들을 만나고 싶을 때, 어떻게 연락을 하나요? 전화를 하나요, 이메일을 보내나요, 혹은 그 밖에 다른 것을 하나요? 그 과정을 처음부터 끝까지 말해 주세요.

Tell me about how you found out about a special food or grocery store. It might be a new specialty store that just opened in your community or a new farmer's market that you've wanted to try out. How did you get to know about this new food or grocery store? What was your first visit like?

특별한 음식이나 식료품을 파는 가게를 어떻게 찾아 냈는지 말해 주세요. 이제 막 개장한 동네의 전문점일 수도 있고, 평소 가보고 싶어했던 농산물 직판장일 수도 있겠습니다. 이 새로운 가게에 대해 어떻게 알게 되었나요? 처음 방문 어땠나요?

질문 키워드	how~found out, food/grocery store, how~get to know, what~first visit~like
답변 키워드	비슷한 의미의 키워드인 how~found out 그리고 how~get to know를 통해 방법 설명 문제 유형임을 파악할 수 있다. 발견한 구체적인 방법에 이어, 처음 방문했을 때의 인상(what~first visit~like)에 대해서도 묻고 있으므로 반드시 언급해 준다.

STORY TELLING 답변 연습

단계별 답변 키워드	샘플 답변
방법 소개	I can tell you about a specialty store I know of in my neighborhood. It is an organic grocery store that opened recently called *The Organic Mart*. I first heard about it from one of my friends, who lives near the store. She *strongly recommended it to me a while ago.
단계 설명 ① 첫 번째 한 일 ② 두 번째 한 일 ③ 첫인상 ④ 마지막으로 한 일	Right after I heard about the store from her, ① the first thing I did was search for the store on the Internet. I found a ton of good reviews and I discovered that the store has so many branches all over the country. ② I decided to check out the location near my place and grab some groceries for me and my family. As soon as I got there, I saw lots of flowerpots and wreaths signaling the celebration of a new opening. ③ In the store were many kinds of agricultural products and meats and they were well organized and nicely displayed. Everything looked super fresh. ④ I was so excited that I walked around for almost two hours exploring the aisles before making my final decisions and checking out.
결과 또는 의견 ① 결과 ② 의견	① It turns out that organic food is a little pricier, but ② I think it is worth it for the quality. I was extremely satisfied with all my purchases there.

해석 [방법 소개] 제 동네에 있는 한 전문점에 대해서 이야기하겠습니다. 최근에 개장한 The Organic Mart라는 유기농 식료품 가게입니다. 저는 이 가게 근처에 살고 있는 친구에게 가게에 대해 처음 들었습니다. 얼마 전 친구는 강력 추천을 했습니다. [단계 설명] 친구에게 그 가게에 대해 듣자마자, 처음으로 한 일은, 인터넷에서 그 가게를 검색해 보았습니다. 좋다는 수많은 리뷰가 있었고, 전국적으로 많은 지점들이 있었습니다. 저는 집에서 가까운 한 지점의 위치를 확인하고, 식료품을 사러 가기로 했습니다. 도착하자마자, 새로운 개장을 축하하는 많은 화분과 화환을 보았습니다. 가게에는 다양한 종류의 농산물과 고기들이 잘 정리되어 진열되어 있었습니다. 모두 매우 신선해 보였습니다. 저는 너무 신나서 결정하고 지불하기까지 2시간 가량 이곳 저곳을 구경하며 다녔습니다. [결과 또는 의견] 알고 보니, 유기농 식품은 가격이 약간 비싸다는 걸 발견했지만, 품질면에서는 가치가 있다고 생각합니다. 그곳에서의 모든 구매에 매우 만족했습니다.

등급업 표현

* strongly recommend it to me : 순서를 많이 헷갈려서 실수하기 쉽다. 자칫 우리말 어순에 의해 recommend me that ~이라고 쓰기 쉽지만, 문법적으로 오류 문장이다. recommend는 목적어를 1개만 취하는 동사이므로 주의한다.

EXPRESSIONS 답변 핵심 표현

• specialty store	전문점	• review	리뷰, 후기	• wreath	화환
• search for	~을 검색하다, 찾다	• all over the country	전국적으로	• agricultural product	농산물
• make a decision	결정하다	• grab	사다	• explore	둘러보다

02 약속을 정하는 방법

Q) When you want to meet up with people, how do you get in touch with them? Do you make a phone call, send an e-mail, or do something else? Tell me about the process from beginning to end.

사람들을 만나고 싶을 때, 어떻게 연락을 하나요? 전화를 하나요, 이메일을 보내나요, 혹은 그 밖에 다른 것을 하나요? 그 과정을 처음부터 끝까지 말해 주세요.

질문 키워드	meet up people, how~get in touch, process
답변 키워드	이 질문은 how와 process 키워드를 통해 방법 설명 문제 유형으로 파악할 수 있다. 연락을 취하는 방법으로 예로 들어 준 전화(make phone calls)나 이메일(send an e-mail) 등을 모두 언급해도 좋다. 하지만, 추가적으로, 자기만의 방법을 단계별로 설명해주는 것이 고득점 전략이다.

STORY TELLING 답변 연습

단계별 답변 키워드	샘플 답변
방법 소개	I can tell you about how I *get in touch with people when I want to meet up with them.
단계 설명 *전화 ① 첫 번째 하는 일 ② 그 다음 하는 일 ③ 마지막으로 하는 일 *채팅 ④ 채팅을 하는 상황 ⑤ 채팅 중 하는 일	I use many different ways to *get in contact, but mostly I make a phone call since it is a lot faster and clearer. ① The first thing I do on the phone is to explain why I want to meet. I think this is the most friendly and casual way to *reach out to anyone. ② After that, I usually ask for the most convenient time and place to meet up, and then I decide right on the spot. ③ The last thing I usually do is, I send a text message or email to confirm the appointment. ④ If there are lots of people involved, I start a group chat. ⑤ In the group chat, we decide together when and where to meet up. I think this is such a good way for everyone to be on the same page for making an appointment.
결과 또는 의견	I prefer talking over the phone to make my appointments because text messages can be misleading from time to time.

해석 [방법 소개] 사람들과 만나고 싶을 때, 연락하는 방법에 대해 이야기 하겠습니다. [단계 설명] 저는 다양한 연락 방법을 사용하지만, 아주 빠르고 명확하기 때문에 주로 전화를 겁니다. 전화를 걸어서 제일 먼저 하는 것은 왜 만나고 싶은지 설명하는 것입니다. 이것은 누구에게나 하는 가장 친절하고 편한 연락 방법이라고 생각하기 때문입니다. 그리고 나서, 보통은 가장 편한 시간과 장소를 물어보고, 그 자리에서 바로 결정합니다. 마지막으로 주로 하는 것은 문자나 이메일로 약속 확인을 합니다. 많은 사람을 만나는 거라면, 그룹 채팅방을 만듭니다. 채팅을 하면서, 만날 시간과 장소를 함께 정합니다. 이것은 모든 사람이 약속 정하는데 함께 할 수 있는 좋은 방법이라고 생각합니다. [결과 또는 의견] 저는 문자가 때때로 오해가 있을 수 있기 때문에, 전화로 약속을 잡는 것을 선호합니다.

등급업 표현

* get in touch/get in contact/reach out : 같은 의미의 다양한 어휘를 사용하는 것은 등급산정의 분명한 기준이다. "연락하다"는 의미로 쓰인 다양한 표현을 확인한다.

EXPRESSIONS 답변 핵심 표현

• meet up with	~와 만나다	• on the spot	그 자리에서	• be on the same page	같은 내용을 이해하다
• make a phone call	전화 걸다	• confirm	확인하다	• talk over the phone	전화로 이야기하다
• ask for	~에 대해 묻다, 요청하다	• involved	관련된, 연루된	• from time to time	가끔

Unit 12 시간의 흐름에 따라 말하기

[유형 공략법] 이 문제 유형은 어떤 사건이나 경험한 일을 발생한 시간의 순서에 따라 이야기하는 유형이다. 주로는 어떤 장소를 처음 방문한 순간부터 떠날 때까지 혹은 어떤 경험을 시작하는 순간부터 마치는 순간까지 등을 질문한다. 확실하게 어필하기 위해, 시간의 순서를 나타내는 어휘와 표현을 반드시 사용해야 한다.

주제	기출 문제
해변	Tell me about the memorable trip to the beach. Who were you with? Which beach were you at? What did you do there? What made this trip special? Tell me everything from the moment you arrived until you left. 기억에 남는 해변 여행에 대해 말해 주세요. 누구와 함께 있었나요? 어떤 해변이었나요? 그곳에서 무엇을 했나요? 왜 이 여행이 기억에 남거나 특별했나요? 도착한 순간부터 떠날 때까지 당신이 한 모든 것에 대해 말해 주세요.
여행	Tell me about the trip you took as a child. Where did you go? Who were you with? What did you do or see? Tell me everything from beginning to end. 어렸을 때 간 여행에 대해 말해 주세요. 어디로 갔나요? 누구와 있었나요? 무엇을 하고, 무엇을 보았나요? 여행의 시작부터 끝까지 모두 말해 주세요. 출제팁 최근 여행, 문제가 있었던 여행, 기억에 남는 여행과 관련한 문제도 출제됨.
외식	Tell me about the time when you went out for a special meal with your family, friends, or co-workers. What was the occasion? Where did you go? Tell me what happened during the meal from beginning to end. 가족이나 친구, 동료와 특별한 식사를 위해 외식을 했던 때에 대해 말해 주세요. 어떤 일 때문이었나요? 어디로 갔나요? 식사 동안, 시작부터 끝까지 있었던 일을 말해 주세요.
음식점	Tell me about what you usually do when you eat at a restaurant. What do you do first, second, etc.? 음식점에서 음식을 먹을 때 주로 하는 일에 대해 말해주세요. 처음에, 두 번째로 등등 무엇을 하나요?
휴일	Tell me about the special event or holiday you celebrated with your family or friends. What made it so special? Give me all the details about that event or holiday from beginning to end. 가족이나 친구와 보냈던 특별한 이벤트나 휴일에 대해 말해 주세요. 왜 특별한가요? 이벤트나 휴일의 시작부터 끝까지 자세히 말해 주세요. 출제팁 휴일 외에도 집에서 보내는 휴가의 전형적인 하루의 오전부터 오후까지 묘사하는 문제도 출제됨.
모임	Tell me about the last time you got together with your friends or family. Who was there and where were you? Tell me everything you did that day from beginning to end. 최근 친구나 가족이 모였던 때에 대해 말해 주세요. 그곳에 누가 있었나요? 당신은 어디에 있었나요? 그 날 시작부터 끝까지 당신이 한 모든 일에 대해 말해 주세요.
건강	Tell me about the time when you made a big change to your diet or exercise routine. What made you have this change? How did it work out? Describe what happened in detail from beginning to end. 식단이나 운동 습관에 큰 변화를 준 때에 대해 말해 주세요. 왜 이 변화를 주었나요? 어떻게 되었나요? 시작부터 끝까지 어떤 일이 있었는지 묘사해 주세요.
은행	What do you usually do from the moment you enter the bank until you leave? Tell me everything about what goes on when you visit the bank. 은행에 걸어 들어간 순간부터 걸어 나올 때까지 당신은 주로 무엇을 하나요? 은행에 방문했을 때 일어나는 모든 일에 대해 말해 주세요.

01 가족이나 친구, 동료와의 외식 경험

AL-Unit12_1.mp3

 Q) Tell me about the time when you went out for a special meal with your family, friends, or co-workers. What was the occasion? Where did you go? Tell me what happened during the meal from beginning to end.

가족이나 친구, 동료와 특별한 식사를 위해 외식을 했던 때에 대해 말해 주세요. 어떤 일 때문이었나요? 어디로 갔나요? 식사 동안, 시작부터 끝까지 있었던 일을 말해 주세요.

질문 키워드	went out meal, what~occasion, where~go, what happened
답변 키워드	"외식하다"는 주로 eat out을 많이 쓰이지만, 이 질문에서와 같이 go out for a meal/lunch 등도 사용한다. 질문에서 from beginning to end를 통해 시간의 순서 묘사 문제로 파악할 수 있으며, 식사를 시작하는 순간부터 식사를 마치며 나오는 순간까지의 행동들을 순서대로 묘사하도록 한다.

STORY TELLING 답변 연습

단계별 답변 키워드	샘플 답변
배경	I can tell you about the time when I went out for a special meal. It was for *a birthday dinner for one of my coworkers a couple of weeks ago. My work team has a kind of celebratory culture when it comes to a coworker's birthday. We decided to go to a big, fancy Korean barbecue restaurant to celebrate my coworker's birthday this time.
시간에 따른 사건과 행동 ① 예약 ② 음식 셋팅 ③ 생일 축하 ④ 대화 ⑤ 2차	First, ① we made a reservation at the restaurant for a large group. ② As soon as we got there after work, the staff at the restaurant started serving drinks and food. ③ We had a great time celebrating her birthday taking photos all the while enjoying our meals. ④ We talked a lot about work and the hardships we've been through together. The conversation eventually snowballed into our concerns about work and ended on the topic of personal interests. ⑤ Before we knew it, it was already 8 o'clock and we split off into smaller groups and went for another round of drinking.
결과 및 느낌	It was *a really fun night. Personally, I think this event makes people closer.

해석 [배경] 특별한 식사를 했던 적에 대해서 이야기 하겠습니다. 2주 전, 저의 동료 중 한 명의 생일 회식이었습니다. 저희 팀은 팀원의 생일을 축하하는 문화가 있습니다. 그래서 우리는 동료의 생일을 축하하기 위해 크고 멋진 고깃집에 가기로 했습니다. [사건과 행동] 먼저, 여러 명이기 때문에 미리 예약을 했습니다. 퇴근 후 우리가 도착하자마자, 식당 직원들은 음료와 음식을 서빙하기 시작했습니다. 모두가 생일을 축하하고 기념 사진을 찍고, 음식을 먹으면서 즐거운 시간을 보냈습니다. 각자 하고 있는 일과 어려운 점 등을 나눴습니다. 대화는 결국 업무에 대한 서로의 관심으로 흘러가다가, 개인적인 관심사로 끝났습니다. 시간이 금새 8시여서, 우리는 삼삼오오 2차로 술을 마시러 갔습니다. [결과 및 느낌] 정말 즐거운 시간이었습니다. 개인적으로, 이런 일은 사람들을 더 가까워지게 만드는 것 같습니다.

등급업 표현

* a birthday dinner : "회식"은 우리나라 문화에서 나온 의미이므로, 영어로는 다양한 어휘로 표현이 가능하다. a dinner meeting, a work dinner, a farewell dinner 등 구체적인 상황에 맞게 사용한다.

* a fun night (형용사+명사) : That night was fun보다 더 많이 사용되고, 자연스러운 영어적 표현이다. a fun guy처럼 사람에게도 사용할 수 있다.

EXPRESSIONS 답변 핵심 표현

- coworker | 동료
- celebratory | 기념하는
- make a reservation | 예약하다
- take photos | 사진 찍다
- hardship | 어려움, 난관
- eventually | 결국
- snowball | 눈덩이처럼 커지다
- concern | 걱정, 관심

02 식단이나 운동습관에 변화를 준 경험

AL-Unit12_2.mp3

Tell me about the time when you made a big change to your diet or exercise routine. What made you have this change? How did it work out? Describe what happened in detail from beginning to end.

식단이나 운동 습관에 큰 변화를 준 때에 대해 말해 주세요. 왜 이 변화를 주었나요? 어떻게 되었나요? 시작부터 끝까지 어떤 일이 있었는지 묘사해 주세요.

질문 키워드	change, diet/exercise, what made~change, how~work out, what happened
답변 키워드	from beginning to end 키워드를 통해 시간의 흐름 문제 유형으로 알 수 있다. 물론 과거와 현재 비교하기 유형과 혼합하여 활용할 수 있다. 여기서는 시간의 흐름에 초점을 맞추어, 변화를 주기 위해 첫 번째로 한 행동, 두 번째로 한 행동 등으로 묘사한다. 그 외에도 변화를 준 이유와 결과 등의 추가 정보도 빠지지 않도록 한다.

STORY TELLING 답변 연습

단계별 답변 키워드	샘플 답변
배경	I can tell you about the time when I made a major change to my health routine. It was just a couple of years ago when I was not well. At the time, I went to the doctor to get a check-up. He told me that I was not in bad shape, but it could get worse if no action were to be taken in terms of a healthier lifestyle.
시간에 따른 사건과 행동 ① 계획 세우기 ② 운동 시작 ③ 규칙적인 식사 ④ 충분한 수분 섭취 ⑤ 스트레스 관리	① As soon as I got home, I planned a diet and exercise to lose weight and get into shape according to my doctor's recommendations. ② Starting the next day, I went to the gym consistently after that three times a week. I tried to eat healthy meals from low-carb, low-salt, and no-sugar-added foods. ③ Additionally, I made sure to eat at exactly the same time every day in order to keep my body on a regular schedule. ④ Not only that, but I drank plenty of water and ⑤ carefully managed my stress levels since I believe that was one of the major causes of my poor health.
결과 및 느낌	About a month later, I felt much better and actually lost a lot of weight. Personally, I think it was one of the best changes I have ever made in my life, and I am still trying to keep my body in good shape.

해석 [배경] 제 건강 습관에 큰 변화를 주었던 때에 대해서 이야기하겠습니다. 불과 몇 년 전이었습니다. 저는 한동안 몸이 안 좋아서, 병원을 갔습니다. 의사는 큰 문제는 없지만, 더 건강한 생활 방식을 취하지 않으면 더 나빠질 수 있다고 충고했습니다. [사건과 행동] 저는 집에 도착하자마자, 의사의 권유대로 몸무게를 줄이고, 건강해지기 위해 다이어트와 운동 계획을 세웠습니다. 다음 날부터 헬스장에 갔고, 그 이후 1주일에 3번씩 꾸준히 계속했습니다. 또 저탄수화물, 저염, 무설탕 음식으로 건강한 식사를 했습니다. 또, 몸이 규칙적으로 유지될 수 있도록 매일 정확히 같은 시간에 식사를 했습니다. 뿐만 아니라, 충분한 물을 섭취했으며, 건강이 나빠진 주요 원인 중 하나를 스트레스라고 생각해서 스트레스 관리도 철저하게 했습니다. [결과 및 느낌] 1달 후, 몸이 훨씬 좋아졌으며, 체중도 많이 빠졌습니다. 개인적으로, 이것이 제가 만든 최고의 변화 중 하나라고 생각하고, 지금도 좋은 컨디션을 유지하기 위해 노력하고 있습니다.

EXPRESSIONS 답변 핵심 표현

• make a change	변화를 주다	• get worse	더 나빠지다	• get into shape	건강을 유지하다
• get a check-up	건강검진을 받다	• take action	조치를 취하다	• consistently	꾸준히, 지속적으로
• manage	관리하다				

Unit 13 두 가지 대상 비교, 대조하기

[유형 공략법] 두 가지 대상을 비교하거나 대조하는 이 유형은 사물, 장소, 사람, 행동, 성향 등 다양한 주제에서 출제되고 있다. 그러나 비교에서는 공통점이나 비슷한 점을 강조하고, 대조에서는 차이점이나 다른 점을 강조하는 답변 구조는 간단한 편이다. 따라서 답변 구조를 나타내는 어휘·표현보다 주제 관련 어휘·표현을 활용하여 고득점을 노려야 한다.

주제	기출 문제
집	Describe the house you lived in as a child. How was it different from the one you live in now? 어렸을 때 살던 집을 묘사해 주세요. 지금 사는 집과 어떻게 다른가요? (*집의 변화가 아닌, 단순 대상 비교로 간주)
가구	Tell me about the furniture you had when you were young. How was it different from the one you have today? Give me specific examples of the differences. 어렸을 때 사용했던 가구에 대해 말해 주세요. 지금 사용하는 가구와 어떻게 다른가요? 다른 점을 구체적으로 말해 주세요. (*가구의 변화가 아닌, 단순 대상 비교로 간주)
친구/가족	Think of two different friends or family members. Describe each of them in as much detail as you can. And then, tell me about the similarities and the differences between them. 두 명의 다른 친구나 가족을 떠올려 보세요. 각각 가능한 자세히 묘사해 주세요. 그리고 그들이 가진 공통점과 다른 점에 대해 말해 주세요. 출제팁 학생이라면 자신이 다니는 학교와 아는 학교의 비교를, 직장인이라면 처음 맡았던 프로젝트와 현재 맡고 있는 프로젝트의 비교 문제도 출제됨.
전화	How was the first phone you used? What is the difference between the phone you used back then and the one you use now? 당신이 처음 사용한 휴대전화는 어땠나요? 그때 사용했던 휴대전화와 지금 사용하는 것과 무엇이 다른가요?
모임/명절	Gatherings and celebrations in small towns are often different from those in big cities. Tell me about some similarities and differences between the celebrations people in your country have in small towns and in big cities. 소도시에서의 모임이나 명절은 대도시와 종종 다릅니다. 당신 나라 사람들이 소도시와 대도시에서 갖는 명절의 유사점과 차이점에 대해 말해 주세요.
인터넷	How does internet usage vary among people of different age groups? How differently do the groups use the internet? Please describe two groups with lots of details. 연령대에 따라 인터넷 사용량은 어떤가요? 연령대마다 어떻게 다르게 사용하나요? 두 그룹에 대해 자세히 묘사해 주세요.
건강	Different generations have different views on what is healthy. What does your parents' generation think about being healthy? How is it different compared to what your generation believes? 건강에 대해 세대마다 다른 관점을 가지고 있습니다. 당신의 부모 세대는 건강에 대해 어떻게 생각하나요? 당신 세대와 비교하면 어떻게 다른가요?
지형	Have you ever visited another country or region whose geography was very different from your country? Where did you go? What was the place like? What was it that made this place different? 당신 나라와 다른 지형을 가진 나라나 지역을 방문해본 경험이 있나요? 어디로 갔나요? 그 장소는 어떻게 생겼나요? 이 장소가 다른 이유는 무엇이었나요? 출제팁 국내 여행을 했던 두 장소를 비교하는 문제도 출제됨.

How was the first phone you used? What is the difference between the phone you used back then and the phone you use now?

당신이 처음 사용한 휴대전화는 어땠나요? 그때 사용했던 휴대전화와 지금 사용하는 것과 무엇이 다른가요?

질문 키워드	how~first phone, what~difference, phone~now
답변 키워드	비교 대상이 처음 사용한 휴대전화와 지금 사용하는 휴대전화로 주어졌다. you는 질문 키워드는 아니지만, 오픽시험에서 전화나 휴대전화와 관련하여 일반적인 사람들의 사용 경향이나 일반적인 휴대전화 비교를 묻는 문제도 출제되고 있으므로, 주어를 구별해서 들어야 한다. 또한 차이점만 질문했지만, 비슷한 점도 있다면 답변하여 관련 주제의 표현력을 어필한다.

STORY TELLING 답변 연습

단계별 답변 키워드	샘플 답변
대상 소개 ① 애니콜 ② 갤럭시	Ok, I think I can compare my current phone to my first phone. ① My first phone was a Samsung Anycall X which was one of the best phones 20 years ago. ② But the phone I use now is a Samsung Galaxy Y which is the newest one on the market now.
차이점 ① 속도 ② 기능 ③ 특징 공통점 ④ 비싼 가격	They are very different in many ways. ① First of all, my current phone can process all sorts of data much faster than my first one. This is also because my first phone was on a 2G network while my current one is on a 5G network. ② Secondly, I can do millions of things with my current phone like surf the Web, do mobile banking or even watch movies — stuff that I couldn't do with my first phone. ③ Lastly, my current phone has so many new features like a higher resolution touch screen and higher quality camera. Not only that, it has apps that allow me to check my health daily such as my heart rate and calories burned. One of them even allows me to control my home appliances remotely. ④ *Come to think of it, there is one similarity between the two of them. Both were quite expensive at the time of purchase.
자신의 의견	Personally, I think my first phone was pretty good for its time, but my current phone is a lot better now.

해석 [대상 소개] 네, 제가 지금 쓰고 있는 휴대전화와 첫 휴대전화를 비교하겠습니다. 첫 휴대전화는 삼성 애니콜 X인데, 20년 전에 최고급 상품 중 하나였습니다. 하지만 지금 사용하는 휴대전화는 삼성 갤럭시 Y라는 시중에 가장 최신입니다. [차이점] 두 휴대전화는 많은 면에서 다르다고 생각합니다. 첫째, 현재 휴대전화가 모든 종류의 데이터를 첫 휴대전화보다 훨씬 더 빠르게 처리합니다. 첫 휴대전화는 2G 네트워크를 사용했지만, 지금은 5G 네트워크를 사용하기 때문입니다. 둘째, 지금의 휴대전화를 가지고 인터넷 서핑이나 모바일 뱅킹 또는 영화 보기 같은 옛날에 할 수 없었던 수백 가지의 일들을 할 수 있습니다. 마지막으로, 지금 휴대전화는 선명한 터치 스크린과 고화질 카메라 같은 다양한 최신 기능이 있습니다. 뿐만 아니라, 심장 박동수와 소모되는 칼로리 계산 등을 매일 확인할 수 있는 앱들이 있습니다. 어떤 앱으로는 원격으로 가전제품을 제어할 수도 있습니다. [공통점] 이제 생각해보니, 공통점도 하나 있는 것 같습니다. 제가 구매할 당시, 둘 다 꽤 비쌌습니다. [의견] 개인적으로, 첫 휴대전화도 그 때에는 좋았지만, 현재 휴대전화가 지금은 훨씬 낫다고 생각합니다.

등급업 표현

* Come to think of it : 숙어로 알아두지 않으면, 사용하기 힘든 표현이다. "생각해 보니까…", "그러고 보니…"라는 의미로, 문장의 시작이나 끝 혹은 단독으로 사용한다.

EXPRESSIONS 답변 핵심 표현

• compare	비교하다	• all sorts of	모든 종류의	• calories burned	칼로리 소모
• current	현재의	• feature	기능, 특징	• remotely	원격으로
• process	처리하다	• resolution	해상도	• purchase	구매

02 다른 연령대 사람들의 인터넷 사용 습관 비교

 How does internet usage vary among people of different age groups? How differently do the groups use the internet? Please describe two groups with lots of details.

인터넷 사용량은 연령대에 따라 어떤가요? 연령대 사람들은 어떻게 다르게 사용하나요? 두 그룹에 대해 자세히 묘사해 주세요.

질문 키워드	internet usage, different age groups how differently~use
답변 키워드	age groups의 복수를 명확하게 듣지 못했다면, 비교 대상 파악이 어려웠을 수도 있지만, 대상은 다른 연령대이다. 특정 연령대를 명시하지 않았으므로, 특징을 잡기 좋은 연령대로 선정하면 된다. 질문의 관점인 인터넷의 사용량과 사용 방법을 중점으로 비교한다.

STORY TELLING 답변 연습

단계별 답변 키워드	샘플 답변
대상 소개 ① 젊은 사람들 ② 어르신	Ok, I think I can compare internet usage between the different age groups. ① The first group is young people in their 20s growing up with smartphones. They are definitely more comfortable with using the Internet on their smartphones. ② People aged in their 50's and above are more used to using the Internet on a desktop computer. They are not as well adapted to using smartphones.
차이점 *젊은 사람들 ① 거의 모든 활동 ② 많은 사용량 *어르신 ③ 간단한 활동 ④ 적은 사용량 공통점 ⑤ 스마트폰 사용	Probably one of the biggest differences between both groups is how much they use the Internet. Basically, ① a smartphone enables young people to do almost everything they want to do in the palm of their hands. ② They start and end their day with a smartphone. As a result, there is a smartphone addiction among this age group. ③ As for the other age group, their smartphone usage seems to be a lot simpler and minimal in comparison. Simple things like chatting on mobile messengers or researching basic information. ④ Thus, their internet usage is short compared to users in their 20's. ⑤ I think there is one similarity between the two groups, which is they both enjoy the instant access to the Internet using only a smartphone.
자신의 의견	Personally, I think that as technology advances rapidly, the difference between the two age groups will become more varied.

해석 [대상 소개] 네, 다른 연령대들간 인터넷 사용량을 비교하겠습니다. 먼저 첫 번째 그룹은 스마트폰과 자라난 20대의 젊은 사람들입니다. 그들은 스마트폰으로 인터넷을 사용하는데 전혀 불편함이 없는 사람들입니다. 50세 이상인 사람들은 컴퓨터로 인터넷을 사용하는 것에 익숙합니다. 스마트폰 사용에 익숙하지 않습니다. [차이점] 아마도 가장 큰 차이점은 인터넷 사용 시간입니다. 기본적으로, 젊은 사람들은 스마트폰을 사용하면 원하는 것 대부분을 손바닥 안에서 다 할 수 있습니다. 그래서 그들은 하루의 시작과 끝을 스마트폰과 합니다. 그 결과, 이 연령대에서는 스마트 중독도 생겨납니다. 반면에, 다른 연령대는 스마트폰 사용이 훨씬 간단하고 최소화된 것 같습니다. 모바일 메신저로 채팅을 하거나 기본 정보를 검색하는 등의 간단한 것들입니다. 그래서 인터넷 사용량이 20대에 비해 적습니다. [공통점] 이 두 그룹의 공통점이 한 가지 있다면, 두 그룹 모두 스마트폰으로 인터넷 접속을 한다는 것입니다. [의견] 개인적으로, 기술이 빠르게 발달함에 따라, 두 연령대의 차이는 점점 더 다양해 질 것 같습니다.

EXPRESSIONS 답변 핵심 표현

• age group	연령대	• enable to	~할 수 있게 하다	• compared to	~와 비교하여
• comfortable	편안한	• palm	손바닥	• access to	~로의 접근
• adapt	적응하다	• addiction	중독	• advance	발달, 진보
• varied	다양한				

Unit 14 과거와 현재 비교하기

[유형 공략법] 과거와 현재 비교 유형은 주로 어렸을 때를 기준으로, 현재와 비교를 요구한다. 요즘은 변화 속도가 빠른 만큼, 어렸을 때가 아닌, 3년전, 5년전, 10년전을 기준으로 현재와 비교하는 문제도 출제되고 있다. 과거와 현재 시제 혼용으로 인해 오류로 인한 감점이 없도록, 과거는 과거묘사만, 현재는 현재묘사만 하는 답변구조로 하여 시제가 섞이지 않도록 한다.

주제	기출 문제
술집	Bars have changed a lot in terms of the entertainment, cost, or services they offer. Compared to the old bars, how have the bars you usually go to these days changed over the years? 술집이 제공하는 즐거움, 비용, 또는 서비스 등이 많이 변했습니다. 옛날 술집과 비교했을 때, 당신이 보통 가는 요즘 술집은 시간이 지나면서 어떻게 변했나요?
	People nowadays don't go to bars just to drink. What kinds of activities do they do now? How have those activities at bars changed over the years? 요즘은 사람들이 단지 술을 마시러 술집에 가지 않습니다. 요즘 사람들은 어떤 활동을 하나요? 시간이 지나면서, 술집에서의 활동이 어떻게 변했나요?
휴가	Tell me about your free time in the past. Did you have more or less free time? How was it different from your free time now? 당신의 과거 여가 시간에 대해 말해 주세요. 여가시간이 더 많았나요, 적었나요? 지금 여가시간과 어떻게 다른가요?
	What do people in your country normally do on their vacations? How is it different from the way people used to spend vacations when you were growing up? 당신 나라 사람들은 휴가에 주로 무엇을 하나요? 당신이 어렸을 때 사람들이 휴가를 보내던 방법과 어떻게 다른가요?
패션	Think about the popular clothes people used to wear when you were young. Was there anything special? Tell me how it was different from what people wear now. 당신이 어렸을 때, 사람들이 입던 옷을 떠올려 보세요. 특별한 점이 있었나요? 지금 사람들이 입는 것과 어떻게 다른지 말해 주세요.
산업	How has your country changed in the past decade? Perhaps there were some changes in urban development, tourism, or any other area. Choose one area and describe the details of the change. 지난 10년간 당신 나라는 어떻게 변했나요? 도시개발이나, 관광사업, 혹은 다른 분야의 변화가 있었을 수도 있습니다. 한 분야를 선택하여 변한 내용을 설명해 주세요.
	Tell me about the industry you follow. What is special about it? How has it changed from 3 years ago? 당신이 주시하고 있는 산업에 대해 말해 주세요. 그 산업에 대해 특별한 점은 무엇인가요? 3년 전과 어떻게 달라졌나요?
날씨	How has the weather in your country changed over the years? What was the weather like when you were a child? How has it changed from what it is now? 시간이 지나면서 당신 나라의 날씨가 어떻게 변했나요? 어렸을 때는 날씨가 어땠나요? 지금과 어떻게 달라졌나요?
교통	How did you travel when you were a child? Were there many types of transportation back then? Describe how people in your country used to get around cities or towns in the past differently than they do now. 어렸을 때 어떻게 이동을 했나요? 당시 많은 대중교통이 있었나요? 지금과 다르게, 당신 나라 사람들이 도시나 시내를 어떻게 이동하곤 했는지 묘사해 주세요.

01 과거와 현재의 술집 비교

AL-Unit14_1.mp3

Q) Bars have changed a lot in terms of the entertainment, cost, or services they offer. Compared to the old bars, how have the bars you usually go to these days changed over the years?

술집이 제공하는 즐거움, 비용, 또는 서비스 등이 많이 변했습니다. 옛날 술집과 비교했을 때, 당신이 보통 가는 요즘 술집은 시간이 지나면서 어떻게 변했나요?

질문 키워드	old bar, these days, how~changed
답변 키워드	이 질문은 옛날 술집과 현재의 술집 비교이지만, 자주 가는 술집을 언급했으므로 일반적인 변화가 아닌 개인적으로 체험한 차이점 위주로 답변하는 것이 공략이다. 특별히 반드시 비교해야 하는 관점을 주지 않았으므로, 제시된 예를 비교 항목으로 삼아도 좋다.

STORY TELLING 답변 연습

단계별 답변 키워드	샘플 답변
비교 대상 및 비교 관점	I think I can tell you a bit about how bars have changed over the years. There are many similarities and differences in their services since things have changed a lot, I guess.
과거 ① 흡연 가능 ② 좁은 선택사항 현재 ③ 흡연 불가능 ④ 넓은 선택사항 공통점 ⑤ 분위기	One of the biggest changes has been smoking. Back in the day, ① bars *allowed their customers to smoke inside. It was pretty nice for the smokers, but not for everyone else. Also, ② there weren't as many options as possible for drinks and food, mostly just a few brands of domestic alcohol. On the other hand, ③ today, every single bar is smoke-free and some have a designated smoking area. Bars have become much cleaner and more pleasant in my opinion. ④ The one bar that I usually go to has a variety of imported beers that allows me to enjoy the taste of different countries. ⑤ One similarity that old-time bars and present bars share is the enjoyable atmosphere. That hasn't changed at all.
자신의 의견	Personally, I think the bars today are a lot better for a number of reasons but being smoke-free is the change I like best.

해석 [대상 및 관점] 시간이 지나면서, 술집들이 어떻게 바뀌었는지 조금 이야기해보겠습니다. 많은 것이 바뀌었기 때문에, 특히 서비스에 관한 한 많은 공통점도 차이점도 있을 것이라 생각합니다. 가장 큰 변화 중 하나는 흡연입니다. [과거] 예전에는 술집에서 고객들이 술집 안 어디에서든 흡연하도록 허용했습니다. 모든 사람에게는 아니지만, 흡연자들에게는 꽤 좋았습니다. 그리고 술이나 메뉴 선택의 수가 적고, 그나마도 국산 술뿐이었습니다. [현재] 하지만, 이제는 모든 술집이 비흡연 구역이고, 어떤 술집은 지정된 흡연구역이 있습니다. 그래서, 제 생각엔 훨씬 더 깨끗하고 쾌적해진 것 같습니다. 제가 자주 가는 술집은 다양한 수입맥주가 있어서 나라마다 다른 맛을 즐길 수 있습니다. [공통점] 예전 술집과 요즘 술집의 한가지 공통점은 즐거운 분위기라는 것입니다. 그것은 변하지 않고 그대로입니다. [의견] 개인적으로는, 많은 이유로 요즘 술집들이 훨씬 좋다고 생각하지만, 비흡연 구역이 된 것이 가장 마음에 듭니다.

등급업 표현

* allow : "허락하다"는 기본 뜻보다 "~을 하게 하다"의 의미로 알아두면, 활용할 수 있는 문장이 많아진다. 능동과 수동의 쓰임을 둘 다 알아둔다. Ex) My boss allowed me to leave early. 팀장님은 제가 일찍 집에 갈 수 있게 해주었습니다.
I was allowed to go inside. 저는 안에 들어갈 수 있었습니다.

EXPRESSIONS 답변 핵심 표현

• customers	고객	• designated	지정된	• atmosphere	분위기
• domestic	국내의	• a variety of	다양한		

02 과거와 현재의 패션 비교

AL-Unit14_2.mp3

Q) Think about the popular clothes people used to wear when you were young. Was there anything special? Tell me how it was different from what people wear now.

당신이 어렸을 때, 사람들이 입던 옷을 떠올려 보세요. 특별한 점이 있었나요? 지금 사람들이 입는 것과 어떻게 다른지 말해 주세요.

질문 키워드	popular clothes, when~young, how~different, wear now
답변 키워드	어렸을 때와 현재의 패션을 비교하는 문제이다. 다만, 주의할 것은 당신이 어렸을 때라는 시점을 주었지만, 당신의 패션 비교가 아닌 일반적인 사람들의 패션 비교라는 점이다. 일반적인 유행에 대한 비교를 하면서, 자신의 패션은 사례로 곁들인다.

STORY TELLING 답변 연습

단계별 답변 키워드	샘플 답변
비교 대상 및 비교 관점	I think I can tell you a bit about how fashion styles have changed over time. There have been many updates in styles and trends.
과거 ① 획일성 ② 이유 현재 ③ 개성 ④ 이유 공통점 ⑤ 지속적인 관심	Back in the day, when I was a kid, ① people's fashion was trendy, but not very diverse. ② Most clothing was made ready-to-wear and people wore the same styles. When one trend *caught on, everybody followed. I remember, when I was a high school student, people were into hip-hop style clothing because the hip-hop genre was a really big hit at the time. Unlike before, ③ fashion now is a lot more diverse and much more interesting. ④ People are still trendy and fashionable but they like to be practical too. People are more focused on the unique features of each item now when shopping for clothes. ⑤ If there is one similarity, past and present, people are still in love with fashion and actively follow it.
자신의 의견	Personally, I think it is better to wear clothes that express one's individuality rather than blindly following fashion trends.

해석 [대상 및 관점] 시간이 지나면서, 패션 스타일이 어떻게 변했는지 조금 이야기해보겠습니다. 스타일과 유행에 많은 변화가 있었습니다. [과거] 예전에, 제가 어렸을 때 사람들의 패션은 트렌디했지만, 다양하지는 않았습니다. 대부분이 옷이 기성품이어서 사람들은 같은 스타일로 입었습니다. 하나의 트렌드가 유행하면, 모든 사람이 따랐습니다. 제가 고등학교 시절에는 대부분 사람들이 힙합 스타일의 옷을 입었던 기억이 있습니다. 그 때 힙합 장르가 아주 유행했기 때문이었습니다. [현재] 이전과는 달리, 지금의 패션은 훨씬 더 다양하고 흥미롭습니다. 사람들은 여전히 트렌디하고, 유행을 따르지만, 실용적인 것도 좋아합니다. 쇼핑할 때, 옷마다 다른 특장점에 중점을 두고 있습니다. [공통점] 공통점이 한가지 있다면, 예나 지금이나, 사람들은 패션을 좋아하고, 열심히 따른다는 것입니다. [의견] 개인적으로, 무분별하게 패션 트렌드를 따르기보다, 각자의 개성을 표현하는 옷을 입는 것이 더 좋다고 생각합니다.

등급업 표현

* catch on : be famous의 같은 표현이나, 구동사로 고득점 표현이다. 사물이 주어로 쓰이면서 "인기를 끌다, 유행하다"는 뜻으로 수동태가 쓰일 것 같지만, 능동태로 쓰이므로 주의한다.

EXPRESSIONS 답변 핵심 표현

- trendy 최신 유행의
- diverse 다양한
- ready-to-wear 기성복의
- a big hit 대유행
- focus on ~에 집중하다
- feature 특징, 기능
- express 표현하다
- individuality 개성
- blindly 맹목적으로, 무턱대고

Unit 15 들은 소식 말하기

[유형 공략법] 들은 소식 말하기 유형은 레벨 선택에서 5단계 이상의 AL 등급을 목표로 한다면 한번은 만나게 되는 유형이다. 주로 뉴스, 언론보도, SNS, 기사 등을 통해 최근 이슈를 다룬 소식이 출제된다. 알게 된 소식의 결론만 전달하는 것이 아니라, 소식을 접하게 된 배경은 물론, 소식자체에도 기승전결 단계가 있는 이야기로 전달하도록 한다.

주제	기출 문제
집	Homes are often news stories because of some problems in the housing market. Tell me about the news you watched or read about homes. What was it about? How was people's reaction? 주택 시장에서의 문제 때문에 집은 자주 뉴스거리가 됩니다. 집과 관련하여 보거나 읽은 뉴스에 대해 이야기해 주세요. 어떤 내용이었나요? 사람들의 반응은 어땠나요?
영화	Tell me the story you heard from the news about what your favorite movie star did. Describe the movie star briefly and tell me what exactly happened in detail. And what made this incident so interesting to movie fans like you? 당신이 좋아하는 영화 배우가 한 일을 다루었던 뉴스에 대해 말해 주세요. 영화 배우를 간략하게 묘사하고, 정확히 어떤 일이 있었는지 자세히 말해주세요. 그리고 이 사건이 당신과 같은 영화 팬들에게 왜 흥미로웠나요? 출제팁 이 외에도 좋아하는 운동선수, 음악가 등과 관련하여 출제됨.
술집	Tell me about any recent media report you heard about bars or pubs. What happened? Where was it? Who was involved? How did it turn out in the end? 술집이나 펍에 관해 최근 들은 언론 보도에 대해 말해 주세요. 무슨 일이 있었나요? 어디였나요? 누가 연루되었나요? 결국 어떻게 밝혀졌나요?
술집	Have you recently watched or heard the news which involved both the police and a bar? What was it about? What happened in the bar? Describe the incident in detail. 경찰과 술집이 연루된 뉴스를 최근에 보거나 들은 적이 있나요? 어떤 내용이었나요? 술집에서 무슨 일이 있었나요? 그 사건을 자세히 묘사해주세요.
음식	There are sometimes bad news reports on food. Tell me about any news you watched or read about food-related incidents. What was the incident? What exactly happened? 때때로 음식에 관한 안 좋은 뉴스 보도가 있습니다. 식품 관련 사건사고에 대해 시청하거나 읽었던 뉴스에 대해 말해 주세요. 사건은 무엇이었나요? 정확히 어떤 일이 있었나요?
건강	Tell me about any recent news you watched or read about health issues. Describe what it was about in detail. How was the reaction of the people in your country? 건강 이슈와 관련하여 최근 시청하거나 읽었던 뉴스에 대해 말해주세요. 어떤 사건인지 자세히 묘사해 주세요. 당신 나라 사람들의 반응은 어땠나요?
지형	Tell me about the article you read about the country you know. What was the issue about? How did it relate to the country's politics or economy? 당신이 알고 있는 나라에 대해 읽은 기사에 대해 말해 주세요. 이슈는 무엇이었습니까? 그 나라의 정치나 경제와 그 이슈가 어떻게 연관이 있었나요? 출제팁 이 외에도 우리나라와 근접 국가와 관련한 뉴스에 대한 문제도 출제됨.

Q) There are sometimes bad news reports on food. Tell me about any news you watched or read about food-related incidents. What was the incident? What exactly happened?

때때로 음식에 관한 안 좋은 뉴스 보도가 있습니다. 식품 관련 사건사고에 대해 시청하거나 읽었던 뉴스에 대해 말해 주세요. 사건은 무엇이었나요? 정확히 어떤 일이 있었나요?

질문 키워드	news report, food, what~happened
답변 키워드	이 질문에서 요구하는 소식의 종류는 음식 파동이나 사건 등과 같이 부정적인 소식이다. 이해를 돕기 위해 음식이 오염되었거나, 감염되었던 사례를 들었다. 이러한 사건은 사건에 대한 사람들의 반응까지도 언급하며, 같은 혹은 다른 의견이나 생각까지 자연스럽게 이어지게 답변을 구성하는 것이 전략이다.

STORY TELLING 답변 연습

단계별 답변 키워드	샘플 답변
소식의 배경	I have heard a few news stories related to food before, so I can tell you about a report from a few weeks ago.
구체적인 이야기 ① 기: 배경 및 사건의 시작 ② 승: 사건 내용 ③ 전: 사건의 핵심 ④ 결: 결말	① I recently read an article in an online newspaper about a food poisoning incident at a local kindergarten. ② *It said that some of the vegetables that they had served children for lunch had been contaminated. ③ The announcer mentioned that over 100 children began vomiting, some of them had to be hospitalized, and the cause was due to hamburger disease. ④ Fortunately, none of the infections were fatal, but parents were naturally upset and wanted justice. The radio program interviewed a few of the parents and they demanded to know exactly what the source of infections was. They *sought to sue all related ministries and food companies that manufactured and distributed the contaminated food.
의견이나 생각	Personally, I think these incidents tend to happen often during summer. When it comes to food in general, standards for storing and cooking food should be high and strictly managed. Especially as for young children, they are more vulnerable to sickness.

해석 [배경] 저는 음식 관련 뉴스 기사를 몇 가지 들어 본 적이 있어서, 몇 주 전의 한 보도에 대해 이야기하겠습니다. [구체적인 이야기] 최근 한 온라인 신문에서 어느 유치원에서 있었던 식중독 사건에 대해 읽었습니다. 아이들의 점심 급식에 쓰이는 채소의 일부가 오염되었다고 했습니다. 아나운서에 의하면, 100명 이상의 아이들이 구토증상을 보이고, 일부는 입원하였으며, 원인은 햄버거 병이라고 했습니다. 다행히도, 아무도 치명적인 감염은 없었습니다만, 부모들은 당연히 격분하며 처벌을 원했습니다. 라디오 프로그램에서 부모 몇 명을 인터뷰 했는데, 그들은 감염의 근원이 정확히 무엇인지 알아내기를 요구했습니다. 나아가 오염된 음식을 만들고 유통한 관련 부처와 회사를 고소하려고 했습니다. [의견이나 생각] 개인적으로, 이런 문제는 여름에 자주 발생한다고 생각합니다. 일반적으로 음식에 관한 한, 보관과 조리에 대해 그 기준을 강화하고, 엄격하게 관리되어야 합니다. 특히 어린 아이들은 질병에 더 취약합니다.

등급업 표현

* It said that~: 누가 말했는지 정확히 밝힐 필요가 없는 소식을 전할 때 사용하는 표현으로 이 유형에서 반드시 한번은 사용해야 하는 구문이다. 문법적으로는 간접화법에 해당하며, 주어를 변형해가며 사용할 수도 있지만, 문법적인 실수를 최소화 하기 위해 이 구문으로 연습하여 활용할 것을 추천한다.

* sought to : try to만 사용하지 말자. (원형: seek to)

EXPRESSIONS 답변 핵심 표현

• related to	~와 관련된	• hospitalize	병원에 입원시키다	• sue	고소하다
• food poisoning	식중독	• infection	감염	• incident	사건
• contaminated	오염된	• fatal	치명적인	• strictly	엄격하게
• vomit	토하다	• demand	요구하다	• vulnerable	취약한, 연약한

02 다른 나라에 관한 소식

AL-Unit15_2.mp3

Q) Tell me about the article you read about the country you know. What was the issue about? How did it relate to the country's politics or economy?

당신이 알고 있는 나라에 대해 읽은 기사에 대해 말해 주세요. 이슈는 무엇이었습니까? 그 나라의 정치나 경제와 그 이슈가 어떻게 연관이 있었나요?

질문 키워드	article~country, what~issue, how~related politics/economy
답변 키워드	이 질문은 your country로 제한하지 않았기 때문에 다른 여러 국가 중 하나를 선택해도 무방하다. 이 답변을 바탕으로 활용도 높은 my country의 답변으로도 준비해놓도록 한다. 소식의 종류는 issue로 표현했기 때문에 찬반이나 논박 등의 여지가 있는 이슈로 선정하도록 한다.

STORY TELLING 답변 연습

단계별 답변 키워드	샘플 답변
소식의 배경	I have been reading some information about the economy in China recently, so I can tell you about that.
구체적인 이야기 ① 기: 배경 및 사건의 시작 ② 승: 사건 내용 ③ 전: 사건의 핵심 ④ 결: 결말	① A few months ago, I read a long article about the Chinese economy that I thought was really interesting. Apparently, there are thousands of empty apartment buildings in China, particularly in first-tier cities. ② Property investment is considered to be the best way to make money for the Chinese since housing prices have soared 10 times over the past a few years. ③ Those who live in the suburbs tend to take out mortgages to buy into this housing scheme and simply wait for the price to rise. ④ As a result, some houses have been empty for many years and household debt in China is growing rapidly. This seems to be the beginning of the economic crisis in China.
의견이나 생각	Personally, I think that it is worth keeping an eye on the changing conditions in the Chinese housing market since the Korean economy is closely interrelated to the Chinese economy.

해석 [배경] 최근 중국 경제에 대한 정보를 읽어서, 이것에 대해 이야기해보겠습니다. [구체적인 이야기] 몇 달 전, 중국 경제에 대한 긴 기사를 읽었는데 정말 흥미로웠습니다. 보아 하니, 중국의 대도시에 빈 아파트가 수천 개가 있다고 합니다. 중국 사람들은 최근 몇 년간 집값이 10배로 뛰었기 때문에, 부동산 투자를 돈을 버는 가장 좋은 방법으로 생각하고 있습니다. 교외에 있는 사람들도 대출을 받아서, 이러한 주택공급계획으로 지어진 집에 투자를 하고, 집값이 오를 때까지 단순히 기다리고 있습니다. 그 결과, 어떤 집은 수년간 비어 있고, 중국의 가계부채가 빠른 속도로 늘어나고 있습니다. 이것은 중국 경제위기의 시작인 것처럼 보입니다. [의견이나 생각] 개인적으로, 저는 한국 경제가 중국 경제와 긴밀하게 연관이 되어 있기 때문에, 중국의 주택시장의 변화에 주시해야 한다고 생각합니다.

EXPRESSIONS 답변 핵심 표현

• economy	경제	• be considered	여기다	• debt	빚, 부채
• thousands of	수천의	• soar	솟구치다	• crisis	위기
• particularly	특히	• suburb	교외	• interrelated	서로 관계가 있는, 밀접한 관계의
• first-tier city	대도시	• take out mortgages	담보대출을 받다	• vulnerable	취약한, 연약한

Unit 16 의견 말하기

주제	기출 문제
집	Tell me about the household appliance or device that people think is useful at home. What is it? Why do people think it is very useful? How did they affect people's daily lives? 사람들이 집에서 유용하게 쓰인다고 생각하는 가전제품이나 기기에 대해 말해 주세요. 어떤 것인가요? 사람들은 왜 그것이 유용하다고 생각하나요? 그것들은 사람들의 일상에 어떤 영향을 끼쳤나요? 출제팁 새로운 가전제품이나 기기에 대한 "나"의 생각을 답하는 문제는 'Unit 4 사물묘사' 유형에서 확인
업무	Sometimes people have to work overtime. Or they might work during the weekend. Have you ever discussed the issue related to overtime work discussed with your coworkers? What was the issue? What is your opinion about it and why? 사람들은 때때로 야근을 해야 합니다. 또는 심지어 주말에 일을 할 수도 있습니다. 당신은 동료들과 야근과 관련한 이슈에 대해 이야기를 나눈 적이 있나요? 그 이슈는 무엇이었나요? 이슈에 대한 당신의 의견은 무엇인가요? 왜인가요?
영화	When you talk with your friends or family members about movies, what topics or issues do you discuss? Why do you talk with them about those topics or issues? What makes it so important? 친구나 가족과 영화에 관해 이야기를 할 때, 어떤 주제나 이슈에 관해 이야기를 하나요? 왜 그들과 그런 주제나 이슈에 대해 이야기를 하나요? 왜 그런 이슈가 중요한가요? 출제팁 가족/친구와 함께 나누는 대화 주제나 관심사(interests), 걱정거리(concerns) 등에 대한 문제는 휴일/모임, 여행, 건강 등 다양한 주제에서 출제됨
여행	What issues do people have regarding trips? What are the issues they mainly discuss? What causes these issues? 여행과 관련해서 사람들이 가지는 이슈는 무엇인가요? 보통 사람들이 말하는 주요 이슈는 무엇인가요? 무엇 때문에 이러한 이슈가 생기나요? When people travel to other countries, what do they mostly want to do or see? Why are people interested in them or why is it so important to people? 사람들이 해외 여행을 계획할 때, 주로 무엇을 하거나 보기를 원하나요? 사람들은 왜 그것에 관심을 가지나요? 또는 왜 그것이 사람들에게 중요한가요?
휴가	Experts say that vacations are important for our health. Do you think vacations are important? Tell me why people need vacations for health, relationships, and personal growth. 전문가들은 휴가가 건강을 위해 중요하다고 말합니다. 당신도 휴가가 중요하다고 생각하나요? 건강이나 사람과의 관계 혹은 자기 성장 등을 위해 휴가가 필요한 이유를 말해 주세요.
명절/휴일	What issues or concerns do people have regarding holidays? What do they say about those issues or concerns? 휴일에 대해 사람들이 갖는 이슈나 관심사는 무엇인가요? 사람들은 그러한 이슈나 관심사에 대해 어떤 이야기들을 하나요?
인터넷	What concerns do people have about Internet usage? It could be the issues related to privacy or security safety. How have these concerns changed over time? 인터넷 사용에 대해 사람들이 갖는 걱정거리는 무엇인가요? 사생활이나 보안과 관련한 이슈일 수 있습니다. 시간이 지나면서 이런 걱정거리가 어떻게 변했나요?

When people travel to other countries, what do they mostly want to do or see? Why are people interested in them or why is it so important to people?

사람들이 해외 여행을 계획할 때, 주로 무엇을 하거나 보기를 원하나요? 사람들은 왜 그것에 관심을 가지나요? 또는 왜 그것이 사람들에게 중요한가요?

질문 키워드	travel other countries, what~do/see, why~important
답변 키워드	해외 여행을 할 때 무엇을 하고(what~do), 무엇을 보고(what~see) 싶어 하는지에 대한 이유를 설명해야 하는 질문이다. 하고 싶어하는 일과 보고 싶어하는 것만 나열하지 않도록 주의한다. 마지막에 사람들이 그런 것들에 관심을 가지는 이유(why~interested)와 중요한 이유(why~important)를 직접적으로 묻고 있다.

STORY TELLING 답변 연습

단계별 답변 키워드	샘플 답변
주제 소개	There are many things people want to do or see when they plan to travel to other countries. I can tell you about a few of them.
이유나 근거 ① 관광지 방문을 좋아하는 이유 ② 자연을 좋아하는 이유 ③ 그 나라 음식을 맛보길 좋아하는 이유 ④ 개인적인 생각	① First, people like to visit major tourist destinations in the country such as famous buildings and museums to better understand a country's history or culture. ② Secondly, people like activities such as hiking a mountain to enjoy nature or scuba diving to enjoy the underwater scenery. Traveling to new places is a new and exhilarating experience away from home. ③ Last, but not least, people always plan trips to famous local restaurants or bars so that they can experience a taste of exotic and unusual *cuisine. ④Personally, when I travel abroad, I always try to visit the traditional markets to see and get a feel for local daily life. I think this is the best way to get a hands-on experience with other cultures and people.
의견 요약	I think people find these things I mentioned earlier to be the most intriguing moments of traveling to another country.

해석 [주제 소개] 사람들이 여행을 할 때, 하고 싶거나 보고 싶어하는 것이 많이 있습니다. 그 중 몇 가지에 대해 이야기하겠습니다. [이유나 근거] 먼저, 사람들은 그 나라의 역사나 문화를 알기 위해 유명한 건물이나 박물관 같은 주요 관광지 방문을 좋아합니다. 둘째, 사람들은 자연을 즐기기 위해 등산을, 바닷속 풍경을 즐기기 위해서 스쿠버 다이빙 같은 활동을 좋아합니다. 새로운 곳으로의 여행은 집에서 벗어나 새롭고 신선한 경험이기 때문입니다. 마지막으로, 하지만 마찬가지로 중요한 것은, 사람들은 이국적이고 색다른 음식을 맛보기 위해 현지 음식점이나 술집에 가는 것을 항상 계획합니다. 개인적으로, 저는 여행을 할 때 현지인들의 일상의 삶을 느끼기 위해 전통시장에 항상 방문합니다. 이것이 문화를 직접 체험하고, 사람을 직접 접할 수 있는 가장 좋은 방법이라고 생각하기 때문입니다. [의견 요약] 앞서 언급한 이런 것들이, 사람들이 다른 나라로 여행하는 데 가장 흥미롭다고 여기는 순간들이라고 생각합니다.

등급업 표현

* cuisine vs. dish vs. food : 어떻게 보면 셋 다 "음식, 요리"를 의미할 수도 있겠지만, cuisine은 특정 나라나 지역의 특색이 담긴 요리를 말한다. 그 나라의 특별한 요리법이 들어간 요리일수도 있다. 관련하여 delicacy(별미)라는 단어도 확인한다. dish 역시 어떤 특정한 방식에 의해 만들어진 요리를 의미하지만, 나라나 지역의 특색을 의미하지는 않는다. Ex) vegetarian dishes, main dish. food는 일반적인 먹는 것의 형태를 모두 일컫는 말이다. Ex) Italian food, fast food, seafood

---

EXPRESSIONS 답변 핵심 표현

• destination	목적지	• exotic	이국적인	• intriguing	아주 흥미로운
• scenery	풍경, 광경	• get a feel	감을 익히다, 감을 잡다	• hands-on	직접 체험해보는
• exhilarating	아주 신나는				

Experts say that vacations are important for our health. Do you think vacations are important? Tell me why people need vacations for health, relationships, and personal growth.

전문가들은 휴가가 건강을 위해 중요하다고 말합니다. 당신도 휴가가 중요하다고 생각하나요? 건강이나 사람과의 관계 혹은 자기 성장 등을 위해 휴가가 필요한 이유를 말해 주세요.

질문 키워드	vacations~ important, why~need
답변 키워드	이 질문은 자신의 생각이나 의견을 물었지만, 나에게 휴가가 필요한 이유가 아니라, 사람들에게 휴가가 필요한 일반적인 이유로 답변을 해야 한다. 마지막 질문의 범주에서 벗어나지 않는 선에서, 주관적인 이유도 제시할 수 있다.

STORY TELLING 답변 연습

단계별 답변 키워드	샘플 답변
주제 소개	I love going on vacation whenever possible. There are a lot of reasons why it is important to *take time off work and I would like to tell you a few.
이유나 근거 ① 신체적인 이유 ② 객관적 근거 ③ 정신적인 이유 ④ 주관적 근거	① The main reason people need vacations is to re-energize and to lift their spirits after working for long periods. ② A study *shows that people can only work effectively for a few months at a time before their quality of work starts to decline. Regular vacations can be one of the best ways to help avoid this. Also, ③ vacations give people the chance to relax and self-reflect. ④ In my case, I let go of all my worries and fears when I'm on vacation. I focus more on what's important to me and my future. When it's time to return to work and my regular routine, I feel revitalized and happier.
의견 요약	For these reasons, I think people should take vacations whenever possible for their physical and mental health.

해석 [주제 소개] 저는 가능하면 언제든지 휴가 가는 것을 좋아합니다. 휴가를 내야 하는 여러 가지 중요한 이유들이 있지만, 그 중 몇 가지에 대해 이야기해보겠습니다. [이유나 근거] 사람들이 휴가를 필요로 하는 가장 큰 이유는 오랜 시간 근무 이후, 활력을 되찾고, 사기를 올리기 위해서입니다. 한 연구에 의하면, 사람들은 몇 개월만 효과적으로 일할 수 있고, 그 이상은 업무 수준이 저하된다고 합니다. 정기적인 휴가는 이것을 피하는 가장 좋은 방법 중 하나입니다. 또한, 휴가는 사람들이 충분히 쉬면서 자신을 돌아보는 기회를 갖게 해줍니다. 저의 경우에는, 휴가 중에 걱정근심거리를 내려놓고, 나와 나의 미래에 중요한 것에 더 집중합니다. 회사와 일상으로 돌아가면, 저는 더 활기차고 행복해졌음을 느낍니다. [의견 요약] 이러한 이유 때문에, 저는 사람들이 육체적 그리고 정신적 건강을 위해 가능하면 언제든지 휴가를 가야 한다고 생각합니다.

등급업 표현

* take time off work : off는 "멀리 떨어지다"라는 의미이므로, 직장으로부터 잠시 떨어진 시간을 갖게 된다는 뜻에서 "휴가를 내다"라는 의미로 사용된다. 관련하여 have a day off, take a day off 등도 함께 알아두자.

* show : 연구나 조사들이 어떤 결과를 냈을 때 사용하는 동사이다. 들은 소식 말하기에서 사용된 say와 바꾸어 쓸 수 있다.

EXPRESSIONS 답변 핵심 표현

• re-energize	재충전하다	• effectively	효과적으로	• self-reflect	자기를 돌아보다
• lift the spirit	기운 내다	• decline	감소하다	• routine	일상, 일과
• revitalized	활력을 불어넣은, 새로운 활력을 받은				

Unit 17 사는 곳

[유형 공략법] 이 주제는 본인이 선택한 항목에 근거하여, 현재 살고 있는 집의 종류나 형태를 비롯하여 동네, 지역까지 출제되고 있다. AL을 공략할수록 시제를 섞어서 답해야 하는 질문이나, 발생한 문제의 해결과정을 순서대로 묘사해야 하는 질문이 출제된다.

주제	기출 문제
장소 묘사 (Unit 03 유형)	Tell me about your favorite room in the house. What does it look like? Why do you like it? 집에서 가장 좋아하는 방에 대해 말해 주세요. 어떻게 생겼나요? 왜 그 방을 좋아하나요? 출제팁 현재 살고 있는 집이나 어렸을 때 살았던 집을 각각 묘사하는 문제도 출제됨.
습관이나 경향 (Unit 05 유형)	What is your routine at home? What do you usually do on weekdays and weekends? 집에서의 일상은 주로 어떤가요? 주중과 주말에 주로 어떤 일을 하나요? 출제팁 집에서 하는 집안일도 습관이나 경향 유형으로 답변할 수 있음.
문제 해결 과정 (Unit 11 유형)	Tell me about a problem you had at home. What was the problem? How did you resolve it? 집에서 겪었던 문제에 대해 말해 주세요. 어떤 문제였나요? 어떻게 해결했나요? People have various problems when renting a house. What problems do people in your country usually have? And how do they deal with those problems? 사람들은 집을 렌트할 때 다양한 문제를 만납니다. 당신 나라 사람들은 보통 어떤 문제들을 경험하나요? 그리고 어떻게 그 문제들을 해결하나요?
과거와 현재 비교 (Unit 14 유형)	Describe the house you lived in as a child. How is it different from the one you live in now? 어렸을 때 살던 집을 묘사해 주세요. 지금 사는 집과 어떻게 다른가요? What was housing like 5-10 years ago? How are they now? Compare the characteristics of housing in the past with housing today. 5–10년전 집들은 어땠나요? 그리고 지금의 집들은 어떻습니까? 과거의 집과 오늘날의 집의 특성을 비교해주세요.
의견 말하기 (Unit 17 유형)	Tell me about the household appliance or device that people think useful at home. What is it? Why do people think it is very useful? 사람들이 집에서 유용하게 쓰인다고 생각하는 가전제품이나 기기에 대해 말해 주세요. 어떤 것인가요? 사람들은 왜 그것이 유용하다고 생각하나요?

01 집에서 있었던 문제

AL-Unit17_1.mp3

 Q) Tell me about a problem you had at home. What was the problem? How did you resolve it?

집에서 겪었던 문제에 대해 말해 주세요. 어떤 문제였나요? 어떻게 해결했나요?

질문 키워드	problems, at home, what, how~resolve
답변 키워드	problem과 issue의 등장으로 문제 해결 과정 유형을 바로 파악할 수 있다. 다양한 유형의 집 문제들이 있으나, 너무 전문적인 어휘사용을 피하기 위해 평이하게 일어날 수 있는 사건으로 선정한다. 어떤 문제였고, 어떻게 해결하였는지, 해결과정과 결과까지 시제 오류없이 답변하는 것이 관건이다.

STORY TELLING 답변 연습

단계별 답변 키워드	샘플 답변
문제 상황 ① 문제 ② 배경	I think I can tell you about a time when I had a little problem at my home. ① I remember when a bathroom light went out. ② Unfortunately, I didn't have any extra bulbs for the light at that time. To make things worse, it was late at night. Most of the shops were closed and I had to wait until the next morning. The bathroom was too dark, and I couldn't see anything.
해결책과 결과 ① 해결책 ② 그 해결책을 사용한 이유 ③ 결과	To light up the bathroom, I looked for a candle, but I could not find one anywhere in the house. I realized that it's been years since I've used any candles. I *felt helpless then suddenly, a good idea came to mind. ① It was the light function of my mobile phone! ② The other day, I remembered using it to find things in the dark. It was such a brilliant solution! ③ The light was bright enough for me to use the bathroom. The next day, I bought a new light bulb and replaced it.
느낀 점이나 교훈	I think it is an everyday problem that can happen to anyone. Mobile phones have become inseparable devices from us, and I am amazed at how functional they have become.

해석 [문제 상황] 집에서 작은 문제가 생겼을 때에 대해서 이야기해보겠습니다. 화장실 전등이 나갔던 때를 기억합니다. 안타깝게도, 당시 여분의 전구도 없었습니다. 설상가상으로 늦은 밤이어서, 가게 대부분이 문을 닫아 다음날 아침까지 기다려야 했습니다. 화장실이 너무 어두워서 아무것도 보이지 않는다는 것이었습니다. [해결책과 결과] 화장실을 밝히려고, 초를 찾으려 했으나, 한 개도 찾을 수가 없었습니다. 초를 사용한지 몇 년이 되었기 때문입니다. 한동안 멍하니 있다가, 갑자기 좋은 아이디어가 떠올랐습니다. 바로 휴대전화에 있는 전등 기능이었습니다. 예전에, 어두운 데서 물건 찾는데 사용했던 것이 기억났습니다. 정말 기가 막힌 해결책이었습니다! 화장실에 볼일을 볼 정도로 충분히 밝았습니다. 다음날, 새 전구를 사서 교체했습니다. [느낀 점이나 교훈] 누구에게나 일어날 수 있는 평범한 문제라고 생각합니다. 휴대전화가 우리와 떼려야 뗄 수 없는 기기이고, 정말 실용적으로 사용되는 걸 보고 또 놀랐습니다.

등급업 표현

* feel helpless : 어떻게 할 도리가 없다(have no choice), 뭘 할지 모르겠다(don't know what to do) 등의 의미로 사용하는 표현이다. 감정이나 의견을 더하여 표현력을 높인다.

EXPRESSIONS 답변 핵심 표현

• go out	전깃불이 나가다	• light up	불을 켜다	• brilliant	기발한, 똑똑한
• bulb	전구	• candle	초	• replace	교체하다
• to make things worse	설상가상으로	• function	기능	• inseparable	떨레야 뗄수 없는

02 과거와 현재의 집 비교

AL-Unit17_2.mp3

Q) What was housing like 5-10 years ago? How are they now? Compare the characteristics of housing in the past with housing today.

5-10년전 집들은 어땠나요? 그리고 지금의 집들은 어떻습니까? 과거의 집과 오늘날의 집의 특성을 비교해주세요.

질문 키워드	what ~like, houses 5-10 years ago, compare~past, today
답변 키워드	house, home, the place where you live 등 다양하게 표현될 수 있으므로, 이러한 표현들을 미리 확인해두고, 빠르게 "사는 곳"이라는 주제로 연결할 수 있도록 한다. 이 질문은 집의 과거와 현재를 비교하고 현재 집의 특징을 답변에 담아야 한다. 자신이 살았던 집이 아닌, 보통의 집을 묻고 있다는 점에 주의한다.

STORY TELLING 답변 연습

단계별 답변 키워드	샘플 답변
비교 대상 및 비교 관점	I think housing has changed quite a bit over the last decade. I will tell you a bit about the apartment complexes of now and 10 years ago.
과거 ① 집의 형태 ② 특징 현재 ③ 집의 형태 ④ 특징1 ⑤ 특징2 공통점 ⑥ 높은 가격	① 10 years ago, most homes were apartment buildings and detached houses that were smaller and older. ② There were just regular apartment buildings scattered among the community. Now, the housing industry *has seen much development, and ③ only giant apartment complexes are built. ④ The new apartment complexes are bigger and taller and have all the newest technologies equipped. ⑤ Additionally, residents have good access to various amenities. They are more like small modern towns or villages. Thanks to these characteristics, more and more families are moving into new apartment complexes. ⑥ If there is one similarity, past and present, house prices have always been high.
자신의 의견	Personally, watching this housing change, I can see how fast our economy has developed over the years and how much the Korean way of life has changed.

해석 [대상 및 관점] 지난 10년 간 집이 많이 바뀌었다고 생각합니다. 현재와 5-10년 전의 아파트 단지에 대해 이야기해보겠습니다. [과거] 10년 전, 대부분의 집들은 아파트 건물이거나 지금의 집보다 작고 오래된 단독 주택이었습니다. 동네에는 평범한 아파트 건물 몇 개가 뿔뿔이 흩어져 있었습니다. [현재] 그러나 지금은 주택 산업이 많이 발전했으며, 전부 다 큰 아파트 단지들만 지어지고 있습니다. 신규 아파트 단지는 점점 크고 더 높으며, 최신식 기술을 모두 갖추고 있습니다. 게다가 거주자들은 다양한 편의시설에 좋은 접근성을 가집니다. 작은 현대 도시나 마을 같습니다. 이런 특징 때문에, 점점 더 많은 가구들이 신규 아파트 단지로 이사하고 있습니다. [공통점] 예나 지금이나 한가지 공통점이 있다면, 집값은 항상 높다는 점입니다. [의견] 개인적으로, 집의 변천을 보면서 수년 간 경제가 얼마나 빨리 발전했는지, 한국의 생활방식이 얼마나 많이 변했는지 알 수 있는 것 같습니다.

등급업 표현
* has seen much development : has developed와 같은 의미이지만, 직역하자면, "많은 발전을 보다"라는 영어식 표현이다.

EXPRESSIONS 답변 핵심 표현

• decade	10년	• community	동네	• have access to	~에 접근하다
• apartment complex	아파트 단지	• equip	갖추다	• amenity	편의 시설
• detached house	단독 주택	• resident	거주자	• thanks to~	덕분에
• scattered	여기저기 흩어진				

Unit 18 영화 관람

[유형 공략법] 영화 관람은 응시자들이 자주 선택하는 "여가활동" 분야의 주제로 많은 기출문제가 있는 주제이다. 따라서 유리한 주제이므로 반드시 선택하고, 출제된 기출문제를 살펴보도록 한다. 단, 모든 문제마다 답변을 준비하는 것이 아니라 공통적으로 활용할 수 있는 영화 선택 및 스토리를 준비하는 것이 관건이다.

주제	기출 문제
사람 묘사 (Unit 02 유형)	Who is your favorite actor? What movie did he or she star in? What do you like most about the actor? Please tell me about the actor in as much detail as possible. 좋아하는 배우는 누구인가요? 그 배우는 어떤 영화에 출연했나요? 그 배우에 대해 가장 좋아하는 점은 무엇인가요? 배우에 대해 가능한 자세히 말해 주세요.
장소 묘사 (Unit 03 유형)	Tell me about the movie theater you went to recently. Where is it located? What does it look like? What did you do before and after the movie? 최근에 간 영화관에 대해 말해 주세요. 위치가 어디인가요? 어떻게 생겼나요? 영화를 보기 전과 본 후에 무엇을 했나요? 출제팁 장소 묘사와 관련하여 좋아하는 영화관 묘사 문제도 출제됨.
기억에 남는 에피소드 (Unit 07 유형)	Please tell me about your most memorable movie. What was it about? Who was in the movie? What was special about that movie? 가장 기억에 남는 영화에 대해 말해 주세요. 무엇에 관한 영화였나요? 누가 출연했나요? 그 영화에 대해 특별한 점은 무엇인가요? 출제팁 최근 본 영화 묘사 문제도 출제됨.
이유 말하기 (Unit 09 유형)	What kind of movies do you like? Why do you like those movies? 어떤 종류의 영화를 좋아하나요? 왜 그러한 종류의 영화를 좋아하나요?
과거와 현재 비교 (Unit 14 유형)	How are movies you watch these days different from the ones you watched while growing up? How have the movies changed over the years? Tell me about the similarities and differences. 요즘 보는 영화와 자라면서 본 영화는 어떻게 다른가요? 시간이 지나면서 영화는 어떻게 변했나요? 공통점과 차이점에 대해 말해보세요.
	How has your taste in movies changed over time? Tell me about the changes in the past few years. How are the movies you enjoy now different from those in the past? 시간이 지나면서 당신의 영화 취향이 어떻게 변했나요? 지난 몇 년간의 변화에 대해 말해주세요. 과거의 영화와 지금 즐기는 영화와 어떻게 다른가요? 출제팁 영화 취향과 관련하여 영화에 관심을 가지게 된 계기 말하기 문제도 출제됨.
의견 말하기 (Unit 17 유형)	When people in your country talk about movies, what topics do they usually discuss? And what are some recent trends in the film industry in your country? 당신 나라 사람들이 영화에 관해 이야기를 할 때, 보통 어떤 주제에 대해 이야기를 하나요? 당신 나라의 영화 산업에 있어 요즘 트렌드는 무엇인가요?

01 과거와 현재의 영화 비교

Q) How are the movies you watch these days different from the ones you watched while growing up? How have movies changed over the years? Tell me about the similarities and differences.

요즘 보는 영화와 자라면서 본 영화는 어떻게 다른가요? 시간이 지나면서 영화는 어떻게 변했나요? 공통점과 차이점에 대해 말해보세요.

질문 키워드	How~movies~different, these days, growing up, how~changed
답변 키워드	different와 changed라는 두 키워드를 통해 과거와 현재 비교 유형으로 확인할 수 있다. 마지막 질문에서 differences와 similarities로 오늘날 만들어진 영화와 옛날 영화의 비교, 대조 내용을 담아야 함을 알 수 있다. 변한 내용에만 중점을 두다 보면, 공통점을 빠트릴 수 있으니 의도적으로 공통점을 반드시 말하는 연습을 한다.

STORY TELLING 답변 연습

단계별 답변 키워드	샘플 답변
비교 대상 및 비교 관점	I think movies have changed a lot since I was young. I can tell you about some of the similarities and differences.
과거 ① CGI 사용 ② 실제 연기 현재 ③ 다양한 효과 ④ 전반적인 품질 공통점 ⑤ 액션영화의 매력	The biggest difference I can think of is CGI. ① When I was a kid, the movies didn't use much CGI and ② many of the great action scenes were using actual stunts and people. ③ Nowadays most of the movie tricks are done just with computer graphics. I would say that ④ the overall quality of today's movies including stories, music, and acting has gotten so much better than before. In my opinion, there is one thing that hasn't changed. ⑤ That is the charm of action movies. Action movies are always filled with exciting chase and battle scenes that make me feel excited, so they are still interesting and fun as they used to be.
자신의 의견	Personally, I think that a lot of changes have been made to the movies over the years, but *one thing that will never change is the fact that watching movies is a fun pastime for people to *do outside or in the comfort of their own home.

해석 [대상 및 관점] 어릴 적 이후, 영화가 많이 변했다고 생각합니다. 몇 가지 공통점과 차이점에 대해서 이야기해보겠습니다. [과거] 생각나는 가장 큰 차이점은 CGI(컴퓨터 화상처리, 일명 CG)인 것 같습니다. 제가 어렸을 땐, CGI를 많이 사용하지 않고, 많은 액션 장면들이 실제 스턴트와 사람들로 만들어졌습니다. [현재] 요즘은, 거의 모든 영화 효과에 컴퓨터 그래픽이 사용됩니다. 더불어, 줄거리나 음악, 연기 등 오늘날 영화의 전반적인 품질이 예전보다 훨씬 좋아졌습니다. [공통점] 개인적인 의견으로, 한 가지 바뀌지 않은 것이 있습니다. 바로 액션 영화의 매력입니다. 액션 영화들은 항상 추격이나 전투 장면으로 가득 차 있어서, 저를 흥분하게 만듭니다. 그래서 요즘 액션 영화들은 예전 액션 영화처럼 여전히 흥미롭고 재미있습니다. [의견] 개인적으로, 영화가 수 년간 많이 변하고 있지만, 여전히 사람들의 여가시간을 보내는 아주 좋은 활동 중 하나라고 생각합니다.

등급업 표현

* one thing that will never change is the fact that : is the fact that~ 이라는 단순 구조 대신 사용하면 좋은 복합문 구조로, "변하지 않을 한 가지는 (that 이하)라는 사실이다"는 의미이다. that을 일부러 사용하면서 문장의 의미단위마다 쉬어 주는 것이 자연스러운 회화체가 되게 하는 포인트이다.

* do outside or in the comfort of their own home : 통으로 암기하여 취미나 여가 주제에서 한 번은 사용하면 좋다. "밖에서 (무언가를) 하거나, 집에서 편하게 하다"는 의미이다.

EXPRESSIONS 답변 핵심 표현

scene	장면	including	~을 포함하여	be filled with	~로 가득하다
actual	실제의	get better	더 나아지다	chase	추격
trick	속임수	charm	매력	pastime	취미, 놀이

53

02 영화 트렌드에 관한 의견

AL-Unit18_2.mp3

 Q) When people in your country talk about movies, what topics do they usually discuss? And what are some recent trends in the film industry in your country?

당신 나라 사람들이 영화에 관해 이야기를 할 때, 보통 어떤 주제에 대해 이야기를 하나요? 당신 나라의 영화 산업에 있어 요즘 트렌드는 무엇인가요?

질문 키워드	people~your country, movies, what topics, trends
답변 키워드	내가 아닌 사람들에 대해 묻고 있으므로 의견 말하기 유형으로 구분하고, 충분한 이유나 근거를 들도록 한다. 영화 산업의 트렌드는 어떻게 정보를 접했는지, 정보의 내용은 무엇인지 들은 소식 말하기 유형을 응용하도록 한다.

STORY TELLING 답변 연습

단계별 답변 키워드	샘플 답변
주제 소개	I think there are a number of topics people in my country like to discuss when it comes to movies. I will tell you about a couple of them.
이유나 근거 ① 관객수 ② 이유 ③ 출연진 및 감독 ④ 이유 ⑤ 트렌드	① One thing people like to talk about is the box office number ② because it tells how popular a movie is. If a movie attracts 10 million viewers, it means the movie is *a smash hit. For the record, there are some great Korean movies that have reached the 10-million-viewer milestone in Korean box office history. ③ The next thing, people like to talk about the cast. They wonder not only who stars in the movie, but also who the director is. ④ Because some actors and directors are considered guaranteed *box-office hits. Actually, I read an article about the recent trends in the Korean film industry a few weeks ago. It said that the movies based on comic books and novels are becoming very popular. This is a global trend as well.
의견 요약	Personally, I think superhero movies will lead the film industry for some time since more and more people are becoming superhero fans.

해석 [주제 소개] 우리나라 사람들이 영화에 대해서 이야기하기 좋아하는 주제가 여러 가지 있습니다. 몇 가지에 대해서 이야기해보겠습니다. [이유나 근거] 가장 많이 이야기하는 것은 관객수입니다. 왜냐하면 관객수는 영화가 얼마나 인기가 있는지를 말해주기 때문입니다. 천만 관객이 본 영화라면, 히트작이라는 것을 의미합니다. 공식적으로, 국내 흥행 역사상 1000만 관객 기록을 세운 한국 영화들이 있습니다. 다음으로, 사람들은 출연진에 대해 이야기하길 좋아합니다. 누가 출연하는지 뿐 아니라, 누가 감독인지도 궁금해 합니다. 어떤 영화배우나 감독은 흥행 보증 수표로 여겨지기 때문입니다. 실은 몇 주전, 한국 영화산업의 최신 동향에 관한 기사를 읽었는데, 만화책이나 소설을 바탕으로 한 영화가 큰 인기를 끌고 있다고 했습니다. 이것은 전 세계의 트렌드이기도 합니다. [의견 요약] 개인적으로, 사람들이 점점 슈퍼히어로물의 팬이 되어 가고 있기 때문에, 슈퍼히어로 영화가 한동안 영화산업을 이끌 것이라고 생각합니다.

등급업 표현

* a smash hit/box-office hits : a big hit에 이어 다양한 "흥행작"이라는 표현을 알아 둔다. a smash hit (히트작), a box-office hit (흥행작)

EXPRESSIONS 답변 핵심 표현

• attract	끌어들이다	• cast	출연진	• based on	~을 근거로 하는
• for the record	공식적으로	• star in	~에 출연하다	• film industry	영화 산업
• milestone	획기적인 사건	• guaranteed	보증하는		

Unit 19 공연/콘서트

[유형 공략법] 공연이나 콘서트도 영화 관람에 이어 응시자들이 많이 선택하는 "여가활동" 분야의 주제 중 하나이다. 단, 영화가 같은 분야에 있으므로 동시에 출제되지는 않는다. 특히 이 주제의 답변은 "취미나 관심사" 분야의 음악 감상 주제에서 활용될 수 있으므로 답변 가성비가 높다. 공연이나 콘서트 경험이 없더라도, 다양한 형태의 길거리 공연 관람 경험을 이용하여 답변을 할 수 있다.

주제	기출 문제
장소 묘사 (Unit 03 유형)	Tell me about the concert venue that you like most. Where is it located? What does it look like? What do you like about it? 가장 좋아하는 콘서트 장소에 대해 말해 주세요. 어디에 위치해있나요? 어떻게 생겼나요? 어떤 점이 좋은가요? 출제팁 콘서트 상에서 선호하는 좌석의 종류와 형태에 관해 묻는 문제도 출제됨.
습관이나 성향 (Unit 05 유형)	How often do you go to concerts or performances? Who do you like to go with? What do you usually do before and after a concert or performance? 얼마나 자주 콘서트나 공연에 가나요? 누구와 함께 가는 걸 좋아하나요? 콘서트나 공연 전과 후에 주로 무엇을 하나요? 출제팁 관람 전, 후에 하는 습관이나 성향에 대해 묻는 문제도 출제됨.
과거 경험 (Unit 06 유형)	Please tell me about the concert or performance you have been recently. Where was it held and who did you go with? How was it? 최근에 갔었던 콘서트나 공연에 대해 말해 주세요. 어디에서 열렸나요? 누구와 함께 갔나요? 어땠나요? 출제팁 가장 기억에 남는 관람 경험, 관람에 가지 못했던 경험에 관한 문제도 출제됨.
기억에 남는 에피소드 (Unit 07 유형)	Tell me about your most memorable concert or performance. Who starred in it? What made it so memorable? 가장 기억에 남는 콘서트나 공연에 대해 말해 주세요. 누가 출연했나요? 왜 기억에 남나요?
계기 말하기 (Unit 08 유형)	How did you first become interested in concerts or performances? When was it? What made you go to your first concert or performance? 어떻게 처음 콘서트나 공연에 관심을 가지게 되었나요? 몇 살 때였나요? 첫 콘서트나 공연을 관람하게 된 계기가 무엇인가요?
이유 말하기 (Unit 09 유형)	What kind of concert or performance do you like to see? Why do you like to see it? 어떤 종류의 콘서트나 공연을 좋아하나요? 왜 그런 종류의 콘서트나 공연 관람을 좋아하나요?

AL-Unit19_1.mp3

 How often do you go to concerts or performances? Who do you like to go with? What do you usually do before and after a concert or performance?

얼마나 자주 콘서트나 공연에 가나요? 누구와 함께 가는 걸 좋아하나요? 콘서트나 공연 전과 후에 주로 무엇을 하나요?

질문 키워드	concerts/ performances, how often~go, who~go with, what~do, before/after
답변 키워드	현재시제와 함께 usually를 통해 습관이나 경향을 묻는 문제 유형으로 파악할 수 있다. 이 질문에서 본인의 관람 경향 외에, 공연의 전, 후 활동에 대해서도 묻고 있다. 전, 후 활동 역시 특별한 날에 했던 과거 경험이 아닌, 반복적으로 주로 하는 활동을 중심으로 답변을 한다.

STORY TELLING 답변 연습

단계별 답변 키워드	샘플 답변
주제 소개	There are a few things I always do when I go to concerts. I will tell you about a few of them.
습관이나 경향 ① 같이 가는 사람 ② 가는 빈도 ③ 공연 전 하는 일 – 표 확인 ④ 공연 전 하는 일 – 옷 선택 ⑤ 공연 전 하는 일 – 친구만나기 ⑥ 공연 후 하는 일	I go to concerts ① with my friend, Jina ② about once every two months because we have the same tastes in music, and actually love all kinds of concerts. Before I go to a show, ③ I always double-check the time and location online and make sure I have my tickets prepared well in advance. ④ Then I spend some time choosing the right clothes to wear. I sometimes go casual if it is a pop concert, but I often dress formally if it's a classical concert. ⑤ I usually meet Jina outside the concert hall and we go inside together. ⑥ After watching a show, we just go home since we usually watch evening shows. Occasionally, we get some food or grab a beer together.
내 생각으로 마무리	Personally, I wish I could watch more concerts than I already do, but it's hard to find shows to go to now.

해석 [주제 소개] 콘서트를 갈 때 제가 항상 하는 몇 가지가 있습니다. 그 중 몇 가지에 대해 이야기해보겠습니다. [습관이나 경향] 저는 친구인 지나와 두 달에 한번 정도 콘서트를 갑니다. 우리는 같은 음악 취향을 가졌기 때문입니다. 사실, 거의 모든 종류의 콘서트를 좋아합니다. 공연에 가기 전에, 저는 시간과 장소를 온라인에서 재확인하고, 티켓을 미리 확인합니다. 그리고 나서, 적당한 옷을 고릅니다. 팝 콘서트면 가끔 캐주얼을 입고 가기도 하고, 클래식이면 종종 격식을 차려 입습니다. 주로 공연장 밖에서 지나를 만나서 같이 공연장 안으로 들어갑니다. 공연이 끝나면, 주로 저녁 공연을 보기 때문에 그냥 집으로 갑니다. 하지만, 가끔 함께 무언가 먹거나 맥주를 한잔하기도 합니다. [내 생각] 개인적으로, 저는 더 자주 콘서트를 보러 갔으면 좋겠지만, 요즘 같아서는 가볼 만한 공연을 찾는 게 참 어렵습니다.

EXPRESSIONS 답변 핵심 표현

- every two months　두달마다
- taste in　～에 대한 취향
- formally　정식으로
- grab a beer　맥주 한잔 하다

02 가장 기억에 남는 공연/콘서트

AL-Unit19_2.mp3

 Tell me about your most memorable concert or performance. Who starred in it? What made it so memorable?

가장 기억에 남는 콘서트나 공연에 대해 말해 주세요. 누가 출연했나요? 왜 기억에 남나요?

질문 키워드	most memorable concert/performance, who~starred, what made~memorable
답변 키워드	most memorable라는 키워드를 통해 콘서트, 공연과 관련하여 기억에 남는 에피소드 문제 유형임을 파악할 수 있다. 이어지는 질문은 역시 이 유형에서 항상 따라 나오는 이유 질문이다. 육하원칙 정보를 이용하여 에피소드는 물론 이유까지 모두 설명할 수 있도록 한다.

STORY TELLING 답변 연습

단계별 답변 키워드	샘플 답변
에피소드 소개	I think my favorite concert performance is that of Psy. I can tell you why it was so memorable.
에피소드 묘사 ① 언제 ② 어디서 ③ 누구와 ④ 무엇을 ⑤ 왜 ⑥ 어떠했나	I bought his concert ticket two years ago and it was really hard to get ⑤ because everyone knows that his shows are spectacular. They are always filled with lots of colorful lights and great stage effects. ③ My friend and I decided ④ to go to his concert ① on New Year's Eve. That was a special night. On arriving ② at the stadium near Jamsil station, we saw huge decorations and lots of flashing lights. When the concert started, Psy got on stage and immediately began singing his greatest hits. ⑥ The crowd *went wild. The concert was beyond my wildest imagination. I couldn't believe what I was seeing. Finally, just when we thought the show was over, he returned to the stage with other famous singers and performed some more songs together that he hadn't performed in years. When they did, it *sent the audience into a frenzy.
에피소드와 관련한 기분/느낌	I've always liked Psy because he puts on such amazing shows, and that night was the best night I had ever had, and I will never forget it.

해석 [에피소드 소개] 제가 좋아하는 콘서트는 싸이의 콘서트입니다. 그 콘서트가 기억에 남는 이유에 대해 이야기해보겠습니다. [에피소드 묘사] 저는 2년 전 그의 콘서트 티켓을 샀습니다. 왜냐하면 그의 콘서트는 화려한 조명과 훌륭한 무대 효과로 정말 멋지다는 것을 모두가 알고 있기 때문에 정말 구하기 힘듭니다. 저와 제 친구는 새해 전날 밤 그의 콘서트를 가기로 했습니다. 그 날 밤은 정말 특별했습니다. 잠실역 근처 경기장에 도착했을 때, 우리는 거대한 장식들과 많은 조명들을 보았습니다. 콘서트가 시작되자, 싸이가 무대 위를 올라섰고, 히트곡들을 부르기 시작했습니다. 관중들은 미쳐 날뛰었습니다. 콘서트는 상상 이상이어서, 꿈인지 생시인지 몰랐습니다. 마지막으로, 공연이 끝났다고 생각했을 때, 싸이는 다른 유명한 가수들과 다시 무대로 돌아와서, 수 년간 부르지 않았던 노래를 몇 곡을 더 불렀습니다. 청중은 더 열광했습니다. [기분/느낌] 싸이가 이렇게 멋진 공연을 보여주어서, 항상 그를 좋아하고 있지만, 그 날 밤은 정말 최고였으며 절대 잊지 못할 것 같습니다.

등급업 표현

* go wild/send 사람 a frenzy ; "흥분하다, 열광하다"는 의미의 go crazy외에 다양한 어휘를 활용하여 표현한다.
  Ex) Most girls go wild over BTS. 대부분 소녀들은 BTS에 열광합니다.

EXPRESSIONS 답변 핵심 표현

• spectacular	화려한	• decoration	장식	• frenzy	광란
• be filled with	~로 가득차다	• flashing	반짝이는	• beyond one's imagination	상상이상으로
• stage effect	무대 효과				

Unit 20 술집/카페

[유형 공략법] 술집과 카페 주제는 많이 선택하는 여가 활동 중 하나이기 때문에, 자주 출제되는 주제 중 하나이다. 가족이나 친구 모임, 파티 등의 주제와 혼합되거나, 해당 장소에서 있었던 사건이나 소식, 또는 과거와 현재의 역할 변화 등 난이도 높은 문제도 빈도 높게 출제되고 있으니 관련 에피소드는 반드시 준비해야 한다.

– 술집

주제	기출 문제
장소 묘사 (Unit 03 유형)	Tell me about the first bar you went to. What did it look like? What do you remember about that place? 처음으로 갔던 술집에 대해 말해 주세요. 어떻게 생겼나요? 그 장소에 대해 무엇을 기억하나요? 출제팁 동네 술집, 자주 가는 술집, 한국의 술집 등 다양한 술집 장소의 묘사 문제가 출제됨.
습관이나 경향 (Unit 05 유형)	What do you normally do when you get together with your friends at a bar? Tell me about what you do before and after going to the bar. 술집에서 친구들과 모이면 주로 무엇을 하나요? 술집에 가기 전, 후에 무엇을 하는지에 대해서도 말해 주세요.
기억에 남는 에피소드 (Unit 07 유형)	Tell me about your memorable visit to a bar or a pub. You may have celebrated your anniversary or your friend's birthday. Who was there? What happened? What did you do before and after going to the bar? How did you spend your time there? 술집이나 펍으로의 기억에 남는 방문에 대해 말해 주세요. 아마 당신의 기념일을 축하하거나, 친구의 생일을 축하했을 수도 있습니다. 누가 있었나요? 어떤 일이 있었나요? 술집에 가기 전과 후에 무엇을 했나요? 그리고 술집에서 어떻게 시간을 보냈나요? 출제팁 최근 방문한 경험이나 어렸을 때의 경험도 함께 정리. Tell me about a memorable incident that happened at a bar. Why was it unforgettable? 술집에서 있었던 기억에 남는 사건에 대해 말해 주세요. 왜 잊을 수가 없나요? 출제팁 술집에 경찰이 급습했던 사건, 뉴스로 보도되었던 사건 등 다양한 사건에 대한 문제도 출제됨.
과거와 현재 비교 (Unit 14 유형)	How have pubs changed over the years? How were they in the past and how are they now? Why do people gather in bars? 시간이 지나면서 술집이 어떻게 변했나요? 과거는 어떠했고, 지금은 어떤가요? 사람들은 왜 술집에서 모이나요?

– 카페

주제	기출 문제
장소 묘사 (Unit 03 유형)	Tell me about the cafés or coffee houses in your community. What are they like? Please describe your favorite café or coffee house in as much detail as possible. 당신 동네에 있는 카페나 커피숍에 대해 말해 주세요. 어떻게 생겼나요? 좋아하는 카페에 대해 자세히 묘사해 주세요.
습관이나 경향 (Unit 05 유형)	What do you usually do at a café? Who do you normally go with? What do you like to order? 카페에서 주로 무엇을 하나요? 보통 누구와 가나요? 무엇을 주문하나요? 출제팁 카페에서 즐겨먹는 메뉴에 대해 묻는 문제도 출제됨.
과거 경험 (Unit 06 유형)	Tell me about the first coffee shop you went to. What was special about that place? What is the most memorable to you? 처음으로 갔던 커피숍에 대해 말해 주세요. 그 장소에 대해 특별한 점은 무엇이었나요? 가장 기억에 남는 것은 무엇인가요? How were cafés or coffee houses in your childhood? Were they popular among people? Describe what you remember in detail. 어렸을 때 카페나 커피숍은 어땠나요? 사람들 사이에서 인기가 있었나요? 당신이 기억하는 것을 묘사해 주세요.
문제 해결 과정 (Unit 10 유형)	Have you ever had a memorable incident that happened at a café? What happened and who was involved? How did you deal with the situation? Tell me everything about the story from beginning to end. 카페에서 겪은 기억에 남는 사건이 있나요? 어떤 일이 있었고, 누구와 관련이 있었나요? 어떻게 해결했나요? 처음부터 끝까지 자세한 이야기를 해주세요.
과거와 현재 비교 (Unit 14 유형)	Some people don't go to cafés just to drink coffee. How has the role of cafés changed over the years? What do people normally do at the cafés other than drinking coffee? 어떤 사람들은 단지 커피만 마시기 위해 카페에 가지 않습니다. 시간이 지나면서 카페의 역할이 어떻게 바뀌었나요? 커피를 마시는 것 외에 사람들은 카페에서 주로 무엇을 하나요?
의견 말하기 (Unit 16 유형)	What are some features of coffee places in your country? Explain why the coffee places have those features. 당신 나라에서 커피숍의 특징은 무엇인가요? 왜 그런 특징을 보이는지 설명해 주세요. 출제팁 우리 나라의 커피 문화와 커피 프렌차이즈의 발달에 대한 문제도 출제됨.

01 술집에서 주로 하는 일

 Q) What do you normally do when you get together with your friends at a bar? Tell me about what you do before and after going to the bar.

술집에서 친구들과 모이면 주로 무엇을 하나요? 술집에 가기 전, 후에 무엇을 하는지에 대해서도 말해 주세요.

질문 키워드	what~do, with friends, bar, what~do before/ after
답변 키워드	현재 시제 사용과 함께 normally가 들렸으므로 습관이나 경향 유형으로 파악한다. 친구/모임/술집 주제들이 혼합되었으므로, 미리 만들어진 답변을 부분적으로 활용하면 좋다. 거기에, 술집으로 가기 전에는 약속/예약의 주제를, 후에는 SNS에 업로드 등으로 다양한 주제들을 아울러 답변 가성비를 높이고, 풍성한 답변으로 표현력을 어필한다.

STORY TELLING 답변 연습

단계별 답변 키워드	샘플 답변
주제 소개	I think I can describe what I normally do when I have gatherings with my friends at a bar. I will tell you what I usually do before and after getting together as well.
습관이나 경향 ① 모임의 빈도 ② 모임 전에 하는 일 ③ 술집에서 하는 일 ④ 모임 후에 하는 일	I don't like to go out drinking often, but ① once or twice a month, I go out with my friends to a bar. ② Early in the week, I send chat messages to my friends and make plans to meet up on a Friday or Saturday night. Before I meet my friends, I usually confirm with everyone about the time and location and dress up in stylish clothes. ③ Once everyone gets there, we enjoy food and drinks. Most of the time, I limit myself to one drink per hour, but I occasionally drink more than that. We talk a lot every time we hang out, and we always have many stories to tell while losing track of time. Midnight is when we usually leave for home. ④ When I get home, I post pictures taken with friends on social media and share them with my friends in a group chat.
내 생각으로 마무리	Personally, I have a great time every time I get together with my friends. I think I am so lucky to have such great friends like them.

해석 [주제 소개] 술집에서 친구들과 모이면 보통 무엇을 하는지 묘사하겠습니다. 또한 모임 전, 후로 주로 무엇을 하는지에 대해서도 이야기하겠습니다. [습관이나 경향] 저는 자주 술 마시러 가는 것을 좋아하진 않지만, 한 달에 한 두 번은 친구들과 술집에 갑니다. 그래서 월요일이나 화요일쯤 친구들에게 채팅 메시지를 보내고, 금요일이나 토요일 밤에 만나기로 약속을 정합니다. 친구들과 만나기 전에, 저는 시간과 장소를 다시 확인을 하고 멋진 옷을 입습니다. 모두가 도착하면 식사를 하고 술을 마십니다. 저는 주로 한 시간에 한 잔 만 마시려고 하지만 때로는 더 마십니다. 우리는 만날 때마다 이야기를 참 많이 하는데도, 늘 만나면 시간 가는 줄 모르고 할 이야기가 많습니다. 자정이면 집에 갑니다. 집에 돌아오면 제 SNS에 친구들과 찍은 사진을 업로드하고 친구들과의 단톡방에 공유합니다. [내 생각] 개인적으로, 저는 친구들과 모일때마다 정말 즐거운 시간을 보내고 있습니다. 그런 좋은 친구들이 있어서 너무 좋습니다.

EXPRESSIONS 답변 핵심 표현

- describe 설명하다, 묘사하다
- make plans 계획을 세우다
- post 게시하다, 올리다
- meet up 만나다
- confirm 확인하다
- limit 제한하다, 한계를 두다
- hang out 시간을 함께 보내다

02 술집에서의 기억에 남는 경험

 Q) Tell me about your memorable visit to a bar or a pub. You may have celebrated your anniversary or your friend's birthday. Who was there? What happened? What did you do before and after going to the bar? How did you spend your time there?

술집이나 펍으로의 기억에 남는 방문에 대해 말해 주세요. 아마 당신의 기념일을 축하하거나, 친구의 생일을 축하했을 수도 있습니다. 누가 있었나요? 어떤 일이 있었나요? 술집에 가기 전과 후에 무엇을 했나요? 그리고 술집에서 어떻게 시간을 보냈나요?

질문 키워드	memorable visit, bar/pub, who, what happened, before/after, how~spend
답변 키워드	memorable 키워드로 쉽게 기억에 남는 에피소드 유형임을 파악할 수 있다. 단, 술집에서의 일만 답변하는 것이 아니라, 가기 전/후의 행동묘사도 빠트리지 않도록 주의한다. 전/후에 하는 질문만 언뜻 들으면 습관이나 성향 같지만, 그 방문을 할 지난 날에 대해서만 묻고 있으므로, 과거 시제를 유지하며 한 일을 묘사한다.

STORY TELLING 답변 연습

단계별 답변 키워드	샘플 답변
에피소드 소개	I think I can tell you about a memorable visit I made to a bar.
에피소드 묘사 ① 언제 ② 어디서 ③ 누구와 ④ 무엇을 ⑤ 왜 ⑥ 어떠했나 가기 전/후 묘사 ⑦ 가기 전 한 일 ⑧ 나온 후 한 일	① It was my parents' 30th wedding anniversary a few years ago. Before the event, I contacted ③ all my family members except for my mother to make sure that everyone would show up at the right place and time. ⑤ It was a surprise party for my mother, so she had no idea. ② My father and I chose a fancy Korean traditional wine bar since my mother likes that wine very much. ⑦ Before going to the bar, we stopped by a flower shop and bought some roses. My brother prepared a cake. My mother finally showed up to her surprise party. ④ As soon as we ordered food and drinks, we gave her gifts. ⑥ She looked so happy. When the drinks arrived, we made a toast to my parents and celebrated their anniversary. ⑧ After drinks, my parents went to a musical my mother had wanted to see for a very long time. They had a great time.
에피소드와 관련한 기분/느낌	Personally, it was a surprise party for my mother, but everyone *ended up having a great time.

해석 [에피소드 소개] 술집에 갔던 기억에 남는 중에 가장 기억에 남는 방문에 대해서 이야기하겠습니다. [에피소드 묘사] 몇 년 전, 부모님의 30주년 결혼 기념일이었습니다. 모임 전에, 저는 엄마를 제외한 가족 모두에게 연락해서 다 제시간과 장소에 도착하는지 확인했습니다. 엄마를 위한 깜짝 파티였기 때문에, 엄마는 아무것도 알 수가 없었습니다. 아빠와 저는 좋은 전통주 파는 술집으로 장소를 정했습니다. 엄마가 전통주를 좋아하셨기 때문입니다. 술집에 가기 전에, 아빠와 저는 꽃집에 들러 장미를 샀습니다. 오빠는 케이크를 준비하기로 했습니다. 엄마가 드디어 파티에 오셨고, 음식과 술을 주문하자 마자, 우리는 엄마에게 선물을 주었습니다. 엄마는 너무 행복해 보였습니다. 술이 나왔을 때, 부모님을 위해서 건배를 하고 기념일을 축하했습니다. 술집에 나와서, 부모님 두 분은 엄마가 오랫동안 보고 싶어했던 뮤지컬을 보러 갔습니다. 두 분은 분명히 좋은 시간을 보내셨을 겁니다. [기분/느낌] 개인적으로, 엄마를 위한 깜짝 파티였지만, 모두가 즐거운 시간을 보냈습니다.

등급업 표현

* end up doing something : 우리말 의미만 봤을 때는 had a great time과 다를 바 없는 것처럼 보이지만, "사실 기대를 하거나 의도를 하지 않았는데, 그렇게 되었다"는 의미를 내포하고 있다. 다양한 에피소드 마무리로 사용하기 매우 적합한 표현이다.

EXPRESSIONS 답변 핵심 표현

• anniversary	기념	• show up	나타나다	• make a toast	건배하다
• except for	~을 제외하고	• stop by	잠깐 들르다		

Unit 21 SNS

[유형 공략법] SNS는 다양한 문제는 없지만, 높은 빈도로 출제되고 있는 주제 중 하나이다. 응시자들이 많이 선택하고 있기 때문이기도 한데, SNS를 사용하지 않더라도 기본적인 정보만으로도 답변이 가능한 문제가 출제되고 있으므로, 반드시 선택해보도록 한다.

주제	기출 문제
사물 묘사 (Unit 04 유형)	What is your favorite social network service(SNS)? What is it about? What kind of feature does it have? What do you use it for? 가장 좋아하는 SNS는 무엇인가요? 무엇에 관한 것인가요? 어떤 특징이 있나요? 왜 그것을 사용하나요? 출제팁 현재 사용하는 SNS와 관련하여 시작하게 된 계기를 묻는 문제도 출제됨
습관이나 경향 (Unit 05 유형)	What do you usually do when you log in to a social network service(SNS)? When do you use it? How often do you use it? SNS에 접속하면 주로 무엇을 하나요? 언제 사용하나요? 얼마나 자주 사용하나요?
과거 경험 (Unit 06 유형)	Tell me about an interesting post you recently read online. What was it about? Who wrote the post? Why was it interesting to you? 최근 온라인에서 읽은 흥미로운 게시물에 대해 말해 주세요. 무엇에 관한 것이었나요? 누가 게시물을 썼나요? 왜 흥미로웠나요? Have you ever blocked someone on a social network service(SNS)? Why did you block that person? SNS에서 누군가를 차단한 경험이 있나요? 왜 그 사람을 차단했나요? 출제팁 기억에 남는 게시물(동영상) 등 다양한 경험 관련 문제가 출제됨
기억에 남는 에피소드 (Unit 07 유형)	Tell me about a memorable experience you made a mistake on a social network service (SNS) such as posting a comment to the wrong person or sending a message with funny mistakes. Describe what happened in detail. SNS에서 기억에 남는 실수한 경험에 대해 말해 주세요. 예를 들면, 다른 사람에게 메시지를 보내거나, 어이없는 실수를 한 메시지를 보냈을 수도 있습니다. 어떤 일이 있었는지 자세히 묘사해 주세요.
계기 소개 (Unit 08 유형)	Please tell me about your favorite blog. How did you find it? What are the posts on the blog about? 좋아하는 블로그에 대해 말해 주세요. 어떻게 찾았나요? 블로그의 게시글은 무엇에 관한 것인가요? 출제팁 자신의 SNS에 글이나 동영상을 게시하는 방법에 대한 문제도 출제됨

01 최근에 읽은 게시물

AL-Unit21_1.mp3

 Q) Tell me about an interesting post you recently read online. What was it about? Who wrote the post? Why was it interesting to you?

최근 온라인에서 읽은 흥미로운 게시물에 대해 말해 주세요. 무엇에 관한 것이었나요? 누가 게시물을 썼나요? 왜 흥미로웠나요?

질문 키워드	interesting post, recently, what~about, who wrote, why
답변 키워드	have recently pp 형태로 경험에 대해 묻는 유형임을 알 수 있다. 경험 답변에 담아야 하는 육하원칙의 기본 정보를 모두 담을 수 있도록 한다. 늘 이용하는 SNS에서 읽은 게시물을 설명하느라, 습관이나 경향 묘사로 답변이 흘러가지 않도록 주의한다. 이 문제는 과거시제를 중점적으로 사용해야 하는 경험 유형이다.

STORY TELLING 답변 연습

단계별 답변 키워드	샘플 답변
경험 소개	I think I can tell you about an interesting post I've read ① a few weeks ago. It was about a movie review ② on a film blog I visit sometimes.
육하원칙 정보 ① 언제 ② 어디서 ③ 누구와 ④ 무엇을 ⑤ 왜 ⑥ 어떠했나	I have been following this blog since I was back in college, and ③ the blogger is a really huge movie buff. He watches all kinds of movies and seems to know every actor and actress out there, so I trust what he says. A recent post on his blog was ④ about a short, independent film that came out earlier this year that very few people saw. ⑤ This blogger wrote that he really enjoyed it and highly recommended it. Just like he said, ⑥ the movie was so good, and I absolutely loved it. After I watched the movie, I went back on commented on the post. The blogger sent me a reply right away and we had a conversation about what we liked about the film in length.
당시 기분/느낌	Personally, I think sharing information or opinions on things I like with people who have the same interests as mine is a good hobby.

해석 [경험소개] 저는 몇 주 전에 읽은 흥미로운 게시물에 관해 말하고자 합니다. 그 게시물은 제가 가끔 가는 영화 블로그에서 읽은 영화 평이었습니다. [육하원칙 정보] 제가 대학생부터 이 블로그를 팔로우하고 있습니다. 블로거는 정말 엄청난 영화광입니다. 그는 거의 모든 영화를 보고, 영화에 나온 모든 배우들을 아는 것처럼 보였습니다. 그래서 그가 말하는 것은 거의 신뢰하는 편입니다. 최근 그의 블로그 게시물은 올해 초에 나왔던 짧은 독립영화에 관한 것이었지만, 많은 사람들이 보지 않았습니다. 이 블로거는 정말 즐겁게 보았고, 강력하게 추천한다고 했습니다. 그의 말 대로, 영화는 정말 좋았고, 저는 매우 맘에 들었습니다. 영화를 본 후, 포스트에 댓글을 달았습니다. 블로거가 저에게 바로 답장을 보내주어서, 우리는 그 영화에 대해 좋았던 점에 대해 잠시 대화를 나눌 수 있었습니다. [기분/느낌] 개인적으로, 저와 같은 관심사를 가진 사람들과 좋아하는 것에 대한 정보나 의견을 공유하는 것은 좋은 취미인 것 같습니다.

EXPRESSIONS 답변 핵심 표현

• review	리뷰, 후기	• independent film	독립영화	• reply	답장, 대답
• movie buff	영화광	• come out	나오다	• in length	길이에 있어서
• trust	믿다, 신뢰하다	• absolutely	굉장히, 극도로		

02 좋아하는 블로그가 생긴 계기

AL-Unit21_2.mp3

 Please tell me about your favorite blog. How did you find it? What are the posts on the blog about?

좋아하는 블로그에 대해 말해 주세요. 어떻게 찾았나요? 블로그의 게시글은 무엇에 관한 것인가요?

질문 키워드	favorite blog, how~find, what~about
답변 키워드	첫 문장의 키워드인 favorite blog에서 토픽을 바로 파악할 수 있다. 다만, favorite 문제 유형으로 이해하고, 블로그에 대한 묘사에 너무 치중하지 않도록 한다. 블로그의 소개와 함께 블로그를 발견하게 된 과정 역시 언급해야 한다. 특히 블로그의 게시물을 영상으로 다뤄, 최근 시청한 영상이나 접한 소식 등에도 활용할 수 있도록 한다.

STORY TELLING 답변 연습

단계별 답변 키워드	샘플 답변
계기 소개	Sure, I have a favorite blog to tell you about. It's about pets and it's a blog that I have been following for about 2 years now.
상황/사건 묘사 ① 상황/사건 (육하원칙) ② 인상/느낌	① The blogger usually writes two or three posts daily about dogs and cats. I mostly read the posts on dogs' since I own a dog myself for about 10 years now. I came across the blog when shopping for some pet items online such as dog snacks, toys, and pads. I found this blogger by luck and he had already reviewed and shared all kinds of information on the items I was trying to buy. Since then, I became a devotee of the blog. ② I think this blog is very informative. I can learn how to care for pets including how to train them. I can also learn a lot about common pet diseases on this blog. From time to time, I even find some promotional coupons and sale information on items I often need for my dog.
자신에게 미친 영향	Personally, this blog has been helpful for me as a pet owner. It helped me *gain a better understanding of my dog and keep a good relationship with her thanks to it.

해석 [계기 소개] 좋습니다. 말해 주고 싶은 제일 좋아하는 블로그가 있습니다. 제가 대략 2년 동안 팔로우하고 있는 반려동물에 관한 블로그입니다. [상황/사건 묘사] 블로거는 보통 매일 강아지와 고양이에 관한 두, 세개의 글을 게시합니다. 저는 강아지에 관한 글은 거의 다 읽었습니다. 제가 10년째 강아지를 키우고 있기 때문입니다. 간식이나 장난감, 패드 같은 강아지 용품을 온라인으로 쇼핑하다가 운좋게 이 블로그를 발견하게 되었습니다. 블로거가 제가 사려고 했던 물건을 이미 리뷰하고 정보를 공유하였습니다. 그래서 그 이후로, 저는 이 블로그의 열성팬이 되었습니다. 이 블로그가 매우 유용하다고 생각합니다. 반려동물을 훈련시키는 방법 등을 포함하여 키우는 법을 배울 수 있습니다. 저는 여기서 반려동물이 갖는 일상적인 질병에 대해서도 알 수 있습니다. 가끔, 제 강아지에게 필요한 용품의 쿠폰과 세일 정보를 얻기도 합니다. [미친 영향] 개인적으로, 애견주로서 저에게 이 블로그가 정말 도움이 많이 되었습니다. 제가 우리 강아지에 대해 더 잘 이해하게 되고, 그로 인해 강아지와의 좋은 관계를 유지하는데 도움이 되었습니다.

등급업 표현

* gain a better understanding of : understand~better와 같은 의미이다. 한눈에도 훨씬 길고 정교해 보인다. 한 단어에서 파생된 다양한 품사 활용을 보여주는 것은 표현력을 어필하는 가장 좋은 방법이다.

EXPRESSIONS 답변 핵심 표현

• own	소유하다	• devotee	추종자, 애호가	• train	훈련시키다
• come across	우연히 발견하다	• informative	유용한 정보를 주는, 유익한	• promotional	홍보의
• by luck	운 좋게	• care for	~을 돌보다		

Unit 22 음악 감상

[유형 공략법] 음악 감상 역시 응시자들이 많이 선택하는 주제이다. 음악 감상과 관련한 경험 뿐 아니라, 가수나 작곡가, 음악 감상에 이용하는 기기 등 다양한 주제로 확장되고 있는 추세이므로 기출문제를 꼼꼼히 살펴보아야 한다. 단, 공연/콘서트와 동시에 출제될 수 있으므로, 답변의 소재가 겹치지 않도록 주의한다.

주제	기출 문제
인물 묘사 (Unit 02 유형)	Please tell me about your favorite singer or composer. What kind of song does he or she sing or write? Why do you like him or her? 좋아하는 가수나 작곡가에 대해 말해 주세요. 그 사람은 어떤 종류의 음악을 부르거나 작곡하나요? 왜 그 사람을 좋아하나요?
사물 묘사 (Unit 04 유형)	What is your favorite song? Do you have any special memories related to the song? What makes it so special? 좋아하는 노래는 무엇인가요? 노래와 관련하여 특별한 기억에 있나요? 왜 그 노래는 특별한가요? 출제팁 음악감상을 할 때 사용하는 기기와 관련한 문제도 출제됨.
기억에 남는 에피소드 (Unit 07 유형)	Tell me about the most memorable experience while listening to music. When was it? Where and what did it happen? What made the experience so memorable? 음악을 들으면서 겪은 경험 중 가장 기억에 남는 경험에 대해 말해 주세요. 언제였나요? 어디에서 어떤 일이 있었나요? 왜 기억에 남나요?
	Can you tell me about a memorable time when you listened to live music? Where were you? Who were you with? What made the performance so memorable or special? 기억에 남는 라이브 음악 감상 경험에 대해 말해주세요. 어디였나요? 누구와 함께 있었나요? 어떤 일이 그 공연을 기억에 남거나 특별하게 만들었나요?
계기 말하기 (Unit 08 유형)	When did you first become interested in music? What kind of music did you like first? Tell me how your taste in music has changed from your childhood until today. 음악에 처음 관심을 가지게 된 때는 언제인가요? 어떤 음악을 처음 좋아했나요? 어릴 적 때부터 지금까지 당신의 음악 취향이 어떻게 바뀌었는지 말해 주세요.
두 가지 대상 비교 (Unit 14 유형)	Please tell me about two different music genres you like. Why do you like those music genres? What are some differences between them? 두 개의 좋아하는 음악 장르에 대해 말해 주세요. 왜 그 두 장르를 좋아하나요? 그 둘의 차이점은 무엇인가요? 출제팁 음악 장르 외에도 두 명의 음악가(작곡가)를 비교하는 문제도 출제됨.

01 가장 좋아하는 노래

AL-Unit22_1.mp3

Q) What is your favorite song? Do you have any special memories related to the song? What makes it so special?

좋아하는 노래는 무엇인가요? 노래와 관련하여 특별한 기억에 있나요? 왜 그 노래는 특별한가요?

질문 키워드	favorite song, what makes~special
답변 키워드	문제 유형이 헷갈릴 수 있지만, favorite song 묘사로 사물 묘사 유형으로 구분한다. 특히, favorite으로 "가장 좋아하는"것에 대한 질문이므로, 좋아하는 이유도 빠트리지 않고 답변한다. 여기까지는 "현재 시제"를 사용하지만, 노래와 관련한 특별한 기억 묘사에서는 "과거 시제"로 회상을 묘사해야 한다. 시제 사용을 혼동하지 않도록 주의한다.

STORY TELLING 답변 연습

단계별 답변 키워드	샘플 답변
사물 소개 ① 좋아하는 노래 소개	I think I can tell you about my favorite song. ① It's a dance song called "Dynamite" by my favorite artist-pop band, BTS.
사물 묘사 ① 부른 가수 ② 나온 시기 ③ 노래 특징 ④ 특별한 이유 1 ⑤ 특별한 이유 2 ⑥ 특별한 기억	① They released this song ② in August, 2020. Maybe you've probably heard it before. ③ *It starts with a nice, light melody full of cheerful and touching lyrics about their life stories. Unlike other dance songs, it really excites me anytime I listen to it. This song is very special not just to me but to all their fans for a number of reasons. ④ First of all, the "Dynamite" music video achieved 600 million views on YouTube reaching a new K-pop record. ⑤ On top of that, it placed 1st on the Billboard Hot 100 for two weeks straight a first for Korean artists. I also watched this song on YouTube with my boyfriend for the first time. ⑥ It has sentimental value to me and I will always connect it to that pleasant feeling of love.
의견/생각으로 마무리	Personally, I think everyone would love the song if they listen to it, but it will always have a special place in my heart because it is connected to such personal memories.

해석 [사물 소개] 제가 가장 좋아하는 노래에 대해서 이야기해보겠습니다. 좋아하는 가수인 BTS의 'Dynamite'이라는 댄스곡입니다. [사물 묘사] BTS는 2020년 10월에 이 곡을 발표했습니다. 아마 들어보셨을 겁니다. 그들의 일상적인 이야기를 담은 밝고 경쾌한 가사와 함께 신나고 가벼운 멜로디로 시작합니다. 다른 댄스곡과 달리, 제가 들을 때마다 너무 신나게 합니다. 이 노래는 여러 가지 이유로 저 뿐만 아니라 모든 팬들에게 매우 특별합니다. 먼저, 'Dynamite'는 K-pop 신기록으로 유튜브에서 6억뷰를 달성했습니다. 뿐만 아니라, 한국 가수로서는 최초로 빌보드 TOP 100 차트에서 2주 연속 1위를 했습니다. 저 또한 이 노래를 남자친구와 유튜브로 처음 보았습니다. 그래서 저에게 감성적인 의미가 있습니다. 그래서 저에게는 언제나 이 노래가 즐거운 사랑의 느낌을 떠올리게 할 것입니다. [의견/생각] 개인적으로, 모든 사람들이 이 노래를 좋아할 것이라고 생각하지만, 저에게는 매우 개인적인 기억과 연결이 되어 있어서, 항상 제 마음속에 특별한 자리를 차지하고 있을 것입니다.

등급업 표현

* It starts with~melody full of … lyrics about – : 멜로디와 노래 분위기, 그리고 가사의 내용까지 음악관련 어휘는 물론, 한 문장으로 묘사를 완벽하게 할 수 있는 구문이다. 음악 답변에선 반드시 한 번은 활용해본다.

EXPRESSIONS 답변 핵심 표현

• released	발매된	• a number of	많은	• sentimental	감성적인
• touching	감동적인	• achieve	달성하다	• value	가치, 의미
• excite	흥분시키다	• place 1st on	~에서 1위를 차지하다	• be connected to	~와 연결되다

02 기억에 남는 라이브 음악 공연

AL-Unit22_2.mp3

 Can you tell me about a memorable time when you listened to live music? Where were you? Who were you with? What made the performance so memorable or special?

기억에 남는 라이브 음악 감상 경험에 대해 말해주세요. 어디였나요? 누구와 함께 있었나요? 어떤 일이 그 공연을 기억에 남거나 특별하게 만들었나요?

질문 키워드	memorable~live music, where, who~with, what made~memorable
답변 키워드	most memorable이라는 키워드를 통해 기억에 남는 에피소드 유형임을 알 수 있다. 기본적으로 에피소드를 설명하기 위해 육하원칙에 해당하는 정보로 답변을 하되, 공연/콘서트와 같이 출제될 확률은 낮으므로 같은 답변소재를 활용하면 암기에 효율적이다.

STORY TELLING 답변 연습

단계별 답변 키워드	샘플 답변
에피소드 소개	I have some memorable experiences listening to live music. I think I can tell you about one of those experiences.
에피소드 묘사 ① 언제 ② 어디서 ③ 누구와 ④ 무엇을 ⑤ 왜 ⑥ 어떠했나	① A few years ago, I saw my favorite performer give a surprise concert. ③ My friend and I were ② at Sangsang Madang, a live concert venue near Hongik University in Seoul. We went there ④ to see some indie bands perform and get a few drinks. It was a calm and quiet night perfect for enjoying live music. Before the first band started to perform, the lead singer told the crowd that there would be a special guest performer. Everyone was very curious. The band played a few of their best hits, then, ⑤ suddenly 10CM, a widely popular band, came on stage and the crowd went crazy. 10CM is a well-known band that has been all over TV. ⑥ We have been fans of this band for years, so it was an incredible experience.
에피소드와 관련한 기분/느낌	I felt really lucky to be there at a performance that day, and it was a moment I will never forget.

해석 [에피소드 소개] 저는 라이브 음악을 들으면서 기억에 남는 경험들이 있습니다. 그 중 하나의 경험에 대해 이야기해 보겠습니다. [에피소드 묘사] 몇 년 전, 제가 가장 좋아하는 가수가 깜짝 콘서트를 본 적이 있습니다. 저와 제 친구는 서울에 있는 홍대 근처 상상마당이라는 라이브 콘서트홀에 있었습니다. 우리는 인디밴드들을 구경하고 술을 몇 잔 마시기 위해서 그곳에 갔었습니다. 고요하고 편하게 라이브 음악을 즐기기에 완벽한 밤이었습니다. 첫 번째 밴드가 공연을 시작하기도 전에, 리드 보컬이 관중에게 오늘 특별한 찬조 출연 가수가 올 거라고 말해주었습니다. 다들 궁금해하는 와중에, 가장 유명한 노래 몇 곡을 들려주었습니다. 그리고 갑자기 10CM라는 인기있는 밴드가 무대에 올랐고 관중들은 열광했습니다. 10CM는 TV에서 활약하고 있는 유명한 밴드였습니다. 저와 제 친구는 몇 년간 이 밴드의 팬이어서, 그날은 정말 믿을 수 없는 경험이었습니다. [기분/느낌] 그날 10CM의 공연이 그곳에서 있어서 매우 운이 좋았다고 생각합니다. 그리고 절대 잊지 못할 순간이었습니다.

EXPRESSIONS 답변 핵심 표현

- performer   공연하는 사람(가수, 배우 등)
- convert venue   콘서트장
- incredible   믿기 힘든, 믿을 수 없는
- perfect for   ~에 완벽한
- lead singer   리드 보컬
- widely   널리, 대단히
- go crazy   열광하다

Unit 23 휴가/여행

[유형 공략법] 어떤 형태의 휴가나 여행을 선택하든지 여행지, 여행 경험과 에피소드는 반드시 출제된다. 따라서 여행 경험의 답변 소재는 반드시 준비해야 하되, 단순한 경험의 나열보다, 문제가 있었거나, 특별한 기억이 있었던 내용으로 전개해주면 표현력과 구성력을 어필할 수 있다.

주제	기출 문제
장소 묘사 (Unit 03 유형)	Tell me about your favorite place for trips. Where is it? Why do you like to go there? 좋아하는 여행 장소에 대해 말해 주세요. 어디인가요? 왜 그곳에 가는 것을 좋아하나요? 출제팁 처음 해외여행으로 갔던 나라, 우리나라 사람들이 자주 가는 해외 여행지에 관한 문제도 출제됨
과거 경험 (Unit 06 유형)	Tell me about a time you visited another country as a child. Where did you go? Who did you go with? What did you do or see? What was it like? What do you remember about that place? 어렸을 때 다른 나라를 방문한 때에 대해 말해 주세요. 어디로 갔나요? 누구와 함께 갔나요? 무엇을 하고 보았나요? 그곳의 모습은 어땠나요? 그 장소에 대해 어떻게 생각하나요?
기억에 남는 에피소드 (Unit 07 유형)	Tell me about the unforgettable experience you have had while traveling. Describe that trip with lots of details and tell mc why it was unforgettable. 여행하는 동안 잊을 수 없는 경험에 대해 말해 주세요. 여행을 자세히 묘사하고, 왜 잊을 수 없는지 말해 주세요. 출제팁 기억에 남는 경험은 국내와 해외 여행 모두 출제됨
시간의 흐름 (Unit 12 유형)	Tell me about all the things you do when preparing for trips. What do you do first, second, etc? 여행 준비를 할 때 하는 모든 일들에 대해 말해 주세요. 처음으로, 두 번째로, 등등 무엇을 하나요? 출제팁 그 밖에 여행을 가서 하는 일이나 어떤 장소를 방문하자마다 하는 일을 묘사하는 문제가 출제됨
과거와 현재 비교 (Unit 14 유형)	How has traveling to other countries changed over the years? Is it easier or more difficult? Describe what it was like in the past and what changes you have seen over the years. 시간이 지나면서 해외여행이 어떻게 변했나요? 더 쉬워졌나요, 어려워졌나요? 과거의 여행이 어떠했고, 시간이 지나면서 어떤 변화를 보았는지 묘사해 주세요.
의견 말하기 (Unit 16 유형)	Tell me about a popular place that people in your country like to go to when traveling abroad. Why do they like to travel there? 해외 여행을 할 때 당신 나라 사람들이 가고 싶어 하는 가장 인기 있는 장소에 대해 말해 주세요. 사람들은 왜 그 장소를 방문하길 좋아하나요? 출제팁 사람들이 여행을 가는 이유에 대한 문제도 출제됨

AL-Unit23_1.mp3

 Tell me about a time you visited another country as a child. Where did you go? Who did you go with? What did you do or see? What was it like? What do you remember about that place?

어렸을 때 다른 나라를 방문한 때에 대해 말해 주세요. 어디로 갔나요? 누구와 함께 갔나요? 무엇을 하고 보았나요? 그곳의 모습은 어땠나요? 그 장소에 대해 어떻게 생각하나요?

질문 키워드	visit~another country, as a child, Where, Who, What do/see, what~like
답변 키워드	childhood때문에 비교의 키워드로 혼동할 수 있지만, 단순한 경험에 관해 묻는 질문이다. 준비한 경험의 답변을 과거시점의 묘사로 유지하기만 하면 된다. 표현력 가산점을 위해 어렸을 때 느낄 수 있었는 장소의 느낌을 다양한 방법으로 형용해 본다.

STORY TELLING 답변 연습

단계별 답변 키워드	샘플 답변
경험 소개	I think I visited only *a handful of countries during my childhood, so I don't have much to say. However, I can tell you about the time I took a trip to Japan ① during my high school years.
육하원칙 정보 ① 언제 ② 어디서 ③ 누구와 ④ 무엇을 ⑤ 왜 ⑥ 어떠했나	We went on a school field trip ② to Osaka just for two nights and three days. ③ My friends and I were all excited since it was our first time to visit Japan. As the plane was landing at the airport, I saw lots of tall modern buildings. It felt like a friendly city because it looked like Seoul. I was soon overwhelmed by the sight of snowy Mt. Fuji towering over the city. It was such an amazing sight! During our stay, ④ we visited an old castle and many museums. We walked around the traditional market and the shopping complexes. ⑥ My first impression of the city was that everywhere was so clean. ⑤ It was hard to find a single piece of garbage on the street. Not only that, but the people were very friendly, too.
당시 기분/느낌	Personally, I think eating Japanese ramen noodles and seafood okonomiyaki was my favorite part of the trip. Now that I can't forget the taste, I really want to go there again.

해석 [경험소개] 저는 어렸을 때 많은 나라를 방문하지 않은 것 같습니다. 그래서 말할 거리가 많지 않습니다. 하지만, 고등학교 때 일본으로의 수학여행을 갔던 때에 대해 말해보겠습니다. [육하원칙 정보] 저희 학교는 오사카로 2박 3일 수학여행을 갔습니다. 친구들과 저는 일본 여행이 처음이었기 때문에 모두 흥분했습니다. 비행기가 공항에 착륙할 때, 많은 현대적인 건물을 보았습니다. 서울과 비슷하게 보여서 인지 친숙한 도시 같았습니다. 그러나 곧, 도시에 우뚝 솟은 눈 덮인 후지산을 보고 압도되었습니다. 정말 놀라운 풍경이었습니다. 머무르는 동안, 우리는 옛 성과 많은 박물관을 방문했고, 전통시장과 복합쇼핑몰도 걸어 다녔습니다. 그 곳에 대한 저의 첫인상은 참 모든 것이 매우 깨끗하다는 것이었습니다. 거리의 쓰레기 한 조각을 발견하기도 어려웠습니다. 뿐만 아니라, 사람들도 매우 친절했습니다. [기분/느낌] 개인적으로, 일본 라면과 해산물 오코노미야끼가 가장 좋았습니다. 그 맛을 잊을 수가 없어서, 저는 그곳을 또 방문하고 싶습니다.

등급업 표현

* a handful of : a few of, some 과 같은 의미이다. 이런 쉬운 단어 사용에 이미 익숙해져 있다면, 의도적으로 답변 핵심 표현을 사용하여 어휘력을 어필하는 전략을 사용한다. 1회 사용으로도 충분하다.

EXPRESSIONS 답변 핵심 표현

• childhood	어린시절	• be overwhelmed by	~에 완전 놀라다, 어쩔 줄 모르다	• old castle	고성, 옛 성
• school field trip	수학여행	• sight	시야, 광경	• shopping complex	복합쇼핑몰
• land	착륙하다	• towering	솟아있는	• fist impression	첫 인상

02 우리나라 사람들에게 인기있는 해외여행지에 대한 생각

AL-Unit23_2.mp3

 Q) Tell me about a popular place that people in your country like to go to when traveling abroad. Why do they like to travel there?

해외 여행을 할 때 당신 나라 사람들이 가고 싶어 하는 가장 인기 있는 장소에 대해 말해 주세요. 사람들은 왜 그 장소를 방문하길 좋아하나요?

질문 키워드	popular place, traveling abroad, why~like
답변 키워드	place라는 키워드만 듣고 장소 묘사 유형으로 생각할 수 있으나, 왜 인기가 있는지에 대한 이유를 설명하는 의견 유형이다. 다만, 나의 생각이 아니라, 사람들이 좋아하는 이유에 대해 물었지만, 개인적인 경험을 넣어 주관적인 의견을 넣어 가산점을 받도록 한다.

STORY TELLING 답변 연습

단계별 답변 키워드	샘플 답변
주제 소개	There are a few different places that people like to visit outside my country. I think Thailand is one of the most popular places. There are several reasons for that.
이유나 근거 ① 휴양지로 유명 ② 다양한 여름 활동 ③ 개인 경험 ④ 저렴하게 즐길 수 있는 음식	First, Thailand has amazing tropical beaches. ① So, it is a well-known destination for travel. *Nothing compares to the beautiful white sands and clear water of Thailand's beaches. Plus, ② people can enjoy many different kinds of summer activities like surfing, scuba diving, and fishing for fresh seafood. ③ I actually traveled to Thailand a few years ago during my winter holiday since it gets too cold in Korea. I wanted to travel to somewhere nice and warm. The hot weather there is beautiful, and I enjoyed doing my activities like snorkeling and swimming in the ocean. ④ Not only that, but being surrounded by nature and having great food and drinks at reasonable prices was really awesome.
의견 요약	I guess Southeast Asian countries like Thailand and Vietnam are getting more popular as vacation destinations recently. I highly recommend Thailand. If I get a chance, I will definitely travel there again.

해석 [주제 소개] 사람들이 방문하길 좋아하는 해외가 몇 군데 있습니다. 저는 태국이 가장 유명한 장소 중 하나라고 생각합니다. 그 이유가 여러가지 있습니다. [이유나 근거] 우선, 태국은 멋진 열대 해변이 있어서, 휴양지로 유명합니다. 그곳의 아름다운 하얀 모래와 깨끗한 물은 정말 최고입니다. 또한 사람들은 서핑이나 스쿠버 다이빙, 신선한 해산물 낚시 등 다양한 종류의 여름 활동들을 즐길 수 있습니다. 사실 저도 한국의 겨울이 너무 춥기 때문에, 몇 년 전에 태국에서 휴가를 보냈습니다. 따뜻한 곳으로 여행을 가고 싶었기 때문입니다. 그곳의 날씨는 너무 좋았고, 스노클링과 바다 수영과 같은 제가 좋아하는 여름 활동도 즐길 수 있어서 너무 좋았습니다. 뿐만 아니라, 자연에 둘러 쌓여서, 저렴한 가격으로 먹고 마신 것은 정말 끝내 줬습니다. [의견 요약] 최근 태국과 베트남 같은 동남아국가들은 점점 인기 있는 휴양지가 되는 것 같습니다만, 저는 태국을 매우 추천합니다. 기회가 있다면, 당연히 또 갈 것입니다.

등급업 표현

* nothing compares to : 최상급을 나타내는 의미이지만, the most~의 최상급 사용에만 익숙하여 잘 사용하지 않게 되는 구문이다. to 이하 명사 구문이 나와야 한다는 점만 유의한다.

EXPRESSIONS 답변 핵심 표현

* tropical　　열대의
* destination　목적지
* be surrounded by　~로 둘러싸이다
* at reasonable prices　저렴한 가격으로, 합리적인 가격으로

Unit 24 가족/친구

[유형 공략법] 가족이나 친구는 고난이도의 어휘력이나 논리력을 요구하는 주제는 아니다. 인물 묘사, 함께 한 활동이나 기억에 남는 경험 및 에피소드 유형이 자주 출제된다. 특별히 말할거리가 없다고 느껴질 때는 평범한 하루의 일과를 시간의 순서대로 답변하면 된다.

주제	기출 문제
인물묘사 (Unit 02 유형)	Describe one of your friends or family members. What is he or she like? What is special about that person? 당신의 친구나 가족 한 명을 묘사해 주세요. 어떻게 생겼나요? 그 사람에 대해 특별한 점은 무엇인가요? 출제팁 친구가 된 과정이나, 가족/친구 두 명을 선택하여 비교하는 문제도 출제됨.
습관이나 경향 (Unit 05 유형)	What do you usually do with your friends or family? Where do you usually meet them? 친구나 친척을 만나면 주로 무엇을 함께 하나요? 주로 어디서 만나나요?
과거 경험 (Unit 06 유형)	When was the last time you visited your friends or family members? What did you do with them? Tell me all the activities you did in detail. 친구나 가족을 최근에 언제 방문했나요? 무엇을 했나요? 당신이 한 활동에 대해 말해 주세요. 출제팁 가족/친구와 함께 보낸 특별한 이벤트나 휴일 경험을 묻는 문제도 출제됨.
기억에 남는 에피소드 (Unit 07 유형)	Tell me about the most memorable time when you visited friends or family members. What did you do with them? What made that visit so memorable? 가장 기억에 남는 친구나 친척을 방문했었던 때에 대해 말해 주세요. 방문해서 무엇을 했나요? 그 방문을 기억에 남게 만드는 이유는 무엇인가요?
	Tell me about visiting your friends or family members in your childhood. Who did you visit and who did you go with? What do you remember about that visit? What made it so special? 어린 시절, 친구나 친척 방문에 대해 말해 주세요. 누구를 방문했나요? 누구와 함께 갔었나요? 기억에 남는 것은 무엇인가요? 왜 그 방문이 특별한가요?
원인과 결과 (Unit 10 유형)	When you get together with your friends or family, what topics or interests do you often discuss? Why do you discuss these topics? How do they affect your life? 친구나 친척과 모이면, 어떤 주제나 관심사에 대해 이야기하나요? 왜 그런 주제에 대해 이야기하나요? 그것이 당신의 삶에 어떤 영향을 미치나요?

01 친구나 친척을 만나서 하는 일

AL-Unit24_1.mp3

 What do you usually do with your friends or family? Where do you usually meet them?
친구나 친척을 만나면 주로 무엇을 함께 하나요? 주로 어디서 만나나요?

질문 키워드	what~do, with friends/family, where~meet
답변 키워드	usually를 통해 습관/경향 말하기 유형임을 알 수 있다. 한 번의 만남에 대해서 물은 건 아니지만, 자주 만나지 않는다면 하루에 있었던 특별한 활동 묘사여도 좋다. 밥 먹고, 차 마시고, 이야기를 나누는 등의 일상 활동 중심으로 "현재 시제"를 사용하여 답변한다.

STORY TELLING 답변 연습

단계별 답변 키워드	샘플 답변
주제 소개 ① 방문하는 사람	There are many things I do ① when I visit my parents. I can describe my normal routine when I go there.
습관이나 경향 ① 빈도 ② 가기 전에 하는 일 ③ 가서 하는 일1 ④ 가서 하는 일2	On a regular basis, ① I visit my parents about twice a month on the weekends. ② Before I go, I always tell my mother of my plans such as arrival time and when I intend to leave. It's because I want to give my mother plenty of time to prepare a meal. ③ We normally have meals together at her home. I really love spending time with my parents, especially at their house. My mother is the best cook I've ever met. During meals, we catch up and talk about interesting things that have happened since the last time we chatted. The conversation continues *over after dinner tea and fruit. ④ When we talk, I always look for what I can do for them. I do some small chores around the house to help them out and occasionally stay until dinner then leave early in the evening.
내 생각으로 마무리	I love spending time with my parents on the weekends. I would like to do it more often when I'm available.

해석 [주제 소개] 저는 부모님 댁을 방문할 때 하는 많은 일들이 있습니다. 갔을 때의 제 평범한 일과에 대해 이야기해 보겠습니다. [습관이나 경향] 정기적으로, 저는 주로 1달에 2번씩 주말에 부모님 댁을 방문합니다. 가기 전에 몇 시에 출발하고 몇 시에 도착할지 어머니께 미리 알려 드립니다. 이유는 어머님께서 식사를 준비할 시간을 충분히 가지셨으면 해서입니다. 우리는 주로 집에서 함께 식사합니다. 저는 부모님과 특히 집에서 함께.식사하며 보내는 이 시간이 너무 좋습니다. 저의 어머니는 제가 만난 최고의 요리사이십니다. 식사시간 동안, 그간의 일들을 서로 묻고, 지난번 가족식사 이후로 있었던 흥미로운 일들에 대해 이야기도 나눕니다. 이야기는 식사 후에 차를 마시고, 과일을 먹을 때까지 계속됩니다. 이야기를 나누면서 부모님을 위해 할 거리를 찾아봅니다. 부모님을 도와 드리기 위해서 집안일을 합니다. 그리고 나서, 가끔은 저녁식사 후에 일찍 떠납니다. [내 생각] 저는 주말에 부모님과 함께 시간 보내는 것이 정말 좋습니다. 가능하다면, 더 자주 찾아 뵙고 싶습니다.

등급업 표현

* over : 시간이 계속 지속된다는 개념으로 사용하는 전치사이다. 일반적으로 이 문장에선 빠트리고 사용할 가능성이 높다. over the years, over after dinner, over night 등 다양한 명사와 사용한다.

EXPRESSIONS 답변 핵심 표현

• routine	일상	• especially	특히	• do some chores	집안일을 하다
• on a regular basis	규칙적으로, 정기적으로	• catch up	밀린 것을 따라잡다	• help out	돕다
• intend to	~하려고 생각하다, 의도하다	• look for	~을 찾다	• occasionally	가끔
• spend time with	~와 시간을 보내다				

02 친구나 친척의 관심사

AL-Unit24_2.mp3

 When you get together with your friends or family, what topics or interests do you often discuss? Why do you discuss these topics? How do they affect your life?

친구나 친척과 모이면, 어떤 주제나 관심사에 대해 이야기하나요? 왜 그런 주제에 대해 이야기하나요? 그것이 당신의 삶에 어떤 영향을 미치나요?

질문 키워드	friends/family, what~topics/interests~discuss, why, how~affect your life
답변 키워드	먼저 큰 분류는 친구나 가족과 나누는 주제나 관심사가 원인이 되어 자신의 삶에 미친 영향(affect your life)으로 원인과 결과 답변 유형으로 한다. 그러나 이유(why)에 대해서도 묻고 있으므로, 사람들이 왜 그런 주제나 관심사에 대해 이야기를 한다고 생각하는지 의견 말하기 유형과 혼합되어야 하는 부분이기도 하다. 실제 있었던 경험이나 일화 등을 예로 들어 출처가 확실하고 믿을 만한 정보라는 점을 어필한다.

STORY TELLING 답변 연습

단계별 답변 키워드	샘플 답변
배경이나 원인 ① 주제/관심사 ② 원인	I can tell you about some things that I talk about with my friends and family. Probably the most frequent topic we discuss is ① health. Regardless of age, health is always a hot topic. ② When December 2019 came, a new virus, COVID-19, *hit us and spread rapidly around the world. There was widespread fear because it was a highly contagious and deadly virus that took countless lives.
결과나 영향 ① 정부의 정책 ② 나에게 미친 영향 ③ 사람들의 행동 ④ 나의 경험	As a result, ① the government announced a social distancing policy. ② I had to work from home through the use of video conferencing another type of online technology. I couldn't go to any public spaces during the *outbreak. ③ People had to strictly adhere to the prevention guidelines. ④ I wore a face mask and used hand sanitizers every time I went out. I refrained from going out and kept an eye on my condition taking my temperature throughout the day.
결과나 영향에 대한 자신의 의견이나 생각	Until now, countries around the world have been collaborating to develop a new vaccine. I hope the COVID-19 pandemic ends soon.

해석 [배경이나 원인] 제가 가족이나 친구들과 이야기하는 몇 가지에 대해 이야기할 수 있습니다. 아마 가장 자주 나누는 주제는 건강일 겁니다. 나이를 막론하고, 건강이 뜨거운 주제입니다. 특히 2019년 12월이 되었을 때, 코로나19라는 신종바이러스가 세계에 출몰하고 빠르게 퍼졌습니다. 그것은 전염성이 높고, 많은 목숨을 앗아가는 인체에 치명적인 바이러스였기 때문에, 많은 사람들이 두려움을 가졌습니다. [결과나 영향] 그 결과, 정부는 사회적 거리두기 정책을 발표했습니다. 저는 재택근무와 온라인 기술을 이용한 화상회의를 해야 했습니다. 많이 발병할 시기에는 대중시설에도 갈 수가 없었습니다. 또한 사람들은 방역지침을 아주 잘 따라야 했습니다. 저는 외출할 때마다 마스크를 쓰고, 손소독제를 사용했습니다. 외출을 삼가고, 하루 종일 체온을 재면서 몸상태를 확인했습니다. [의견/생각] 지금까지 많은 나라에서 새로운 백신을 개발하기 위해 협력하고 있습니다. 저도 코로나19 감염병의 세계적 유행이 빨리 종식되기를 바랍니다.

등급업 표현

* hit us : 코로나와 관련된 어휘들은 반드시 정리하고 시험에 임한다. 어떠한 주제와도 한번은 답변으로 하는 것이 시의성을 반영하기 좋다. hit us는 released와 같은 의미로 사용된 표현이다.
* outbreak : 뭔가 안 좋은 것들의 시작, 발생 등을 의미한다. starting이나 beginning 대신해서 사고나 질병의 시작에 대한 분명한 뉘앙스를 전달할 수 있다.

EXPRESSIONS 답변 핵심 표현

• frequent	빈번한, 자주	• countless	무수히 많은	• adhere to	~을 지키다
• regardless of	~에 관계없이	• announce	발표하다	• sanitizer	세정제, 살균제
• contagious	전염되는	• social distancing	사회적 거리두기	• refrain from ~ing	~을 금하다
• deadly	치명적인	• public space	공공장소	• collaborate	협력하다
• pandemic	전세계적인 유행병				

Unit 25 외식/음식

[유형 공략법] 외식과 음식은 음식점이나 가족, 친구와의 모임, 파티, 쇼핑, 건강 등의 주제와 혼합되어 출제되거나, 롤플레이 세트의 마지막 문제에서 다양한 경험을 묻는 문제로 자주 출제되는 주제이다. 다양한 주제와 혼합된다는 의미는 답변의 활용도가 높다는 뜻이므로, 반드시 에피소드 몇 가지를 정하여 답변을 준비해야 한다.

문제 유형	문제
장소 묘사 (Unit 03 유형)	I would like to know about a restaurant you often visit. What kind of food does it serve? What do you like about the restaurant? 당신이 자주 방문하는 음식점에 대해 알고 싶습니다. 어떤 종류의 음식을 파나요? 음식점에 대해 어떤 점을 좋아하나요? 출제팁 음식점이라는 장소는 자주 가는 음식점 외에도, 동네에서 유명한 음식점, 어렸을 때 간 음식점, 기억에 남는 음식점 등 다양한 음식점의 경험과 함께 출제됨.
사물 묘사 (Unit 04 유형)	Tell me about some popular dishes in your country. What kinds of dishes are they? What are the main ingredients in it? Do you know how to make it? What is special about the dish? 당신 나라에서 가장 유명한 요리에 대해 말해 주세요. 어떤 종류의 요리인가요? 주 재료는 무엇인가요? 만드는 방법을 알고 있나요? 요리에 대해 특별한 점은 무엇인가요? 출제팁 음식과 관련하여 내가 먹는 일상 음식, 회사에서의 점심식사에 관한 문제도 출제됨.
습관이나 경향 (Unit 05 유형)	How often do you eat out? What kind of restaurant do you usually go to? Who do you go there with? 얼마나 자주 외식을 하나요? 주로 어떤 음식점에 가나요? 누구와 함께 가나요? 출제팁 습관이나 경향은 주로 외식과 관련하여서만 출제됨.
과거 경험 (Unit 06 유형)	Tell me about the last time you ate out. What kind of restaurant did you go to? What did you eat? Who did you go with? 최근 외식한 경험에 대해 말해 주세요. 어떤 음식점에 갔나요? 무엇을 먹었나요? 누구와 함께 갔나요?
	Tell me about the restaurant you used to go to as a child. What was it like? What did you eat? Who did you go with? What is most memorable about that place? 어렸을 때 가곤 했던 음식점에 대해 말해 주세요. 음식점은 어땠나요? 무엇을 먹었나요? 누구와 함께 갔나요? 그 장소에 대해 가장 기억에 남는 것은 무엇인가요?
	Have you ever had a special experience at a restaurant? Who were you with? What happened? What made it so memorable? 음식점에서 특별한 경험을 한 적이 있나요? 누구와 함께 있었나요? 무슨 일이 있었나요? 왜 기억에 남나요?
과거와 현재 비교 (Unit 14 유형)	How has food shopping changed over the last 20 years? What has changed in the way people buy food? Describe those changes in as much detail as possible. 지난 20년 간 식품쇼핑이 어떻게 변했나요? 사람들이 식품을 사는 방법에 어떤 변화가 있었나요? 그러한 변화들에 대해 자세히 묘사해 주세요.
	Have you ever noticed any change in eating out over the last few years? How was eating out different in the past? What brought these changes? 지난 몇 년 간 외식에서 변화를 느낀 적이 있나요? 과거에는 외식이 어떻게 달랐나요? 이러한 변화의 원인은 무엇인가요?

How often do you eat out? What kind of restaurant do you usually go to? Who do you go there with?

얼마나 자주 외식을 하나요? 주로 어떤 음식점에 가나요? 누구와 함께 가나요?

질문 키워드	how often, eat out, what kind, who~with
답변 키워드	현재 시제와 함께 usually가 들렸으므로, 습관이나 경향에 대해 묻는 유형이다. eat out을 통해 외식 주제로 파악해야 한다. 이 외에도 go out to eat, go out for a meal/lunch/dinner 등의 표현도 미리 확인하여 빠른 주제 파악에 도움이 되도록 한다. 단, 음식점 묘사를 너무 오래하여, 자칫 장소 묘사 답변이 되지 않도록 주의한다.

STORY TELLING 답변 연습

단계별 답변 키워드	샘플 답변
주제 소개	I eat out very often. I can tell you about my habit of eating out.
습관이나 경향 ① 외식 빈도 ② 음식점 위치 ③ 음식점의 종류 ④ 같이 가는 사람	① I usually go to a restaurant about two or three times a week, because I don't really enjoy cooking for myself and I don't have a lot of time to cook even if I liked cooking. ② There are a couple of restaurants in my neighborhood that I visit on a regular basis. It depends on the food *I am in the mood for from day to day. ③ There is a Japanese curry restaurant, a traditional Korean homestyle restaurant, and a fancy hamburger place in my neighborhood, too. ④ Most of the time, I eat at these places with my friends because I do not enjoy eating by myself. I have a few specific dishes I usually get, but sometimes I change them up for a new taste.
내 생각으로 마무리	Personally, I think I should probably eat out less since it costs a little high. But I also really enjoy it, so it is difficult to change my habits.

해석 [주제 소개] 저는 외식을 자주 하는 편입니다. 저의 외식 습관에 대해서 이야기해 보겠습니다. [습관이나 경향] 저는 스스로를 위해서 요리하는 것을 별로 즐기지 않고, 좋아한다고 하더라도 할 시간도 없어서, 1주일에 두 세번 정도 외식을 합니다. 동네에서 자주 다니는 식당이 몇 개 있습니다. 그날그날 먹고 싶은 것에 따라 결정하는 편입니다. 동네에는 일본식 카레 식당이 있고, 한식 백반집도 있으며, 멋진 햄버거 가게도 있습니다. 저는 혼자서 먹는 것을 즐기지 않기 때문에, 대부분 친구들과 같이 외식을 합니다. 즐겨 먹는 몇 가지 메뉴가 있지만, 가끔은 새로운 입맛을 위해 다른 것을 시키기도 합니다. [내 생각] 개인적으로 외식은 비싸기 때문에 아마 조금 줄여야 된다고 생각합니다. 제가 워낙 외식을 좋아하기 때문에, 습관을 바꾸기 힘든 것 같습니다.

등급업 표현

* I am in the mood for : 위 문장에서는 I want to have와 같은 의미이다. 무언가를 하고 싶은 기분이 든다는 의미의 관용표현이다.

EXPRESSIONS 답변 핵심 표현

• eat out	외식하다	• depend on	~따라 다르다	• specific	특정의, 구체적인
• for oneself	스스로	• from day to day	매일 매일	• change up for	~을 위해 바꾸다
• neighborhood	동네	• homestyle	가정식의	• by oneself	혼자
• on a regular basis	정기적으로	• by oneself	혼자		

02 과거와 현재의 식품 소비 비교

AL-Unit25_2.mp3

 How has food shopping changed over the last 20 years? What has changed in the way people buy food? Describe those changes in as much detail as possible.

지난 20년 간 식품쇼핑이 어떻게 변했나요? 사람들이 식품을 사는 방법에 어떤 변화가 있었나요? 그러한 변화들에 대해 자세히 묘사해 주세요.

질문 키워드	how~changed, food shopping, way~buy food
답변 키워드	how, changed, last 20 years 등의 키워드를 통해 과거와 현재를 비교하는 문제 유형으로 쉽게 파악할 수 있었다. food 만을 듣고 식습관의 변화나 메뉴의 변화로 섣불리 판단하지 않도록 한다. 답변의 방향은 쇼핑을 하는 방법을 비교해야 하기 때문이다. 다만, 쇼핑 방법을 너무 디테일하게 묘사하여 내용 분배에 실패하지 않도록 주의한다.

STORY TELLING 답변 연습

단계별 답변 키워드	샘플 답변
비교 대상 및 비교 관점	I think food shopping has changed a lot over the last 20 years. I can tell you about some of those changes.
과거 ① 쇼핑 장소 ② 쇼핑 방법 현재 ③ 쇼핑 장소 ④ 쇼핑 방법 큰 변화 ⑤ 다양한 종류의 접근성과 가격	Back in the day, food shopping was way simpler. ① People would just go to the local grocery stores or traditional markets and ② buy the ingredients for simple side dishes. In the city, ③ people go to the huge supermarkets and chain stores ④ to buy their ingredients in large quantities, and this is still the most common way to shop for food. The biggest change I can think of is ⑤ how people shop online these days. People can purchase from big international chain stores like Costco that *ship in food and goods from all around the world. Thanks to this, it is much easier to access the imported food. Prices have gotten more reasonable over time.
자신의 의견	Personally, although I think these changes are positive and constructive. I hope that people will continue to buy more Korean ingredients as well.

해석 [대상 및 관점] 저는 지난 20년 동안 음식쇼핑이 많이 바뀌었다고 생각합니다. 몇 가지 변화에 대해서 이야기하겠습니다. [과거] 예전에는 음식 쇼핑이 훨씬 간단했습니다. 사람들은 동네 마트나 전통 시장을 가서 간단한 반찬거리를 샀습니다. 도시에서 사람들은 대형마트나 체인 식료품점에 가서 식재료를 대용량으로 샀고, 아직도 이 방법이 가장 흔한 방법입니다. [현재] 제가 생각하기에 가장 큰 변화는 요즘 사람들은 온라인으로 쇼핑 방법입니다. 사람들은 전 세계에서 식료품을 수입하는 코스트코(Costco)와 같은 외국 대형마트에서 식재료를 살 수도 있습니다. 덕분에, 수입 식품을 구하기 훨씬 쉬워졌습니다. 또 가격도 저렴해지고 있습니다. [의견] 개인적으로, 이러한 변화들이 긍정적이고 건설적이라고 생각합니다. 또한 사람들이 앞으로도 한국 식료품도 많이 샀으면 좋겠습니다.

등급업 표현

* ship in : "수입하다(import)"의 의미의 구동사이다. 같은 의미라도 고득점 포인트인 구동사를 활용한다.

EXPRESSIONS 답변 핵심 표현

grocery store	식료품점	purchase	구매하다	imported	수입된
ingredient	재료	international	국제적인	reasonable	합리적인, 저렴한
side dish	반찬	access	접근하다	constructive	건설적인

Unit 26 전화

[유형 공략법] 휴대전화 사용과 관련하여 자주 출제되는 공통 주제이다. 특히 테크놀로지, 가전제품, 은행, SNS, 영화, 음악 등 다양한 주제와 혼합되어 답변할 수 있는 활용도 높은 주제이므로 반드시 준비한다. 단순한 통화나 문자 채팅 수준이 아니라, 폰뱅킹, SNS, 게임, 영화/음악 감상 등 다양한 활동을 할 수 있다는 이야기로 끌어간다.

주제	기출 문제
습관이나 경향 (Unit 05 유형)	Tell me when and where you talk on the phone most often. And who do you talk with? How often do you talk on the phone? 당신이 대부분 언제, 어디에서 통화를 하는지 말해 주세요. 그리고 누구와 통화하나요? 얼마나 자주 통화를 하나요? 출제팁 휴대전화 사용과 관련하여 휴대전화로 하는 활동, 전화통화로 주로 대화하는 습관이나 경향에 대한 문제도 출제됨
기억에 남는 에피소드 (Unit 07 유형)	Tell me about the most memorable phone call you had. Who did you talk to and what did you talk about? What made that phone call so memorable? 가장 기억에 남는 전화 통화에 대해 말해 주세요. 누구와 통화를 했고, 무엇에 관해 이야기를 했나요? 왜 그 통화가 기억에 남나요? 출제팁 최근 통화 경험에 대한 문제도 출제됨.
문제 해결 과정 (Unit 10 유형)	Tell me about the time when you had trouble using your phone. What was the problem and how did you deal with it? 당신의 휴대전화에 문제가 있었던 때에 대해 말해 주세요. 문제는 무엇이었고, 어떻게 해결했나요?
두 가지 대상 비교 (Unit 13 유형)	How was your first phone? What is the big difference between the phone you used and the one you use now? 당신의 첫 번째 휴대전화는 어땠나요? 과거에 사용했던 것과 지금 사용하는 것의 가장 큰 차이점은 무엇인가요?
과거와 현재 비교 (Unit 14 유형)	How was the cell phone five years ago? What could people do with their phones? What functions and features did the phone have? What is the biggest change in the way to use phones? 5년전 휴대전화는 어땠나요? 사람들은 휴대전화로 무엇을 할 수 있었나요? 어떤 기능이나 특징이 있었나요? 휴대전화를 사용하는 방식에 있어 가장 큰 변화는 무엇인가요?
과거와 현재 비교 (Unit 14 유형) + 원인과 결과 (Unit 09 유형)	How have mobile phones changed over the years? What were they like when you were younger? How were they different from the phones today? And how have these changes affected people's lives? 시간이 지나면서 휴대전화는 어떻게 변했나요? 어렸을 때는 휴대전화가 어땠나요? 지금의 전화와 어떻게 다른가요? 그리고 그러한 변화가 사람들의 삶에 어떤 영향을 미쳤나요?
의견 말하기 (Unit 16 유형)	What concerns or issues are raised when people discuss cell phone use? Please describe the background of the problems. Why do people care or worry about those problems? 사람들이 휴대전화 사용에 관해 이야기할 때 어떤 걱정거리나 문제가 제기되나요? 이 문제의 발생 배경에 대해 말해 주세요. 왜 사람들은 그런 문제에 관심을 가지거나 걱정을 하나요?
	In some societies, there is a concern that young people are not developing face-to-face communication skills because they spend too much time on their phones. What do people in your country think about the way young people use their phones? 어떤 사회에서는, 젊은 사람들이 휴대전화를 너무 많이 사용하기 때문에, 면대면 의사소통 능력이 발달되지 않는다는 우려가 있습니다. 젊은 사람들이 휴대전화를 사용하는 방식에 대해 당신 나라 사람들은 어떻게 생각하나요?

01 5년 전 휴대전화와 현재의 휴대전화 비교

 How was the cell phone five years ago? What could people do with their phones? What functions and features did the phone have? What is the biggest change in the way to use phones?

5년전 휴대전화는 어땠나요? 사람들은 휴대전화로 무엇을 할 수 있었나요? 어떤 기능이나 특징이 있었나요? 휴대전화를 사용하는 방식에 있어 가장 큰 변화는 무엇인가요?

질문 키워드	cell phones, how~five years ago, what, change
답변 키워드	how, change, five years ago 등의 키워드를 통해 과거와 현재를 비교하는 문제 유형임을 파악할 수 있다. 이 질문에서 유의할 점은 내가 사용하던 휴대전화의 비교가 아닌, 사람들의 휴대전화 즉 일반적인 휴대전화의 특징을 비교해야 한다. 속도와 용량으로 컴퓨터나 노트북을 대신하는 기능 중심으로 비교하여 내가 사용했던 휴대전화 비교와 답변 소재를 분배하도록 한다.

STORY TELLING 답변 연습

단계별 답변 키워드	샘플 답변
비교 대상 및 비교 관점	I can tell you about the differences between cellphones 5 years ago and now. I think there have been many updates in speed and storage space.
공통점 ① 사용 방식 현재 ② 빠른 처리 속도 ③ 큰 저장공간 과거 ④ 익숙하지 않은 사용법 변화의 원인 ⑤ 사회적, 기술적 변화	In general, ① people use their phones now almost the same way as they did 5 years ago. The biggest changes have been made in processing speed and storage space. ② Faster speeds allow people to multi-task like downloading and watching movies at the same time on the phone. Not only that, ③ phones now have the same storage space as a desktop or laptop, so many people can use their smartphones without the need for a desktop. People can now access so many different services just on their phones. ④ In the past, smartphones were still somewhat new and people were still learning how to adapt. ⑤ Social networking services have become familiar among users and the personal media market has grown very large. These social and technological changes have led to the rapid development of smartphones.
자신의 의견	Personally, I am very satisfied with my current smartphone because I can do a lot of work *on the move.

해석 [대상 및 관점] 5년 전과 현재의 휴대폰의 차이점에 대해 말해보겠습니다. 저는 속도와 저장공간에 많은 업데이트가 있었다고 생각합니다. [공통점] 일반적으로, 사람들은 5년 전과 거의 같은 방식으로 휴대폰을 사용하고 있습니다. [현재] 처리속도와 저장공간에 있어 가장 큰 변화가 있습니다. 빠른 속도는 사람들이 영화를 다운받고 보는 것과 같은 더 많은 것들을 동시에 할 수 있게 해주었습니다. 뿐만 아니라, 데스크탑이나 노트북과 같은 저장공간이 있어서, 많은 사람들이 데스크탑 필요없이 스마트폰을 사용할 수도 있습니다. 그것은 사람들이 휴대폰으로 다양한 서비스를 접할 수 있다는 것을 의미합니다. [과거] 과거에는 스마트폰이 다소 새로웠고, 사람들은 적응하고 있었습니다. 소셜네트워킹 서비스는 친숙해졌고, 1인 미디어 시장은 매우 커졌습니다. 이러한 사회적, 기술적 변화는 스마트폰이 빠르게 발달하게 했습니다. [의견] 개인적으로, 현재의 스마트폰에 매우 만족합니다. 왜냐하면 심지어 이동 중에도 많은 일을 할 수 있기 때문입니다.

등급업 표현

* on the move : while walking이라고 하면 걷고 있는 상황 묘사에 중점을 둔 표현이므로 매우 어색하다. 또한 "걸으면서"라는 동작 이상으로 "이리저리 돌아다니는"이라는 뉘앙스를 담고 있다.

EXPRESSIONS 답변 핵심 표현

• storage space	저장 공간	• allow 목 to	목적어가 ~하게 하다	• adapt	적응하다
• the same way	같은 방식	• at the same time	동시에	• become familiar	익숙해지다
• processing	처리하는	• access	~에 접근하다	• rapid	빠른
• be satisfied with	~에 만족하다				

02 어렸을 때 휴대전화와 현재 휴대전화 비교

AL-Unit26_2.mp3

 How have mobile phones changed over the years? What were they like when you were younger? How were they different from the phones today? And how have these changes affected people's lives?

시간이 지나면서 휴대전화는 어떻게 변했나요? 어렸을 때는 휴대전화가 어땠나요? 지금의 전화와 어떻게 다른가요? 그리고 그러한 변화가 사람들의 삶에 어떤 영향을 미쳤나요?

질문 키워드	mobile phones, how~changed, how~ different, how ~affected ~lives
답변 키워드	이 질문은 과거와 현재의 비교는 물론 변화가 어떤 결과를 가져왔는지 원인과 결과의 유형 두 가지가 섞여 있어 조금 까다로웠다. 그렇다 해도, how, changed, over the years와 how, affected는 유형의 전형적인 키워드 들이었으므로 답변의 담아야 하는 정보는 충분히 알 수 있다. 비교의 내용을 중심으로 삶의 끼친 영향은 의견처럼 마무리로 간단하게 언급하도록 한다.

STORY TELLING 답변 연습

단계별 답변 키워드	샘플 답변
비교 대상 및 비교 관점	I think I can tell you about how mobile phones have changed over the years. I will talk about how phones can readily connect to the internet now.
과거 ① 생김새 ② 기능 현재 ③ 생김새 ④ 기능 끼친 영향 ⑤ 연락 유지가 쉬워진 생활	When I was in high school or college, mobile phones were commonly used to communicate. ① They were very simple devices. ② I could only make a phone call or send a short text message. I couldn't even send emoticons. The only benefit of the phone was that I could take it with me anywhere. However, over the last 10 years, thanks to the development of technology, mobile phones have transformed into super-efficient smartphones. ③ Although the appearance may look similar, ④ each smartphone carries different functions and features such as playing music, sending emails, and watching videos. ⑤ They have changed people's lives dramatically. People can constantly *stay connected with each other because of their Internet capabilities. It gets much easier now to *keep in contact with their friends and family from anywhere in the palm of their hand.
자신의 의견	Personally, I think it's a really great way to get to know people around the world quickly and easily.

해석 [대상 및 관점] 나는 지난 몇 년 동안 휴대폰이 어떻게 변했는지 말할 수 있습니다. 전화가 얼마나 쉽게 인터넷에 연결되는지에 대해 이야기해 보겠습니다. [과거] 내가 고등학교와 대학시절에 휴대폰은 사람들과의 연락에 널리 사용되었습니다. 매우 단순한 기계였습니다. 전화를 걸거나 아주 짧은 문자 메시지만 보낼 수 있었습니다. 심지어 이모티콘도 보낼 수 없었습니다. 유일한 장점이라고는 가지고 다닐 수 있다는 점이었습니다. 그러나, 지난 10년 동안, 기술의 발달로, 휴대폰은 초효율적인 스마트폰으로 탈바꿈했습니다. 모양은 비슷해 보일지라도, 음악을 듣거나, 이메일을 보내거나, 영상을 보거나 하는 등의 다양한 기능과 특징을 갖추게 되었습니다. [현재] 사람들의 삶도 극적으로 바꿔 놓았습니다. 사람들은 스마트폰 인터넷 기능으로 다른 사람들과 서로 연락을 유지할 수 있습니다. 손바닥안에서 어디에 있든 친구와 가족에게 연락하는 것이 훨씬 더 쉬워졌습니다. [의견] 개인적으로, 전세계 사람들과 빠르고 쉽게 알게 되는 것은 정말 좋은 방법이라고 생각합니다.

등급업 표현

* stay connected with/keep in contact with: : "연락을 유지하다"는 의미의 다양한 표현이다. 동일 표현 반복 사용을 피하기 위해 알아 둔다.

EXPRESSIONS 답변 핵심 표현

• readily	쉽게, 수월하게	• thanks to	~ 덕분에	• dramatically	극적으로
• connect to	~에 연결하다	• transform	완전히 변하다	• constantly	꾸준히, 끊임없이
• benefit	좋은점, 이점	• efficient	효율적인	• capability	능력, 역량
• take 물건 with me	가지고 가다	• appearance	외관	• feature	특징, 기능

Unit 27 쇼핑/패션

[유형 공략법] 쇼핑은 선택하는 여가 활동 중 하나이지만, 사람들이 필수적으로 하는 활동이므로 패션과 함께 자주 출제되는 주제이다. 옷, 식료품, 건강식품, 가구 등 쇼핑 대상이 다양하게 출제되고 있지만, 쇼핑 장소, 쇼핑하는 물건(음식 포함), 환불 경험 등을 대표적인 소재로 준비한다.

주제	기출 문제
장소 묘사 (Unit 03 유형)	Tell me about stores or shopping centers in your country. Where are they usually located? What are they like? Describe them in detail. 당신 나라의 가게나 쇼핑 센터에 대해 이야기해주세요. 주로 어디에 위치해 있나요? 어떻게 생겼나요? 자세히 묘사해 주세요. 출제팁 자주 방문하는 쇼핑 장소, 과거에 방문했던 쇼핑 장소, 식품/식료품을 사러 간 곳에 관한 문제도 출제됨.
과거 경험 (Unit 06 유형)	Tell me about a time when you went shopping for some clothes. What did you buy? What was special about that shopping experience? 옷을 사러 갔던 때에 대해 말해 주세요. 무엇을 샀나요? 그리고 쇼핑 경험에 대해 특별한 점은 무엇이었나요? When was the last time you went shopping? Where did you go and what did you buy? Who did you go with? 최근 쇼핑하러 간 때는 언제인가요? 어디로 갔나요, 그리고 무엇을 샀나요? 누구와 함께 갔나요? Tell me about when you went shopping as a child. Where did you go to and who did you go with? What did you buy there? What was special about that early memory? 어렸을 때 쇼핑하러 간 때에 대해 말해주세요. 어디로 갔나요, 그리고 누구와 갔나요? 그곳에서 무엇을 샀나요? 그때의 기억에서 특별한 점은 무엇인가요?
문제 해결 과정 (Unit 10 유형)	Have you ever had a problem you experienced while shipping? What was it about? How did you deal with it? 쇼핑 중에 문제를 겪었던 적이 있나요? 문제가 무엇이었나요? 어떻게 해결하였나요? 출제팁 롤플레이 마지막 문제로 구매한 상품에 문제가 있었던 경험, 교환이나 환불을 해야 했던 경험 문제가 출제됨.
두 가지 대상 비교 (Unit 13 유형)	What kind of clothes do people usually wear in your country? How are their clothes different when they go to work from relaxing at home? 당신 나라 사람들은 보통 어떤 옷을 입나요? 일하러 갈 때와 집에서 쉴 때 사람들의 옷이 어떻게 다른가요?
과거와 현재 비교 (Unit 14 유형)	How have people's shopping habits changed over the years? What is the most significant change in their shopping? 시간이 지나면서 사람들의 쇼핑 습관이 어떻게 변했나요? 쇼핑에 있어 가장 주요한 변화는 무엇인가요? 출제팁 과거와 현재의 쇼핑 장소 비교 문제도 출제됨.
의견 말하기 (Unit 16 유형)	What are you wearing today? What kind of clothes do you prefer to wear? Give me all the details about the fashion style you like. 오늘 무엇을 입고 있나요? 어떤 옷을 선호하나요? 당신이 좋아하는 패션 스타일에 대해 자세히 말해 주세요. What kind of products do people talk about a lot these days? Why do you think people are getting interested in those products? 요즘 사람들은 어떤 상품에 대해 많이 이야기하나요? 왜 사람들이 그러한 상품에 관심을 가진다고 생각하나요?

01 우리나라의 쇼핑 장소

AL-Unit27_1.mp3

Q) Tell me about stores or shopping centers in your country. Where are they usually located? What are they like? Describe them in detail.

당신 나라의 가게나 쇼핑 센터에 대해 이야기해주세요. 주로 어디에 위치해 있나요? 어떻게 생겼나요? 자세히 묘사해 주세요.

질문 키워드	stores/shopping centers, where, what~like
답변 키워드	장소 관련 명사인 store나 shopping center와 what~like가 들렸으므로 전형적인 장소 묘사 문제이다. 문제에서 언급한 모든 쇼핑장소를 다 묘사할 필요는 없다. 특징적인 묘사를 하여 표현력을 어필하는 것이 관건이므로 한 가지를 선택하여 밖에서 안으로의 자연스러운 동선을 그릴 수 있게 묘사한다.

STORY TELLING 답변 연습

단계별 답변 키워드	샘플 답변
장소 소개 ① 이 장소를 선택한 이유	There are many different places for shopping in my country. I will tell you about our department stores.① You can find them anywhere in my country.
장소 묘사 (외부 → 내부) ① 외부 ② 내부	① Department stores here are often really big and tall. They are like ten to fifteen stories high. Posted on the facade of the buildings are giant banners displaying seasonal adverts for upcoming large-scale promotions or blowout sales. ② Once you go through the entrance, from the main lobby, you usually see a wide selection of fancy goods including the sale items advertised. The many escalators make shopping very convenient. If you get hungry and tired from shopping, you can go to the food court situated on the basement floor and *fill up on the many foods available. You can even go grocery shopping there.
개인적으로 특별한 이유	Personally, I don't go to the department store very often, but I think it is a wonderful place to visit in your free time.

해석 [장소 소개] 우리 나라에는 다양한 많은 쇼핑 장소가 있습니다. 저는 백화점에 대해서 이야기해보겠습니다. 우리 나라에서 어디서든 쉽게 찾을 수 있기 때문입니다. [장소 묘사] 우리나라의 백화점은 대부분 정말 크고 높습니다. 아마 10-15층 정도일 것입니다. 건물 외벽에는, 다가오는 대규모 프로모션이나 파격세일에 관한 거대한 시즌 광고를 나타내는 배너가 붙어 있습니다. 문으로 들어가면, 로비에서부터, 광고했던 세일 상품을 포함하여, 정말 다양한 좋은 물건들을 볼 것입니다. 에스컬레이터는 쇼핑을 매우 편리하게 즐길 수 있습니다. 쇼핑을 하다 배가 고파지거나 피곤해지면, 지하에 위치한 푸드 코트에서 다양한 음식으로 배를 채울 수도 있습니다. 또 그곳에서 장을 볼 수도 있습니다. [특별한 이유] 개인적으로, 저는 백화점을 자주 가지는 않습니다만, 여유가 있으면 가보기에 너무 좋은 장소라고 생각합니다.

등급업 표현
* fill up on : fill up with와의 차이로 이해하면 빠르다. fill up with는 단순히 어떤 음식으로 배를 채우고 허기짐을 없애는 느낌이라면, fill up on은 너무 많이 먹어서 과식한다는 뉘앙스를 담고 있다.

EXPRESSIONS 답변 핵심 표현

• story	층	• advert	광고 (=advertisement)	• a wide selection of	다양한
• posted on	~에 게시된	• large-scale	대규모의	• conveniently	편리하게
• the facade of	~의 정면	• blowout sale	파격 세일	• situated	위치한
• displaying	전시하고 있는	• entrance	입구		

02 과거와 현재의 사람들의 쇼핑 습관 비교

AL-Unit27_2.mp3

 How have people's shopping habits changed over the years? What is the most significant change in their shopping?

시간이 지나면서 사람들의 쇼핑 습관이 어떻게 변했나요? 쇼핑에 있어 가장 주요한 변화는 무엇인가요?

질문 키워드	how~changed, shopping habits, what~significant
답변 키워드	how, changed, over the years 과거와 현재 비교 유형임을 쉽게 파악할 수 있었다. 다만, 쇼핑 습관의 차이를 어떻게 비교할까 고민스럽겠지만, 가장 큰 변화로 오프라인과 온라인의 쇼핑 형태로 답변을 구성하는 것이 깔끔하다. 거기에 모바일 특징까지 더하면, 다양한 어휘 활용이 가능해진다.

STORY TELLING 답변 연습

단계별 답변 키워드	샘플 답변
비교 대상 및 비교 관점	I think there have been many changes in the way people shop now. I will talk particularly about online shopping.
과거 ① 쇼핑 방법 ② 매장의 수 현재 ③ 변화의 이유 ④ 쇼핑 방법 공통점 ⑤ 고객 만족을 위한 노력	Back in the day, ① when people bought things like daily necessities to luxuries, they had to travel to brick-and-mortar stores. This was the only way to shop. ② There were even only few stores back then, so it was not easy to find what you wanted. But today, there has been a significant change in shopping due to the growth of online shopping. Online shopping has dramatically increased over the last few years, especially since the start of COVID-19. ③ Online shopping is very convenient and time-saving, especially for busy people *on the go. ④ Everything is delivered right to your door and sometimes even at the time of your choosing. Over the last 5 years, online shopping has rapidly grown, and the market size has also expanded tremendously. ⑤ If there is one thing that hasn't changed, whether online or offline, in the past or now, every store and shop is striving to meet their customers' demands and expectations.
자신의 의견	Personally, I think online shopping is the way of the future, but offline shopping is still necessary in some ways.

해석 [대상 및 관점] 오늘날 사람들이 쇼핑하는 방식에 많은 변화가 있었습니다. 특히 온라인 쇼핑에 대해서 이야기하겠습니다. [과거] 예전에는 사람들이 생필품부터 사치품 같은 물건을 살 때, 오프라인 매장에 가야 했습니다. 그것이 유일한 쇼핑 방법이었습니다. 심지어 매장도 별로 없어서, 원하는 물건을 찾기 쉽지 않았습니다. [현재] 하지만 지금은 온라인 쇼핑의 성장으로 쇼핑에 중요한 변화가 있었다고 생각합니다. 온라인 쇼핑은 최근 몇 년사이, 특히 코로나19의 발병으로 극적으로 증가했습니다. 온라인 쇼핑은 바쁜 현대인들에게 사용하기 편리하고 시간을 절약해줍니다. 모든 것을 당신의 집 앞으로 배달을 해주고, 심지어는 당신이 정한 시간에 배달을 해 줍니다. 그래서 지난 5년간 온라인 쇼핑은 급속도로 성장했고, 시장 규모도 엄청 커졌습니다. 달라지지 않은 점이 하나 있다면, 온라인이든 오프라인이든, 예나 지금이나, 모든 상점들이 고객의 요구와 기대에 부응하기 위해 노력하고 있는 것입니다. [의견] 개인적으로, 저는 곧 온라인 쇼핑이 미래의 방향이지만, 오프라인 쇼핑도 어떤 면에서는 여전히 필요하다고 생각합니다.

등급업 표현

* on the go : "정신없이 바쁘다, 바쁘게 살아가다, 끊임없이 일하다"는 의미를 가진 표현이다. I was on the go this week.

EXPRESSIONS 답변 핵심 표현

• daily necessities	생필품	• significant	중요한, 의미있는	• timesaving	시간을 절약하는
• luxuries	명품	• dramatically increase	급격히 증가하다	• expand	확장하다, 확장되다
• brick-and-mortar	오프라인 거래 방식의	• the growth of	~의 성장	• tremendously	엄청나게
• expectation	기대				

Unit 28 인터넷

[유형 공략법] 이 주제는 역시 자주 출제되는 주제 중 하나이다. 테크놀로지, 전화, SNS, 뉴스, 업무/프로젝트 등 다양한 주제와 연관되어 출제되고 있는 만큼, 반드시 기출 문제를 확인하고 답변소재 분배를 잘 해 놓아야 한다. 주제별로 따로 분리하기 보다, 모바일로 하는 활동(인터넷 서핑, 모바일 쇼핑, 동영상(TV, 영화) 시청, SNS 등)을 공통으로 활용할 수 있도록 한다.

주제	기출 문제
습관이나 경향 (Unit 05 유형)	What do you usually do on the Internet? Where and when do you use it? What do you use it for? Tell me about everything that you do online. 인터넷으로 주로 무엇을 하나요? 언제, 어디서 사용하나요? 왜 사용하나요? 온라인에서 하는 모든 활동에 대해 말해 주세요.
	Tell me about the videos that you watch on the Internet. It can be about work, school, or other activities. What type of video do you usually watch? 인터넷으로 보는 동영상에 대해 말해 주세요. 업무나 학업, 다른 활동에 관한 것이었을 수 있습니다. 어떤 종류의 비디오를 주로 보나요?
	What do people usually do on the Internet? Do they play games, watch TV, or do something else? Tell me about what people do online in detail. 사람들은 인터넷으로 주로 무엇을 하나요? 게임 하나요? TV를 보나요? 아니면 다른 무언가를 하나요? 사람들이 온라인으로 하는 것을 자세히 말해 주세요.
과거 경험 (Unit 06 유형)	Tell me about your first experience of surfing the Internet. When was the first time? What did you do? How has your Internet use habit changed over time? 인터넷 서핑을 처음 한 경험에 대해 말해 주세요. 언제가 처음이었나요? 무엇을 했나요? 시간이 지나면서 인터넷 사용 습관은 어떻게 바뀌었나요?(과거와 현재 비교하기 유형과 혼합)
	What did you do on the Internet yesterday? Which websites did you visit? Tell me about the things you did online yesterday. 어제 인터넷으로 무엇을 했나요? 어떤 사이트를 방문했나요? 어제 온라인으로 한 것들 대해 말해 주세요. 출제팁 인터넷 사용을 통해 업무나 학업 관련 프로젝트를 했던 경험 문제도 출제됨.
기억에 남는 에피소드 (Unit 07 유형)	What is a memorable video that you have watched on the Internet? Maybe it was something funny or shocking. Tell me everything about that video. 인터넷으로 본 기억에 남는 동영상은 무엇인가요? 아마, 재미있었거나, 충격적인 것이었을 수도 있습니다. 그 동영상에 관해 모든 것을 말해 주세요.
문제 해결 과정 (Unit 10 유형)	Have you ever had any trouble on the Internet? Perhaps, you had difficulty using a website or you lost Internet connection. What exactly was the problem and how did you deal with the situation? 인터넷에 관해 문제가 있었던 적이 있었나요? 아마 사이트 사용에 어려움을 겪거나, 연결이 끊어지거나 했을 수 있습니다. 문제가 정확히 무엇이었으며, 어떻게 해결했나요? 출제팁 롤플레이 유형으로 친구가 알려준 사이트를 찾는데 어려움을 해결하는 문제도 출제됨.

01 사람들의 인터넷 사용 습관이나 경향

AL-Unit28_1.mp3

Q) What do people usually do on the Internet? Do they play games, watch TV, or do something else? Tell me about what people do online in detail.

사람들은 인터넷으로 주로 무엇을 하나요? 게임 하나요? TV를 보나요? 아니면 다른 무언가를 하나요? 사람들이 온라인으로 하는 것을 자세히 말해 주세요.

질문 키워드	what~usually do, Internet
답변 키워드	현재 시제와 usually으로 습관이나 경향 유형으로 파악할 수 있다. 다만, 주의할 것은 you가 아닌 people로 물었으므로, 사람들의 인터넷 습관이나 성향에 대해 답변을 해야 한다. 바로 이어서 나의 습관이나 경향에 대해서도 물을 수 있으므로, 답변 소재를 반드시 나눠서 준비해야 한다. 사람들은 영상을 보거나, 메일을 확인하거나 하는 등의 일반적인 활동을, 나에 대해서는 채팅이나 SNS 이용을 중점으로 지인들과의 대화, 소통, 공유 등을 준비하면 답변의 방향이 확실히 구별될 수 있다.

STORY TELLING 답변 연습

단계별 답변 키워드	샘플 답변
주제 소개	I think there are lots of things that people usually do on the Internet. Nowadays, people mostly surf the Web on their smartphones.
습관이나 경향 ① 음악 듣기 ② 온라인 쇼핑 ③ 그 밖에 하는 일들	First, ① they listen to music on their phones wherever they are. Most online music websites offer online music streaming services. You can find many online-based music websites like Melon or Flo. ② People also do a lot of online shopping on their phones. I heard that the peak time for mobile shopping is in the morning when people go to work. This means online shopping has gotten way easier and more convenient. Also, ③ people search online for random information, read the news, and do mobile banking. They can handle all these things in the palm of their hand.
내 생각으로 마무리	Personally, I think as Internet technology advances, more people will be able to enjoy more benefits of the online world.

해석 [주제 소개] 사람들이 일반적으로 인터넷에서 하는 일이 많다고 생각합니다. 사람들은 대부분 스마트폰으로 웹서핑을 합니다. [습관이나 경향] 먼저, 사람들은 어디에서든 스마트폰으로 음악을 듣습니다. 대부분의 온라인 음악사이트는 스트리밍 서비스를 제공하고 있습니다. 멜론이나 플로 같은 다양한 온라인 음악 사이트를 쉽게 찾아볼 수 있습니다. 또한 사람들은 스마트폰으로 온라인 쇼핑을 합니다. 듣기로는 사람들이 출근을 하는 아침이 모바일 쇼핑이 가장 많이 일어나는 시간이라고 합니다. 이것은 온라인 쇼핑이 정말 쉬워지고 편리해진 것을 의미합니다. 또한, 사람들은 스마트폰으로 검색도 하고, 온라인 기사도 읽고, 모바일 뱅킹도 합니다. 사람들은 이러한 모든 일들을 손바닥 안에서 다 처리할 수 있습니다. [내 생각] 개인적으로, 저는 인터넷 기술이 발달할수록, 더 많은 사람들이 온라인에서의 혜택을 더 많이 누릴 수 있을 것이라고 생각합니다.

EXPRESSIONS 답변 핵심 표현

- impress 감명을 주다
- coworker 동료
- audience 청중
- effect 효과
- be surprised to ~해서 놀라다
- discover 발견하다
- be created by ~로 생성되다, 만들어지다
- improve 향상시키다
- impact on ~로의 영향

What is a memorable video that you have watched on the Internet? Maybe it was something funny or shocking. Tell me everything about that video.

인터넷으로 본 기억에 남는 동영상은 무엇인가요? 아마, 재미있었거나, 충격적인 것이었을 수도 있습니다. 그 동영상에 관해 모든 것을 말해 주세요.

질문 키워드	memorable video
답변 키워드	Internet 콤보문제로 기억에 남는 동영상에 대한 질문도 출제된다. 따라서 답변 소재를 분배하기 위해, 인터넷으로 하는 일을 설명하는 문제에서, 동영상에 너무 디테일한 정보로 답변하지 않도록 주의한다. 더불어, 동영상에 대한 설명은, 영화, TV, 음악, 건강, 날씨 등의 이미 답변을 작성했던 주제와 결합할 것을 추천한다.

STORY TELLING 답변 연습

단계별 답변 키워드	샘플 답변
에피소드 소개	I have watched many memorable videos on the Internet. I will tell you about an expert speaker I watched on TED Talks who really impressed me.
에피소드 묘사 ①언제 ②어디서 ③누구와 ④무엇을 ⑤왜 ⑥어떠했나	① A couple of years ago, ③ a coworker of mine sent me a link to ④ a TED Talk video of a psychologist speaking to a large audience in London. ⑥ She spoke of the effects of stress on the human body. ⑤ I was really surprised to hear that stress can be more dangerous for our health than smoking cigarettes. She said that researchers had discovered something amazing, which was stress is actually created by our minds rather than by the environments which we are in. According to the research, if we change the way we think about certain stressful situations, we could improve our health and have a longer life. This video had a deep impact on the way I personally approach stressful situations.
에피소드와 관련한 기분/느낌	Personally, I felt like this video was really *uplifting. Since then, I always try to change the way I look at difficult situations and I find it helps!

해석 [에피소드 소개] 저는 인터넷에서 기억에 남는 비디오를 많이 보았습니다. TED Talk에서 정말 인상깊었던 한 전문가의 동영상에 관해 말하고자 합니다. [에피소드 묘사] 몇 년 전, 제 직장동료가 런던에서 많은 사람들에게 강연하는 어떤 심리학자의 TED Talk 동영상 링크를 보내 주었습니다. 그 심리학자는 인체에 미치는 스트레스의 영향에 대해 이야기하였습니다. 저는 담배를 피는 것보다 스트레스가 더 위험할 수 있다는 것을 듣고 너무 놀랐습니다. 그녀는 연구가들이 놀라운 사실을 발견했다고 말했습니다. 그것은 스트레스가 실제로 우리가 처한 환경보다 우리의 마음에 의해 만들어진다는 사실이었습니다. 연구에 따르면, 우리가 스트레스 상황에 대해 생각하는 방식을 바꾸면, 우리의 건강을 향상시킬 수 있고, 수명도 연장할 수 있다고 합니다. 이 영상은 제가 스트레스 상황을 보는 방식을 바꾸는데 대단한 영향을 미쳤습니다. [기분/느낌] 개인적으로, 저는 이 비디오가 정말 기분 좋게 느껴졌습니다. 그때 이후, 어려운 상황을 바라보는 방식을 바꾸기 위해 항상 노력합니다. 그리고 실제 효과가 있다는 것도 알게 되었습니다!

등급업 표현
* uplifting : 무언가 희망적이고, 긍정적인 자극이 된다는 의미를 가진 표현이다. 관련하여 비슷한 의미를 갖는 표현을 확인해 둔다.
  Ex) inspiring, encouraging, stirring

EXPRESSIONS 답변 핵심 표현

• impress	감명을 주다	• effect	효과	• be created by	~로 생성되다, 만들어지다
• coworker	동료	• be surprised to	~해서 놀라다	• improve	향상시키다
• audience	청중	• discover	발견하다	• impact on	~로의 영향

Unit 29 테크놀로지/산업

[유형 공략법] 선택 난이도가 높아질수록 이 주제의 출제 빈도 역시 높아진다. 설문조사에서 학생이나 회사원을 선택하지 않아도 공통으로 출제되는 주제이나, 답변을 준비하지 않으면 횡설수설할 가능성이 매우 높다. 전문화된 내용이나 어휘를 사용하기 보다, 내가 선택한 취미, 여가(음악, 방송, 영화, 스마트폰 등) 쪽의 산업 분야에 대해 한류나 기술의 발달을 주 내용으로 준비하면 효율이 높아진다.

– 테크놀로지

주제	기출 문제
사물 묘사 (Unit 03 유형)	Which kind of technology do you use most often? Do you use computers or mobile phones? Tell me about the type of technology you use every day. 당신은 어떤 테크놀로지를 가장 자주 사용하나요? 컴퓨터나 휴대전화를 사용하나요? 당신이 매일 사용하는 테크놀로지의 형태에 대해 말해 주세요. Do people use computers, cell phone, or hand-held devices in your country? What are the typical forms of technology people mostly use these days? 당신 나라의 사람들은 컴퓨터나 휴대전화, 또는 휴대용 기기를 사용하나요? 요즘 사람들이 주로 사용하는 테크놀로지의 형태는 무엇인가요?
문제 해결 과정 (Unit 10 유형)	Have you ever had any problem because of technology? Maybe it did not work properly, or it had the problem of disconnection. Describe your technological problem in as much detail as possible. 테크놀로지 때문에 문제를 겪은 적이 있나요? 작동이 잘 되지 않거나 연결이 잘 되지 않는 문제였을 수 있습니다. 당신이 겪은 문제에 대해 가능한 자세히 묘사해 주세요.
과거와 현재 비교 (Unit 14 유형)	How are computers and mobile phones today different from as a child? What were they like in the past? Tell me everything about the changes in technology over time. 오늘날의 컴퓨터나 휴대전화는 어렸을 때와 어떻게 다른가요? 과거에는 어땠나요? 시간이 지나면서 테크놀로지에서의 변화에 대해 모두 말해 주세요.

– 산업

주제	기출 문제
원인과 결과 (Unit 09 유형)	Tell me about the benefits the industry is providing. What benefits does it bring to us? 그 산업이 제공하는 혜택에 대해 말해 주세요. 어떤 혜택을 우리에게 가져다주나요? 출제팁 반대로 우려되는 문제점이나 이슈에 대한 문제도 출제됨. How does that industry help you in your life? Tell me about how it affected your life in as much detail as possible. 그 산업이 당신의 삶에 어떻게 도움이 되나요? 당신의 삶에 어떤 영향을 미쳤는지 자세히 말해 주세요.
시간의 흐름 (Unit 12 유형)	Tell me about a promising company in a particular industry. How did it start? What happened to make it so promising? 어떤 산업에서 유망한 한 회사에 대해 말해 주세요. 그 회사는 어떻게 시작되었나요? 그 회사가 그렇게 유망하게 된 이유는 무엇인가요?
과거와 현재 비교 (Unit 14 유형)	Tell me about an industry you follow. What is it related to? What is special about it? How is it different from 3 years ago? 당신이 팔로우하고 있는 산업에 대해 말해 주세요. 무엇에 관한 산업인가요? 그 산업에 대해 특별한 점은 무엇인가요? 3년 전과 어떻게 다른가요? (의견말하기 유형과 혼합)
의견 말하기 (Unit 16 유형)	Tell me about a well-known industry in your country. It can be entertainment, automotive, or some other industry. What is special about that industry? Why do you think that is? 당신 나라에서 유명한 산업 하나에 대해 말해 주세요. 연예나 자동차, 혹은 그 밖에 다른 산업 분야일수도 있습니다. 그 산업에 대해 특별한 점은 무엇인가요? 그리고 왜 그렇게 생각하나요? Tell me about a prominent company in the industry you mentioned about. What is special about that company? Why do you think so? 당신이 언급한 산업에 있는 유명한 회사에 대해 말해 주세요. 그 회사에 대해 특별한 점은 무엇인가요? 왜 그렇게 생각하나요? What kind of company do young people want to work for these days? Why do they want to work there? 오늘날 젊은 사람들은 어떤 회사에서 일하고 싶어하나요? 왜 그런 회사에서 일하고 싶어 하나요?

01 내가 관심을 가지는 산업의 과거와 현재 비교

AL-Unit29_1.mp3

 Tell me about an industry you follow. What is it related to? What is special about it? How is it different from 3 years ago?

당신이 팔로우하고 있는 산업에 대해 말해 주세요. 무엇에 관한 산업인가요? 그 산업에 대해 특별한 점은 무엇인가요? 3년 전과 어떻게 다른가요?

질문 키워드	industry, what~special, how~different~3 years ago
답변 키워드	사실은 의견 말하기와 혼합 유형이다. how, different, 3 years ago 등의 키워드를 통해 과거와 현재 비교를, what~special로 그렇게 생각하는 이유를 첨가해야 한다. 어떤 사업이든, 최근 코로나라는 극적인 사건을 이용하여 답안을 구성하면 극명한 비교를 할 수 있다.

STORY TELLING 답변 연습

단계별 답변 키워드	샘플 답변
비교 대상 및 비교 관점	I follow a lot of industries, but I am particularly interested in the Korean film industry. I will tell you about how it has changed in recent years.
과거 ① 시장 규모 ② 명성 현재 ③ 시장 축소 공통점 ④ 한국과 전세계의 트렌드	Starting 3-4 years ago, the Korean film industry proved to be very promising. ① Its domestic sales reached 1 billion dollars, which was the 4th largest in the world. ② It was one of the main industries of our country to enhance our national image. For example, a Korean movie titled *Parasite* was the first Korean movie to win an award at the Cannes Film Festival. It then went on to win four Academy Film Awards. However, due to COVID-19 in 2019, ③ the Korean film industry began its decline. Movies are hardly being produced and released, and the number of movie theater audiences has also decreased to a quarter of the usual attendance. ④ The thing is, it is a trend not only in Korea but also around the world.
자신의 의견	Personally, I hope that the Korean film industry returns to normal with the end of the Coronavirus.

해석 [대상 및 관점] 저는 많은 산업을 따르지만, 특히 한국 영화 산업에 주목하고 있습니다. 최근 몇 년 동안 어떻게 변했는지 말해 보겠습니다. [과거] 3-4년 전부터, 한국 영화 산업은 매우 유도 전망했습니다. 국내 매출이 10억 달러에 다다르며, 세계적으로 4번째로 컸습니다. 국위 선양하는 주요 산업 중에 하나였습니다. 예를 들어, *기생충*이라는 영화는 칸 영화제에서 최초의 한국영화로 수상을 하고, 아카데미 시상식에서 4개의 상을 수상했습니다. [현재] 그러나 2019년 COVID-19 때문에 한국 영화 산업은 감소하기 시작했습니다. 영화는 거의 제작되거나 개봉되지 않고 있고, 관객 수도 1/4로 줄었습니다. 이것은 한국뿐 아니라, 전세계의 트렌드입니다. [의견] 개인적으로, 코로나 바이러스 종식과 함께 한국 영화 산업이 정상으로 돌아오기를 바랍니다.

EXPRESSIONS 답변 핵심 표현

• be interested in	~에 관심이 있다	• win an award	상을 받다	• the number of	~의 수
• prove to	~을 입증하다	• decline	감소, 축소	• down to	~까지 (↔ up to)
• domestic	국내의	• hardly	거의~않는	• attendance	참석
• enhance	높이다				

02 우리나라에서 유명한 산업

AL-Unit29_2.mp3

 Tell me about a well-known industry in your country. It can be entertainment, automotive, or some other industry. What is special about that industry? Why do you think that is?

당신 나라에서 유명한 산업 하나에 대해 말해 주세요. 연예나 자동차, 혹은 그 밖에 다른 산업 분야일수도 있습니다. 그 산업에 대해 특별한 점은 무엇인가요? 그리고 왜 그렇게 생각하나요?

질문 키워드	well-known industry, what~special, why
답변 키워드	앞선 문제에서 과거와 현재 비교가 빠진 의견 말하기 유형으로 볼 수 있다. 콤보세트에서는 비슷한 문제가 반복되는 것처럼 느껴질 수 있으므로, 2-3가지 정도의 산업 분야에 대해 너무 자세하지 않아도, 전반적인 추세에 대해 준비해 놓는 것이 좋다.

STORY TELLING 답변 연습

단계별 답변 키워드	샘플 답변
주제 소개	There are many well-known industries in Korea. I want to tell you about the Korean culture and tourism industry. "The Korean Wave", which refers to the global popularity of Korea's pop culture including TV dramas, movies, and music, is a significant advancement of the industry.
이유나 근거 ① 한국 드라마와 　영화 인기 이유 ② 한국 음악 인기 이유 ③ 한류의 결과	① Firstly, Korean dramas and movies have good visual quality and emotional appeal. Many of them depict beautiful and serene coastal areas and they have themes telling of family love. ② Secondly, Korean pop music has rapidly spread *around the globe. It's because so many Korean idols with spectacular visuals and amazing vocals have debuted over the last few years on stage including making a strong online presence. BTS is one of them. ③ Last but not least, thanks to the Korean Wave, various Korean brands have grown in popularity such as electronics, cosmetics, and even food like chicken and beer.
의견 요약	I hope that with this trend, more foreigners become interested in visiting Korea, so they get to know about Korea better.

해석 [주제 소개] 우리나라에는 잘 알려진 산업이 많다고 생각합니다. 한국의 문화관광산업에 대해 이야기해보겠습니다. 그것은 드라마, 영화, 음악 등 한국 대중 문화의 세계적인 인기를 의미하는 '한류'가 문화관광산업에서 주요한 발전을 했다는 것을 의미합니다. [이유나 근거] 먼저, 한국 드라마와 영화는 시각적, 감성적 매력이 뛰어납니다. 대부분의 드라마와 영화가 아름답고 고요한 해안 지역을 묘사하고, 가족 사랑의 주제를 가지고 있습니다. 두번째로, 한국 팝 음악이 전 세계에 확산되었습니다. 왜냐하면 화려한 퍼포먼스와 놀라운 가창력을 가진 아이돌들이 지난 몇 년 동안 온라인에서 강력한 존재감을 만들면서 데뷔했기 때문입니다. 방탄소년단이 그 중 하나입니다. 한류 덕분에, 다양한 한국 브랜드가 인기를 얻었습니다. 전자 제품, 화장품, 심지어 치킨과 맥주와 같은 식품까지도 확대되고 있습니다. [의견 요약] 저는 이런 흐름으로, 더 많은 외국인들이 한국 방문에 관심을 갖게 되고, 한국에 대해 더 잘 알게 되기를 바랍니다.

등급업 표현
* around the globe : around the world와 같은 의미이다. 반복 어휘 사용을 피하기 위해 globe를 사용한다.

EXPRESSIONS 답변 핵심 표현

• popularity	인기	• advancement	발전, 진보	• serene	고요한
• including	~을 포함하여	• appeal	호소	• coastal	해안의
• significant	중요한, 의미있는	• depict	묘사하다	• spectacular	장관을 이루는
• presence	존재				

Unit 30 교통

[유형 공략법] 이 주제는 여행, 휴가 주제와 혼합되어 출제되는 주제이다. 그러나 명절 때 교통체증 경험, 렌터카 이용 경험 등 다양한 주제를 소재로 활용 가능하다. 난이도가 높아질수록 대중교통 시스템이나 발달 과정 등에 대해서도 출제되므로, 미리 준비해야 한다. 어려운 질문은 아니지만, 미리 준비하지 않으면 논리적으로 답변하지 못하거나, 단순 어휘만 반복하게 될 확률이 높다.

주제	기출 문제
습관이나 경향 (Unit 05 유형)	What means of transportation do you use to get around? Do you drive a car or use public transportation? 당신은 이동하기 위해 어떤 교통수단을 이용하나요? 운전을 하나요 혹은 대중교통을 이용하나요?
	Tell me about how people get around in your country. Do they drive their own cars or take trains? What are the typical means of transportation to get around? 당신 나라의 사람들이 이동하는 방법에 대해 말해 주세요. 그들은 차를 운전하나요, 기차를 타나요? 이동을 하기 위한 일반적인 교통수단은 어떤 것인가요?
과거 경험 (Unit 06 유형)	How did you travel when you were a child? Were there different means of transportation back then? Please describe how people used to get around in your city or town in detail. 어렸을 때는 어떻게 이동을 했나요? 그때는 다른 종류의 교통 수단이 있었나요? 당신의 도시나 지역에서 사람들이 어떻게 이동하곤 했는지 자세히 묘사해 주세요.
문제 해결 과정 (Unit 10 유형)	Have you ever had any problem while using public transportation? What happened and how did you deal with the situation? Tell me everything about that happening. 대중교통을 이용할 때 문제를 겪었던 적이 있나요? 어떤 일이 있었나요, 그리고 어떻게 그 상황을 해결했나요? 그 일에 대한 모든 것에 대해 말해 주세요.
의견 말하기 (Unit 16 유형)	Tell me which type of public transportation you prefer to use. And why do you prefer it? 당신이 선호하는 대중교통의 종류에 대해 말해 주세요. 그리고 왜 그것을 선호하나요?
	What are the good things about public transportation in your country? Why do you think so? 당신 나라의 대중교통의 장점은 어떤 것들이 있나요? 왜 그렇게 생각하나요?

01 선호하는 대중교통

AL-Unit30_1.mp3

Q) Tell me which type of public transportation you prefer to use. And why do you prefer it?

당신이 선호하는 대중교통의 종류에 대해 말해 주세요. 그리고 왜 그것을 선호하나요?

질문 키워드	which~public transportation, prefer, why
답변 키워드	이번에는 "you"에 초점이 맞춰진 질문이다. 물론 대중교통 이용 습관이나 경향으로 답변이 가능하지만, 특별히 선호하는 "이유"에 대해 묻고 있으므로, 의견 말하기 유형으로 답변을 작성해 보도록 한다. 이때, 주관적인 이유가 대부분을 이루겠지만, 객관적인 이유도 넣어주면 가점 포인트가 된다.

STORY TELLING 답변 연습

단계별 답변 키워드	샘플 답변
주제 소개	Well, I actually use different types of public transportation each day, but I'll tell you about the bus today.
이유나 근거 ① 이용 편의성 ② 주관적 근거 ③ 운행 시간 ④ 객관적 정보 ⑤ 저렴한 요금 ⑥ 사례	① The first reason why the bus is my favorite method of transportation is because it is the most convenient and readily available to use. Buses can *take me anywhere in the city. ② The best part is that there is a bus stop right in front of where I live. ③ Another thing I like about buses is the convenient schedule and service time. The intervals between buses are pretty short so that I don't have to wait long. ④ They run until late at night unlike the subway, and some even run 24 hours a day. ⑤ Really, the best thing about taking the bus is the relatively low fare. In Korea, ⑥ you can transfer to a second bus for free if you transfer within half an hour.
의견 요약	Overall, the reasons I mentioned above are great reasons to take the bus over any other type of transportation.

해석 [주제 소개] 글쎄요, 사실 저는 매일 다양한 대중교통을 이용하지만, 오늘은 버스에 대해 이야기해보겠습니다. [이유나 근거] 제가 가장 좋아하는 대중교통이 버스인 첫 번째 이유는 가장 편리하고, 쉽게 이용할 수 있기 때문입니다. 버스로 도시 어디든 갈 수 있습니다. 그리고 가장 좋은 부분은 버스 정류장이 바로 집 앞에 있다는 것입니다. 제가 버스를 좋아하는 또 한 가지는 편리한 스케줄과 운행 시간입니다. 운행 간격이 짧아서 오래 기다릴 필요가 없습니다. 지하철과 달리 버스는 밤 늦게까지 운행합니다. 어떤 버스들은 심지어 24시간 운행하기도 합니다. 진짜로, 버스의 가장 좋은 점은 요금이 상대적으로 저렴하다는 것입니다. 한국에서는 30분 내에 버스 환승을 하면, 갈아타는 버스 요금이 공짜입니다. [의견 요약] 전반적으로, 제가 위에서 언급한 이유들은 다른 대중교통보다 버스를 선호해야 하는 충분한 이유들이라고 생각합니다.

등급업 표현

* take me anywhere : go anywhere가 같은 의미이지만, go를 사용하면 버스가 이동하는 내용만을 강조한 것이고, take me를 사용하면, 내가 버스를 타고 이동하는 내용을 포함한 표현이라고 볼 수 있다. 따라서 정확한 뉘앙스를 위해서는 take me 사용이 맞다. go anywhere은 틀렸는가? 그건 아니다. 묘사하고자 하는 상황에 맞게 사용하자.

EXPRESSIONS 답변 핵심 표현

• each day	매일	• run	운행하다	• fare	요금
• readily	손쉽게, 수월하게	• unlike	~와 달리	• transfer to	~로 갈아타다, 환승하다
• in front of	~앞에	• relatively	상대적으로	• within	~안에
• interval	간격, 중간 시간				

What are the good things about public transportation in your country? Why do you think so?

당신 나라의 대중교통의 장점은 어떤 것들이 있나요? 왜 그렇게 생각하나요?

질문 키워드	what~good , public transportation, why
답변 키워드	대중교통 주제로 콤보문제가 출제되면, 같은 문제가 계속 반복되는 느낌이다. 따라서 답변 소재 분배가 점수를 좌우한다고 해도 과언이 아니다. 이번 문제는 우리나라 대중교통의 전반적인 시스템에 대해 묻는 문제로 파악하는 것이 좋다. 물론 개인의 이용 경험을 드는 것도 좋지만, 하나의 유형을 다루는 나머지 1번 문제와 같이 흘러가지 않도록 주의한다.

STORY TELLING 답변 연습

단계별 답변 키워드	샘플 답변
주제 소개	I think there are many advantages of public transportation in Korea. I will tell you about a few of them.
이유나 근거 ① 발달 ② 객관적인 예 ③ 저렴한 운임 ④ 주관적인 경험 ⑤ 접근성 ⑥ 객관적인 정보	① *First off, the best thing about public transportation in Korea is how well-developed it is. No matter where you are trying to go, there are multiple means of transportation that can take you there. ② For example, Seoul alone has over 20 subway lines and bus-only lanes. ③ Another advantage of Korean transportation is that it is inexpensive. ④ The fare of a bus or a subway usually isn't more than a few dollars, and I don't need to pay for the transfer fee between buses and subways. Public transportation here is easy and reasonably priced. ⑤ Not only that, but pretty much every bus and subway is accessible for the disabled or the elderly. ⑥ For instance, there are low-floor bus operations and a disability voucher system for subways.
의견 요약	For these reasons, I think public transportation in Korea is very convenient and easy to use.

해석 [주제 소개] 한국 대중교통에는 여러 가지 장점이 있다고 생각합니다. 그 중 몇 가지에 대해 말해 보겠습니다. [이유나 근거] 먼저, 한국 대중교통의 가장 큰 장점은 얼마나 잘 발달되어 있는가입니다. 어디를 가려고 하든, 그곳으로 이동할 수 있는 다양한 교통수단이 있습니다. 예를 들면, 서울만 20개가 넘는 지하철 노선과 버스 전용차선이 있습니다. 한국 대중교통의 또 다른 장점은 매우 비싸지 않다는 것입니다. 버스나 지하철 요금이 보통 몇 달러가 넘지 않으며, 버스와 지하철 간에는 환승료가 없습니다. 이곳 대중교통은 편리하고 합리적인 가격으로 이동하기 쉽습니다. 뿐만 아니라, 모든 버스와 지하철이 장애인이나 노약자들이 이용할 수 있는 접근성이 좋습니다. 예를 들어, 저상버스 운행과 장애인 우대권 제도가 있습니다. [의견 요약] 이러한 이유로, 저는 한국의 대중교통이 매우 편리하고 이용하기 쉽다고 생각합니다.

등급업 표현
* First off : First of all, First(ly), For starter 등과 같은 의미이다. First up과 함께 First off도 알아 두고, 다양하게 사용한다.

EXPRESSIONS 답변 핵심 표현

• well-developed	잘 발달된	• bus-only lane	버스 전용 차선
• no matter where	어디든지	• inexpensive	저렴한
• a multiple of	다수의	• transfer fee	환승 요금
• means	수단	• reasonably priced	적정한 가격의

• accessible	접근할 수 있는
• the disabled	장애인
• the elderly	노약자

Unit 31 모임/약속

[유형 공략법] 이 두 주제 역시 가족/친구, 명절/휴일, 파티 등의 주제와 혼합되어 출제되는 공통주제이다. 따라서 여러 주제를 아우르는 가족/친척과 함께 한 명절 모임, 혹은 술집이나 음식점에서 한 친구의 생일파티 등으로 소재를 삼으면 답변 효율성이 높아진다.

– 모임

주제	기출 문제
장소 묘사 (Unit 03 유형)	Where do people in your area usually have celebrations or parties? Is it at someone's home, or a park, or somewhere else? Tell me everything about that place in as much detail as you can. 당신 지역 사람들은 일반적으로 어디에서 축하나 파티를 하나요? 누군가의 집인가요, 공원인가요, 아니면 다른 곳인가요? 그 장소에 대한 모든 것에 대해 말해 주세요.
습관이나 경향 (Unit 05 유형)	Tell me about gatherings and celebrations in your country. What do people normally do? Where do they get together? 당신 나라의 모임이나 명절에 대해 말해 주세요. 사람들이 보통 무엇을 하나요? 어디에서 모이나요? 출제팁 우리나라 명절의 종류와 명절에 하는 일에 대한 문제도 출제됨.
과거 경험 (Unit 06 유형)	When was the last time you had a gathering or celebration? What was the occasion? What did you do? Give me all the details about the gathering or celebration you had. 최근 모임이나 명절을 가진 때는 언제인가요? 어떤 일이었나요? 무엇을 했나요? 당신이 겪었던 모임이나 명절에 대해 자세히 말해 주세요. 출제팁 어렸을 때, 기억에 남는 모임/명절에 대한 문제도 출제됨.
기억에 남는 에피소드 (Unit 07 유형)	Tell me about a memorable incident that you had at a gathering or celebration. What happened? What made it so unforgettable? 모임이나 명절에 있었던 기억에 남는 사건에 대해 말해 주세요. 무슨 일이 있었나요? 왜 잊을 수 없나요?
시간의 흐름 (Unit 12 유형)	Tell me about the last party or celebration you attended. What was the occasion? Who was there with you? Give me lots of details about what you did from beginning to end. 당신이 최근 참석했던 파티나 모임에 대해 말해 주세요. 어떤 일이었나요? 누구와 함께 있었나요? 당신이 한 일을 처음부터 끝까지 자세히 말해 주세요.
	Tell me about a time when you helped prepare for a party or celebration. Perhaps you helped invite people, decorate the venue, or get food or drinks. Please describe this experience from beginning to end. 파티나 축하 행사 준비를 도와준 때에 대해 말해 주세요. 아마 사람들을 초대하거나, 장소를 꾸미거나, 음식이나 음료 준비를 도왔을 것입니다. 이 경험의 처음부터 끝까지 말해 주세요.

– 약속

주제	기출 문제
장소 묘사 (Unit 03 유형)	Where do you like to meet your friends? Why do you prefer that place? 친구들을 어디서 만나나요? 왜 그 장소를 선호하나요?
습관이나 경향 (Unit 05 유형)	What kind of appointments do you usually make? Who do you usually make appointments with? Where do you meet? 당신은 주로 어떤 종류의 약속을 하나요? 주로 누구와 약속을 하나요? 어디서 만나나요? 출제팁 어떻게 약속을 정하는 지에 대한 문제도 출제됨.
과거 경험 (Unit 06 유형)	Tell me about an appointment you made as a child. What was the appointment about? Who was it with? 어렸을 때 했던 약속에 대해 말해 주세요. 약속은 무엇에 관한 것이었나요? 누구와의 약속이었나요? 출제팁 최근 한 약속에 관한 문제도 출제됨.
기억에 남는 에피소드 (Unit 07 유형)	Tell me about the most memorable appointment with your friends. What did you do with them? What made this experience so unforgettable? 가장 기억에 남는 친구와의 약속에 대해 말해 주세요. 친구들과 무엇을 했나요? 왜 이 경험이 기억에 남나요?
문제 해결 과정 (Unit 10 유형)	Have you ever had to cancel an appointment because of something unexpected? What exactly happened and how did you deal with the situation? 예상치 못한 일 때문에 약속을 취소해야 했던 경험이 있나요? 정확히 어떤 일이 있었나요, 그리고 어떻게 그 상황을 해결했나요?

01 사람들의 축하나 파티 장소

AL-Unit31_1.mp3

 Where do people in your area usually have celebrations or parties? Is it at someone's home, or a park, or somewhere else? Tell me everything about that place in as much detail as you can.

당신 지역 사람들은 일반적으로 어디에서 축하나 파티를 하나요? 누군가의 집인가요, 공원인가요, 아니면 다른 곳인가요? 그 장소에 대한 모든 것에 대해 말해 주세요.

질문 키워드	where~ celebrations/parties
답변 키워드	people, area, park 등 문제가 어렵게 느껴질 만한 어휘들이 잔뜩 등장했지만, 사실 이 문제는 결국 파티 장소를 묻는 문제이다. 다양한 장소를 나열하여 디테일한 묘사를 빠트리기 보다, 한 장소를 선택하여 묘사를 통한 어휘와 표현력을 어필하는 것이 유리하다. 그 장소와 관련한 본인의 경험도 살짝 곁들여, 답변의 완성도를 높인다.

STORY TELLING 답변 연습

단계별 답변 키워드	샘플 답변
장소 소개 ① 장소 ② 위치	I think there are many different places where people usually have celebrations or parties. Let me tell you about ① a big family restaurant ② located in my neighborhood.
장소 묘사 ① 외관 ② 음식 ③ 좋아하는 이유	① It does not look like an upscale restaurant, but people including me often choose this family restaurant because it is suitable for large groups and has a nice atmosphere for celebrations or parties. ② The menu changes every season, so you never get sick and tired of the food there even if you visit hundreds of times! ③ The reason I like to visit this restaurant is that they offer special gifts to people with birthdays when they visit. Sometimes the gift is a cake and a birthday song and sometimes it's a gift certificate. The reason people visit there for celebrations or parties is probably for the same reasons as mine.
개인적으로 특별한 이유	I love this restaurant because I have had many important and memorable parties with my family and friends ever since I was young. I will actually have another party there next week.

해석 [장소 소개] 저는 사람들이 보통 축하나 파티를 하는 다양하는 다양한 장소가 있다고 생각합니다. 저희 동네에 위치한 큰 패밀리 레스토랑에 대해 말해 보겠습니다. [장소 묘사] 고급 레스토랑 같이 보이진 않지만, 저를 포함한 사람들이 이 패밀리 레스토랑을 자주 선택합니다. 왜냐하면 많은 사람들이 갈 수 있을 정도로 크고, 축하나 파티를 하기에 좋은 분위기이기 때문입니다. 메뉴는 계절별로 바뀌어서, 수백 번을 가도 음식이 절대로 질릴 일이 없습니다. 제가 이 레스토랑 방문을 좋아하는 이유는 생일자에게 특별한 선물을 제공하기 때문입니다. 선물은 때로는 케이크와 생일축하 노래이기도 하고, 때로는 상품권이기도 합니다. 사람들이 축하나 파티를 위해 그곳을 방문하는 이유도 아마 저와 같을 겁니다. [특별한 이유] 저는 이 레스토랑이 너무 좋습니다. 왜냐하면, 어렸을 때부터 가족 친구와 중요하고 기억에 남는 많은 파티를 이곳에서 가졌었기 때문입니다. 실은 다음주에도 그곳에서 파티가 있습니다.

EXPRESSIONS 답변 핵심 표현

- celebration 축하
- located in ～에 위치한
- upscale 최고급, 평균 이상의
- suitable 적절한, 적합한
- atmosphere 대기
- get sick and tired of ～에 싫증내다
- offer 제공하다
- a gift certificate 상품권

02 최근 가졌던 모임이나 명절

AL-Unit31_2.mp3

  When was the last time you had a gathering or celebration? What was the occasion? What did you do? Give me all the details about the gathering or celebration you had.

최근 모임이나 명절을 가진 때는 언제인가요? 어떤 일이었나요? 무엇을 했나요? 당신이 겪었던 모임이나 명절에 대해 자세히 말해 주세요.

질문 키워드	when~last time~ gathering/celebration, what~occasion, What~do
답변 키워드	celebration이 반드시 축하 파티일 이유는 없다. 명절이나 국경일도 기념하는(celebrate) 날이므로 모두 답변으로 가능하다. 따라서 gathering과 celebration이 함께 들렸다면, 가족/친척 들의 명절 모임으로 답변의 가성비를 높인다.

STORY TELLING 답변 연습

단계별 답변 키워드	샘플 답변
경험 소개	I think I can tell you about the last family gathering I had.
육하원칙 정보 ① 언제 ② 어디서 ③ 누구와 ④ 무엇을 ⑤ 왜 ⑥ 어떠했나	① It was actually Lunar New Year's Day a few months ago. This year was very special unlike other Lunar New Year's Days. ③ This Lunar New Year's Day, everyone was introduced to a new family member, my newborn nephew. ④ All members of my family including me were looking forward to meeting the baby. This Lunar New Year's Day was the day! ⑥ We had the same food and ceremony as before, but we were more excited and more elated than usual ⑤ because of the new member. I was amazed to see the baby's tiny hands and feet wriggling about. I don't remember how long I was looking at him, but the time just flew by quickly. I definitely remember I couldn't stop smiling and I'm smiling even now just thinking about that time.
당시 기분/느낌	I think having a new family, especially a newborn baby, is always a happy and blessed event.

해석 [경험소개] 제가 최근에 가진 가족 모임에 대해 이야기하겠습니다. 바로 몇 달 전 설날입니다. [육하원칙 정보] 올해는 다른 설날과 다르게, 매우 특별했습니다. 왜냐하면 이번 설날에, 모든 사람들이 제 조카인 새 가족을 보는 날이었기 때문입니다. 저를 포함한 모든 가족이 아기를 보기를 너무나 기대하고 있었습니다. 이번 설날이 바로 그 날이었습니다! 우리는 예전과 같은 음식과 제사를 지냈지만, 새로운 멤버 때문에 전보다 더 신나고 더 기뻤습니다. 저는 아기의 작은 손과 발이 꼼지락 거리는 것이 너무 신기했습니다. 얼마나 오랫동안 아기를 바라보고 있었는지 모르겠습니다. 시간이 정말 빨리 흘렀습니다. 확실하게 기억하는 건 제 얼굴에 미소가 끊이지 않았다는 것입니다. 그리고 그때 생각만 하면 지금도 미소가 지어집니다. [기분/느낌] 새로운 가족, 특히 새로 태어난 아기를 갖게 되는 것은 항상 행복하고, 축복받은 가족행사라고 생각합니다.

EXPRESSIONS 답변 핵심 표현

- family gathering 가족 모임
- newborn 새로 태어난
- nephew 조카
- look forward to ~ing ~을 학수고대하다
- elated 행복한
- wriggle 꼬물거리다, 꿈틀거리다
- blessed 축복받은

Unit 32 재활용

[유형 공략법] 재활용 주제는 난이도가 높은 편은 아니지만, 즉흥적으로 답변하면, 말할거리가 부족해서 답변의 길이가 짧아질 수 있는 주제이다. 물론 없는 이야기를 일부러 꾸며낼 필요는 없지만, 1~2가지의 스토리는 미리 준비해 두도록 한다. 또한 난이도가 높아질수록 뉴스와 시사와 결합되므로, 관련 기사도 반드시 알아 두도록 한다.

주제	기출 문제
과거 경험 (Unit 06 유형)	Tell me about recycling when you were a child. Was there a particular place where you took out the recycling? Describe what it was like and how you recycled in detail. 어렸을 때 재활용에 대해 말해 주세요. 재활용을 하는 특별한 장소가 있었나요? 그곳이 어땠는지 그리고 어떻게 재활용을 했는지 자세히 묘사해 주세요.
기억에 남는 에피소드 (Unit 07 유형)	Tell me about your memorable experience while recycling. What happened? What made it so memorable? 재활용을 할 때 겪었던 가장 기억에 남는 경험에 대해 말해 주세요. 무슨 일이 있었나요? 왜 기억에 남나요?
문제 해결 과정 (Unit 10 유형)	Problems sometimes occur when recycling. Perhaps, the pick-up service did not come as planned, or the items were too big for the containers. What was the problem and how was it solved? 재활용할 때 때때로 문제가 발생합니다. 아마 수거를 일정대로 하지 않았거나, 물건이 재활용 박스에 비해 너무 컸을 수도 있습니다. 어떤 문제가 있었고, 어떻게 해결하였나요? 출제팁 새로 이사 간 곳에서의 재활용 방법 문의나 이웃과의 재활용 이슈 해결 문제가 출제됨.
방법 설명 (Unit 11 유형)	How do people in your country recycle? What items do they recycle? Tell me about the recycling system in your country. 당신 나라의 사람들은 어떻게 재활용을 하나요? 어떤 아이템을 재활용하나요? 당신 나라의 재활용 시스템에 대해 말해 주세요. 출제팁 사람들 외에 본인의 재활용 방법 및 습관에 대한 문제도 출제됨.
과거와 현재 비교 (Unit 14 유형)	The way to recycle has changed over the years. How did people recycle in the past? How is it different from now? 시간이 지나면서 재활용 방법이 변했습니다. 과거에는 사람들이 어떻게 재활용했나요? 지금과 어떻게 다른 가요?
들은 소식 (Unit 16 유형)	Tell me about a news story that you heard related to recycling. What was the story about? How did people react to the news? 재활용과 관련하여 들은 기사 한 가지를 말해 주세요. 그 기사는 무엇에 관한 것이었나요? 그 기사에 대한 사람들의 반응은 어땠나요?

01 과거와 현재의 재활용 비교

AL-Unit32_1.mp3

 Q) The way to recycle has changed over the years. How did people recycle in the past? How is it different from now?

시간이 지나면서 재활용 방법이 변했습니다. 과거에는 사람들이 어떻게 재활용했나요? 지금과 어떻게 다른 가요?

질문 키워드	recycle~changed, How~past, How~different, now
답변 키워드	how, changed, over the years 등을 통해 과거와 현재 비교 유형으로 빠르게 파악할 수 있다. 자세한 정보를 담으려고 하면 방향이 더 어려우므로, 과거에는 없었던 쓰레기 봉투 시행 및 모든 장소에서의 분리수거 실시 등의 변화 정도만 비교한다.

STORY TELLING 답변 연습

단계별 답변 키워드	샘플 답변
비교 대상 및 비교 관점	I think recycling has changed a lot in many different ways over the years. Let me talk about how much it has grown.
과거 ①재활용 빈도 ②분리수거 미시행 현재 ③분리수거 필요 ④쓰레기 대란	When I was younger, ① I remember there wasn't a lot of recycling around. It was all about collecting wastepaper at school a few times a month. ② At home, most people just put all their disposables into the trash can. We didn't even use any garbage bags. We only needed to separate only certain types of materials like newspapers. Today, we must recycle as much as we can and properly follow the protocol. ③ We need to know how to classify and separate all kinds of things like plastics, metals, electronics, and more. ④ It's because we are *going through a garbage crisis.
자신의 의견	Personally, I think people in my country have been putting recycling into practice very well. It is really great for our environment.

해석 [대상 및 관점] 저는 수년 동안 재활용이 많이 변했다고 생각합니다. 얼마나 증가했는지에 대해 이야기를 해보겠습니다. [과거] 제가 어렸을 때는 재활용이 많지 않았던 걸로 기억합니다. 한 달에 몇 번 학교에서의 폐지 수집이 다였습니다. 집에서는 대부분 사람들이 모든 쓰레기를 그냥 쓰레기 통에 버렸습니다. 쓰레기 봉투도 사용하지 않았습니다. 신문과 같은 특정 재료만 재활용을 했습니다. [현재] 오늘날은 정해진 약속에 따라 가능한 많이 그리고 제대로 재활용을 해야 합니다. 플라스틱, 금속, 전자기기 등을 분리수거 하는 방법을 반드시 알아야 합니다. 우리는 쓰레기 대란을 겪고 있기 때문입니다. [의견] 개인적으로, 우리나라 사람들은 재활용을 잘 실천하고 있다고 생각합니다. 우리의 환경을 위해 너무나 좋은 것 같습니다.

등급업 표현

* going through : 이 문장에서는 experience와 같은 구동사 표현이다. 그 외에도 "살펴보다, 검토하다" 등의 의미도 가지고 있으므로 다양하게 활용해본다.

EXPRESSIONS 답변 핵심 표현

• refuse to	~를 거부하다	• ban	금지하다	• loss	손실	
• collect	수집하다	• waste	폐기물, 쓰레기	• depend on	~에 따라 다르다	
• apparently	명백하게	• halt	멈추다	• pay attention to	~에 집중하다	
• importer	수입사, 수입국	• blame	비난하다	• sort out	분류하다	
• incident	사건					

02 재활용과 관련한 들은 기사

AL-Unit32_2.mp3

Q) Tell me about a news story that you heard related to recycling. What was the story about? How did people react to the news?

재활용과 관련하여 들은 기사 한 가지를 말해 주세요. 그 기사는 무엇에 관한 것이었나요? 그 기사에 대한 사람들의 반응은 어땠나요?

질문 키워드	news story, recycling, What~about, How~react
답변 키워드	news story라는 키워드로 들은 소식을 전하는 유형으로 파악한다. 기사의 객관적인 정보에서 주관적인 느낌의 순으로 가면서, 공감을 끌어내고 감정을 어필하는 것이 관건이다. 문제에서 요구한 사람들의 반응은 물론, 나의 반응도 넣어가면서 답변의 흐름을 조절한다.

STORY TELLING 답변 연습

단계별 답변 키워드	샘플 답변
소식의 배경	I have seen some news stories about recycling before. I'll tell you about a story I saw on TV a few days ago.
구체적인 이야기 ① 기: 배경 및 사건의 시작 ② 승: 사건 내용 ③ 전: 사건의 핵심 ④ 결: 결말	The issue was that recycling companies started refusing to collect plastics. ① China is apparently the world's largest importer of recyclable materials, but ② suddenly decided to ban the import of plastic waste. ③ *This caused a huge problem for Korean recycling companies, and they halted collection blaming the loss of profits. People were confused and upset because the recycling system suddenly changed. Even worse, it depended on the apartment complex, the city, or the region. This only added to the confusion. ④ Fortunately, people started to pay more attention to recycling and made many changes to the system.
의견이나 생각	I thought everyone should properly sort out their trash and recyclables to avoid such an incident from happening again.

해석 [배경] 저는 언론에서 재활용에 대한 기사를 몇 개 본 것 같습니다. 제가 몇 일 전에 TV에서 본 기사에 대해 이야기해 보겠습니다. [구체적인 이야기] 문제는 재활용 업체들이 폐비닐을 수거를 전면 거부했다는 것이었습니다. 중국은 수년동안 세계 최대의 재활용품 수입국이었는데, 갑자기 폐비닐 수입을 거부했습니다. 그 결과로 한국 재활용 업체들이 더 이상 수익이 나지 않는다며, 폐비닐 수거를 멈추었습니다. 사람들은 모두 혼란스럽고 당황했습니다. 재활용 제도가 갑자기 바뀌었기 때문입니다. 더 심각한 것은, 그 제도가 아파트 단지마다, 또는 도시마다, 지역마다 달랐습니다. 이것은 사람들에게 혼란을 더 가중시켰습니다. 다행히, 그 이후로, 사람들은 재활용에 더 관심을 가지기 시작했고, 그리고 재활용 시스템에 제대로 실천하는 변화를 만들었습니다. [의견이나 생각] 모든 사람들이 이런 일이 다시 생기지 않도록 쓰레기와 재활용품을 잘 분리하고 버려야 한다고 생각했습니다.

등급업 표현

* This caused : as a result, accordingly와 같은 접속사들을 이용하여 인과관계를 연결하는데, cause는 5형식 문장을 이끄는 동사이다. 주어+cause+목적어+to부정사: 주어는 목적어가 to부정사하는 원인이 된다 / 주어의 결과로 목적어가 to부정사하다

EXPRESSIONS 답변 핵심 표현

• refuse to	~를 거부하다	• ban	금지하다	• loss	손실
• collect	수집하다	• waste	폐기물, 쓰레기	• depend on	~에 따라 다르다
• apparently	명백하게	• halt	멈추다	• pay attention to	~에 집중하다
• importer	수입사, 수입국	• blame	비난하다	• sort out	분류하다
• incident	사건				

Unit 33 건강/병원

[유형 공략법] 건강과 병원 주제는 음식이나 요리, 식료품점, 음식점, 운동 등과 함께 출제되고 있다. 그만큼 출제 빈도가 높으므로 기출 문제는 미리 확인한다. 각 주제별로 요구하는 어휘들이 다르므로 반드시 결합되는 주제에 따른 어휘도 정리를 해 두는 것이 필요하다.

주제	기출 문제
과거 경험 (Unit 06 유형)	When was the last time you had healthy food? Who was it with and how did you feel? What was special about that experience? 최근 건강식을 먹은 때는 언제인가요? 누구와 함께 먹었나요, 그리고 기분이 어떠했나요? 그 경험에 대해 특별한 점은 무엇이었나요?
	Have you ever had to quit doing something for health reasons? What did you give up? What made you give it up? 건강 상의 이유로 무언가를 그만두어야 했던 경험이 있나요? 무엇을 포기했나요? 포기한 이유는 무엇이었나요?
	Tell me about the first time you visited a dental clinic. When was it? Why did you go there? 치과에 처음 방문했던 때에 대해 말해 주세요. 언제였나요? 왜 갔었나요?
	Going to the dentist can be stressful. Are you afraid of going to the dentist? Have you ever had an unpleasant experience at a dental clinic? What happened? Why is it unforgettable? 치과에 가는 것은 스트레스일 수 있습니다. 치과에 가는 것이 두려운가요? 치과에서 불쾌한 경험이 있었나요? 무슨 일이 있었나요? 왜 잊지 못할 경험인가요? 출제팁 어렸을 때 병원에 간 경험, 처음 병원에 간 경험과 건강식을 먹게 된 계기 등이 출제됨.
원인과 결과 (Unit 09 유형)	Have you ever changed a habit or a lifestyle for your health? Maybe you started working out or eating healthy foods. Has it affected your health? Tell me about the changes you made. 건강을 위해 습관이나 생활습관을 바꾼 적이 있나요? 아마 운동을 시작했거나, 건강식을 먹기 시작했을 수도 있습니다. 건강에 영향이 있었나요? 당신이 준 변화에 대해 말해 주세요.
	Tell me about one thing that you did for your health in the past. What did you do? Why did you do it? How did it affect your health? 과거에 건강을 위해 한 일에 대해 말해 주세요. 무엇을 했나요? 왜 그것을 했나요? 건강에 어떤 영향을 미쳤나요? 출제팁 주위의 건강한 사람에게 받은 영향에 관한 문제도 출제됨.
문제 해결 과정 (Unit 10 유형)	Tell me about a health problem that you had. What was your problem? What symptoms did you have? How did you recover from it? 건강상 있었던 문제에 대해 말해 주세요. 어떤 문제였나요? 어떤 증상이 있었나요? 어떻게 회복했나요?
의견 말하기 (Unit 16 유형)	People make a lot of effort to stay healthy. Is there anything special that you do to keep healthy? Tell me what you do and why you try to do it. 사람들은 건강을 유지하기 위해 많은 노력을 합니다. 당신이 건강 유지를 위해 하는 특별한 것이 있나요? 무엇을 하는지, 그것을 하려고 노력하는 이유를 말해 주세요.
	People are trying to eat healthily these days. What is healthy food and why is it healthy for us? 오늘날 사람들은 건강하게 먹으려고 노력합니다. 건강한 음식은 무엇인가요, 그리고 그 음식은 왜 건강한가요?

01 건강상 무언가를 그만두어야 했던 경험

 Q) Have you ever had to quit doing something for health reasons? What did you give up? What made you give it up?

건강 상의 이유로 무언가를 그만두어야 했던 경험이 있나요? 무엇을 포기했나요? 포기한 이유는 무엇이었나요?

질문 키워드	quit something, for health, what made~give up
답변 키워드	Have you ever ~로 과거 경험 유형으로 쉽게 파악할 수 있었다. 특별하게 그만두었던 경험이므로 나쁜 습관과 연관 짓거나(습관의 변화를 준 경험 문제에서도 활용 가능), 한약 등으로 일시적으로 금식을 해야 했던 경험(건강식 문제에서도 활용 가능)으로 답하면 활용도가 높아진다.

STORY TELLING 답변 연습

단계별 답변 키워드	샘플 답변
경험 소개	There are a few bad habits that I had to quit for health reasons. Let me tell you about my experience of cutting carbs from my diet.
육하원칙 정보 ① 언제 ② 어디서 ③ 누구와 ④ 무엇을 ⑤ 왜 ⑥ 어떠했나	① A few months ago, ④ I started taking Chinese medicine after meeting with an oriental doctor. ⑤ I wasn't feeling well and decided to see one. Whenever I *feel under the weather, I usually go grab a prescription. ⑥ The thing is, Chinese medicine should be taken very carefully. For example, meat, flour, and alcohol should not be consumed when taking the medicine. Those particular food items can cause unwanted side effects or weaken the effectiveness of the medicine. I took the medicine for one and a half months. That time was especially hard to bear because I am a carb lover. It is almost impossible for me to find food that doesn't contain flour! However, thanks to the medicine, I feel a lot better than before.
당시 기분/느낌	I think it would be great to control what I eat for my health and not only when I'm taking Chinese medicine but making it a lifestyle choice.

해석 [경험소개] 저는 건강상의 이유로 끊어야 했던 나쁜 습관이 몇 가지 있었습니다. 그래서 제가 식단에서 탄수화물을 끊었던 경험에 대해 이야기해보겠습니다. [육하원칙 정보] 몇 달 전, 한의사를 만난 후에 한약을 먹기 시작했습니다. 컨디션이 안 좋아서 한의사에게 가기로 했습니다. 사실 저는 컨디션이 안 좋을 때마다, 한약을 먹곤 합니다. 문제는, 한약은 매우 잘 복용되어야 한다는 점입니다. 예를 들면, 육류나 밀가루, 술은 한약을 복용하는 동안 먹으면 안 됩니다. 그러한 것들은 원치 않는 부작용을 일으키거나, 약의 효능을 약화시킬 수 있습니다. 저는 한달 반 동안 약을 복용했습니다. 저는 탄수화물을 너무 좋아하기 때문에, 견디기 너무 힘든 시간이었습니다. 밀가루가 없는 음식을 찾기란 저에게 불가능했습니다! 어쨌거나, 한약 덕분에, 전보다 훨씬 좋아졌습니다. [기분/느낌] 한약을 먹을 때 뿐만 아니라, 일상 생활에서도 건강을 위해 식단을 조절하는 것이 좋다고 생각합니다.

등급업 표현

* feel under the weather : not feeling well, not in a good condition 등과 같은 의미인 기분이 좋지 않다는 간접 표현이다. 우리나라의 속담을 이용하듯, 영어식 비유도 많이 사용된다는 점을 기억하자.

EXPRESSIONS 답변 핵심 표현

* quit   그만두다
* cut   줄이다
* prescription 처방전
* consume   소모하다

* take medicine 약을 복용하다
* unwanted   원하지 않는
* side-effect   부작용

* weaken   약해지다
* effectiveness 효과
* contain   포함하다

AL-Unit33_2.mp3

02 사람들이 건강한 음식을 먹는 이유

 People are trying to eat healthily these days. What is healthy food and why is it healthy for us?
오늘날 많은 사람들은 건강하게 먹으려고 노력합니다. 건강한 음식은 무엇인가요, 그리고 그 음식은 왜 건강한가요?

질문 키워드	what~healthy food, why
답변 키워드	healthy food라는 토픽으로 사람들이 일반적으로 먹는 건강한 음식의 종류(what kinds~food)와 이유(why)에 대해 묻고 있으므로 의견 말하기 유형으로 답변한다. 특정 음식이 아닌 1-2가지의 음식의 종류로 풀어가면서 이유를 더 디테일하게 답변하는데 힘을 실어주도록 한다.

STORY TELLING 답변 연습

단계별 답변 키워드	샘플 답변
주제 소개	People these days put a lot of effort into eating healthy food for many reasons. I think there is a large variety of healthy foods that can be easily found around us. I can tell you about a couple of them.
이유나 근거 ① 건강식 1: 샐러드 ② 근거: 과거 식단의 문제 ③ 건강식 2: 슬로푸드 ④ 근거: 슬로푸드의 뜻과 영향	① The usual, *go-to health food is a salad. ② Those who don't have enough time to eat want something quick and easy. That's why they prefer meals like fast food or instant food from convenience stores. The thing is, those foods contain a lot of calories and are high in sodium and fat. Eating fast food too often has caused people to suffer from obesity and related diseases. As a result, consumers have become more health conscious. ③ Another type of healthy food is slow food. ④ It encourages people to stop eating fast food, instead, taking the time to cook in the traditional way. This movement is to improve the quality of life through food and to continue the tradition of the food culture. The slow food movement is practiced in many countries.
의견 요약	In my opinion, it is extremely important to intake something healthy to maintain a healthy body and mind. I like this trend of change.

해석 [주제 소개] 요즘 사람들이 다양한 이유로 건강식을 챙기려는 노력을 하고 있습니다. 우리 주위에서 쉽게 찾아볼 수 있는 다양한 건강식이 있는 것 같습니다만, 저는 그 중에 몇 가지에 대해 이야기해 보겠습니다. [이유나 근거] 먼저, 일반적인 건강 식품은 샐러드입니다. 식사를 할 시간이 충분하지 않은 사람들은 빠르고 쉽게 먹을 것을 원합니다. 그래서 그런 사람들은 종종 편의점에서 패스트푸드나 인스턴트 음식을 선호합니다. 문제는, 그러한 음식들이 칼로리가 높고, 나트륨과 지방 함량이 높다는 것입니다. 잦은 패스트푸드 식사는 사람들로 하여금 비만과 관련 질병으로 고생하는 원인이 되었습니다. 그 결과, 사람들이 건강에 관심이 많아졌습니다. 또다른 건강 식품의 종류는 슬로우 푸드입니다. 이는 사람들이 패스트푸드를 먹는 것을 줄이고, 전통적인 방법으로 시간을 충분히 가지며 요리를 하도록 하는 것입니다. 이러한 운동은 음식을 통해 삶의 질을 향상시키고, 음식 문화의 전통을 이어 가기 위함입니다. 슬로우 푸드 운동은 많은 나라에서 시행 중입니다. [의견 요약] 제 의견은 건강한 몸과 마음을 유지하기 위해 건강한 것을 섭취하는 것은 매우 중요하다고 생각합니다. 그래서 저는 이러한 변화가 좋다고 생각합니다.

등급업 표현

* go-to : 요즘 말로 "최애"라는 의미를 가진 형용사이며, 사람이나 사물에 모두 사용 가능하다. 실제 의미는 "도움 등을 얻기 위해 찾는 사람이나 물건"이다.

EXPRESSIONS 답변 핵심 표현

• put effort into	~에 힘쓰다	• suffer from	~로 고생하다	• improve	향상시키다
• a variety of	다양한	• related	관련된	• tradition	전통
• prefer	선호하다	• encourage 목 to	목적어가 ~하도록 장려하다	• practice	행하다, 실천하다
• contain	포함하다	• movement	운동	• intake	섭취하다

Unit 34 면접관에게 질문하기

[유형 공략법] 이 유형은 면접관에게 주어지는 주제에 대해 단순한 정보를 묻는 문제 유형이다. 주로 첫 문장에서 주제가 언급된다. 질문은 의문사 의문문, 간접의문문, 부가의문문, 선택의문문 등 다양한 의문문 형태를 사용하여 문장력을 어필해야 한다. 또한 기본적으로 3-4가지를 질문해야 하므로, 어떤 주제가 출제되든 적용할 수 있는 공통 질문 리스트를 준비하는 것이 이 유형의 전략이다.

주제	기출 문제
집	I live in an apartment now. Please ask me three or four questions about the place I live in. 저는 현재 아파트에 살고 있습니다. 제가 살고 있는 장소에 대해 3-4가지의 질문을 해주세요.
	I moved into a new house recently. Ask me three or four questions about my new house. 저는 최근에 새 집으로 이사를 했습니다. 저의 집에 관해 3-4가지 질문을 해주세요.
가족	I also live with my family now. Ask me three or four questions about my family. 저 역시 현재 가족과 살고 있습니다. 저의 가족에 대해 3-4가지의 질문을 해주세요.
회사	I took a training program in my company. Please ask me three or four questions about the program. 저는 회사에서 트레이닝 프로그램을 이수했습니다. 그 프로그램에 대해 3-4가지 질문을 해주세요.
음악 감상	I also love to listen to music. Can you ask me three or four questions about my favorite type of music? 저도 음악 감상을 좋아합니다. 제가 좋아하는 음악의 종류에 대해 3-4가지 질문을 해주세요.
악기 연주	I play the violin in an orchestra. Please ask me three or four questions about it. 저는 오케스트라에서 바이올린을 연주합니다. 이것에 대해 3-4가지 질문을 해주세요.
요리	I like to cook Italian food. Please ask me three or four questions about cooking Italian food. 저는 이탈리아 음식 요리하기를 좋아합니다. 이탈리아 음식 요리하기에 대해 3-4가지 질문을 해주세요.
여행	I'd like to visit your country. Ask me three or four questions about my interests in order to assist me with my trip. 저는 당신의 나라를 방문하고 싶습니다. 제 여행에 도움될 수 있도록, 저의 관심사에 대해 3-4가지 질문을 해주세요. 출제팁 일반적인 취미로서의 여행 혹은 여행지에서의 경험 주제도 출제됨
약속	I have an appointment this weekend. Ask me three or four questions about my appointment. 저는 이번 주 주말에 약속이 있습니다. 저의 약속에 대해 3-4가지 질문을 해주세요.
지형	I live in Canada now. Ask me three or four questions about the geographic features of my country. 저는 현재 캐나다에 살고 있습니다. 제 나라의 지형적 특징에 관해 3-4가지 질문을 해주세요

01 새로 이사 간 집에 대해 질문

AL-Unit34_1.mp3

 I moved into a new house recently. Ask me three or four questions about my new house.
저는 최근에 새 집으로 이사를 했습니다. 저의 새 집에 관해 3-4가지 질문을 해주세요.

질문 키워드	moved, about my house
답변 키워드	주로 첫 문장에서 주제가 언급된다. 이 질문에서는 새로 이사간 집이다. 기본적으로 장소와 관련한 질문은 위치와 생김새, 구조(방의 개수) 등을 반드시 포함하도록 한다. 질문만 연속적으로 하는 것이 아니라, 본인의 생각이나 이야기도 중간중간 넣어서 매끄러운 대화처럼 이어간다.

STORY TELLING 답변 연습

단계별 답변 키워드	샘플 답변
공감 형성 ① 인사 ② 상황 공감	① Hi, I'm 김지현. It is nice to finally talk to you. ② Did everything go well when you moved into your new house? I hope you like it. I have a few questions for you.
질문 ① 집의 가격 ② 위치 ③ 구조(방)	① These days, houses can be quite expensive to own. If you don't mind telling me, did you buy the house, or are you renting it? And if it isn't rude, *can I ask how much it cost? ② Also, where is it located exactly? What are the facilities like in your neighborhood? I believe that facilities such as schools, hospitals, or parks should be easily accessible, especially if you have children. ③ Lastly, I wonder how many rooms your new house has. What do they look like? Speaking of, since I have a big family, the more rooms the house has, the happier everyone is.
마무리 인사 ① 바람 ② 인사	Actually, I'm also thinking of moving, so this was a good chance to get some good information from you! And ① I would be so happy if you'd invite me to your new house someday. ② Anyway, enjoy your new place and talk to you soon.

해석 [공감 형성] 안녕하세요. 저는 김지현입니다. 드디어 당신과 이야기하게 되어서 기뻐요. 새 집으로 이사는 잘 진행되었나요? 새집도 마음에 들기를 바래요. 질문 몇 가지만 할게요. [질문] 요즘 집을 사기에는 꽤 비쌀 수 있습니다. 말해 줄 수 있다면, 집을 산 건가요, 임대를 한 건가요? 무례하지 않다면, 비용이 얼마나 들었는지 여쭤봐도 되나요? 또한 위치가 정확히 어디인가요? 그 동네에 생활 편의시설들이 어떠한가요? 특히 아이들이 있다면, 학교나 병원, 공원 같은 편의시설은 반드시 근처에 있어야 한다고 생각해요. 마지막으로 방은 몇 개인지 궁금해요. 방들은 어떻게 생겼나요? 말이 나와서 하는 말인데, 저는 대가족이라서 집에 방이 많을수록 가족이 좋아한답니다. [마무리 인사] 실은 저도 이사를 생각하고 있어요. 그래서, 좋은 정보들을 얻는 좋은 기회였어요! 그리고 언젠가 저를 새 집으로 초대해주시면, 너무 좋을 것 같아요. 어쨌든 새 집에서 좋은 일이 있기를 바라며, 곧 또 얘기해요.

등급업 표현

* can I ask how much it cost : 간접의문문은 다양한 의문문의 형태 중에서 득점 포인트가 높은 문장이므로 롤플레이 답변에서 반드시 한 번은 사용하도록 한다. 단, 의문사+주어+동사의 순서를 혼동하여 감점되지 않도록 한다.

EXPRESSIONS 답변 핵심 표현

* move into   ~로 이사하다
* own   소유하다
* mind ~ing   ~을 싫어하다
* rude   무례한
* be located   위치하다
* facility   편의시설
* accessible   접근할 수 있는
* wonder   궁금하다
* invite 사람 to   사람을 ~로 초대하다

I'd like to visit your country. Ask me three or four questions about my interests in order to assist me with my trip.

저는 당신의 나라를 방문하고 싶습니다. 제 여행에 도움될 수 있도록, 저의 관심사에 대해 3~4가지 질문을 해주세요.

질문 키워드	visit your country, my interest
답변 키워드	이 질문은 여행이다. your country로 응시자의 나라로 제한했지만, 여행에 관한 일반적인 질문들로 답변을 구성하면 된다. 기본적으로 휴가나 여행 등의 경험에 관련하여는 무엇을 보고, 무엇을 먹고, 무엇을 했는지 등을 공통으로 질문한다.

STORY TELLING 답변 연습

단계별 답변 키워드	샘플 답변
공감 형성 ① 인사 ② 상황 공감	① Hi, I'm 박수진. I'm happy to have this opportunity to talk to you. ② And I'm also excited to hear that you're planning a trip to my country. It would be my pleasure to help you plan your trip. Let me ask you a few questions about your interests and then I can make a few recommendations.
질문 ① 볼거리 관심사 ② 할 거리 관심사 ③ 먹을거리 관심사	① Do you prefer to do some sightseeing or do something else? In my country, there are tons of scenic and beautiful historical sites. I think some of these places are worth visiting at least once during your trip. ② If you prefer to do something else, what do you think about immersing yourself in some Korean culture? You can try on some Korean traditional clothing and have a traditional tea ceremony. What about games? Don't you think it would be so exciting to take part in some traditional Korean folk games? ③ And what do you think about trying some exotic local food? I ask because I would like to invite you to try some grilled bulgogi and Kimchi with me, Korea's most popular dish.
마무리 인사 ① 바람 ② 인사	① I hope this helps with your trip. ② Good luck with your trip and have a great time.

해석 [공감 형성] 안녕하세요. 박수진입니다. 당신과 이야기할 기회를 갖게 되어서 기뻐요. 우리나라로의 여행을 준비하고 있다고 들어서 너무 좋네요. 당신을 여행 계획을 도와 드리게 되어서 너무 기뻐요. [질문] 관광을 선호하나요, 아니면 무언가를 하는 것을 선호하나요? 우리나라에는 경치 좋고 아름다운 유적지가 많아요. 제 생각엔 여행하는 동안 이런 곳에 한번은 방문해볼 만한 것 같아요. 만약 무언가를 해보고 싶다면, 한국 문화 체험은 어떠세요? 한복을 입고 다도를 체험을 해볼 수 있어요. 게임은요? 한국 전통민속놀이 참여가 재미있을 것 같지 않나요? 또한 이국적인 현지 음식을 먹어보는 것은 어때요? 제가 이렇게 묻는 이유는 한국에서 가장 유명한 메뉴인 불고기랑 김치를 저와 먹자고 초대하기 위해서예요. [마무리 인사] 이 모든 것들이 당신의 여행 준비에 도움이 되기를 바래요. 여행 잘 다녀오시고, 좋은 시간 보내세요.

EXPRESSIONS 답변 핵심 표현

• opportunity	기회	• scenic	경치가 좋은	• ceremony	의식
• plan a trip	여행을 계획하다	• historical site	유적지	• folk game	민속 놀이
• make a recommendation	추천하다	• be worth ~ing	~할 만한 가치가 있다	• exotic	이국적인
• do sightseeing	관광하다	• at least	최소한	• grilled	구운

Unit 35 주어진 상황에서 직접 질문하기

[유형 공략법] 면접관이 아닌 주어진 청자에게 질문하는 유형으로, 반드시 주어지는 상황이 있고, 그 상황에서 정보를 알아내기 위해 질문을 해야 한다. 따라서 어떤 상황인지, 청자는 누구인지를 정확하게 파악하는 것이 핵심이다. 상황은 주로 첫 문장에서 언급되며, ask 다음에 질문을 받는 사람이, about 뒤에는 질문의 주제가 등장한다.

주제	기출 문제
수업	You'd like to take a writing class. Ask the course director three or four questions about the class. 당신은 작문 수업을 수강하고 싶습니다. 수업에 대해 수강 관리자에게 3~4가지 질문을 해주세요.
업무	You're about to start working on a new project. Ask your boss three or four questions about the project. 당신은 새로운 프로젝트를 시작하려 합니다. 프로젝트에 관해 상사에게 3~4가지 질문을 해주세요.
카페	You are at a café, but your favorite drink is not on the menu. Ask three or four questions about the menu to the café employee. 당신은 카페에 있습니다. 하지만, 좋아하는 음료가 메뉴에 없습니다. 메뉴에 관해 카페 종업원에게 3~4가지 질문을 해주세요.
헬스장	You'd like to join a gym. Ask the trainer three or four questions to find out more about the place. 낭신은 헬스장에 등록하고 싶습니다. 헬스장에 더 알아보기 위해 트레이너에게 3~4가지 질문을 해주세요.
은행	You need to open a new bank account. Ask the bank representative three or four questions to learn everything about you need to do to open an account. 당신은 새로운 은행 계좌 개설을 해야 합니다. 계좌 개설을 위해 해야 하는 것들을 알아내기 위해 직원에게 3~4가지 질문을 해주세요.
상점	You are at a department store to purchase new clothes. Ask the sales clerk three or four questions about the clothes you would like to buy. 당신은 새 옷을 구매하기 위해 백화점에 있습니다. 사고 싶은 옷에 대해 점원에게 3~4가지 질문을 해주세요. You are at a store to buy new furniture. Ask the salesperson three or four questions about the furniture you are looking for. 당신은 새 가구를 사기 위해 상점에 있습니다. 점원에게 찾고 있는 가구에 대해 3~4가지 질문을 해주세요. 출제팁 식료품점에서 요리재료 구매 관련, 상점에서 세일 관련 질문하기 문제도 출제됨.
호텔	You want to stay at a hotel for a trip in a new city, but you didn't make a reservation. Go to the reception desk and ask three or four questions to get information about whether you can stay. 당신은 새로운 도시에서의 여행을 위해 호텔에 머물기를 원합니다. 하지만, 예약을 하지 않았습니다. 호텔 데스크로 가서, 묵을 수 있는지 정보를 얻기 위해 3~4가지 질문을 해주세요. 출제팁 컨시어지에 자유시간에 할 수 있는 활동 관련 질문하기 문제도 출제됨.
교통	You have just arrived in a new city. You need to rent a car to get around for about a week, so you have gone to a car rental agency. Ask the agent three or four questions about renting a car. 당신은 이제 막 새로운 도시에 도착했습니다. 약 1주일간 이동을 하기 위해 차 렌트를 해야 해서 렌터카 회사에 갔습니다. 차 렌트에 대해 담당 직원에게 3~4가지 질문을 해주세요. 출제팁 카센터에서 차량 수리 관련 질문하기 문제도 출제됨. You have arrived at the airport, but your flight is delayed by 2 hours. Go to the ticket desk and ask three or four questions about the situation. 당신은 공항에 도착했습니다. 그런데 비행편이 2시간 지연되었습니다. 발권 데스크에 가서, 상황에 대해 3~4가지 질문을 해주세요. 출제팁 비슷하게 비행기 연착 관련 질문하기 문제도 출제됨.

01 새로운 프로젝트가 시작되는 상황

AL-Unit35_1.mp3

 You're about to start working on a new project. Ask your boss three or four questions about the project.

당신은 새로운 프로젝트를 시작하려 합니다. 프로젝트에 관해 상사에게 3~4가지 질문을 해주세요.

질문 키워드	new project, your boss
답변 키워드	늘 상황은 초반에서, 청자와 질문의 주제는 후반에서 언급된다. ask 다음에는 청자가, three or four questions about 다음에는 질문 주제가 언급한다는 공식을 기억한다. 업무/면접/파티/약속 등과 관련해서는 함께하는 사람, 시간 및 장소의 정보들을 기본적으로 질문한다.

STORY TELLING 답변 연습

단계별 답변 키워드	샘플 답변
상황 설명 ①인사 ②상황 설명	① Hello, sir. ② I'm so excited to hear that we are finally starting a new project. Can I ask you for some details of the project?
질문 ①시간 ②인원 ③예산 ④장소	This looks like a big project, so it will take quite a bit of time to complete. ① I am wondering when the project due is and ② how many members are being assigned to it. Not only that, we might need to outsource some parts of the project to *get it done in time. ③ Can you tell me what our total budget is? Do you think it will cover overtime pay? ④ And do you know where we will work? Is it going to be in the same place as we work now? If not, I might need to arrange my work schedule since I live quite far away.
마무리 인사	I really appreciate all of the information. Thank you so much for giving me your time.

해석 [상황 설명] 안녕하세요, 팀장님. 드디어 새로운 프로젝트를 시작한다는 소식을 들어 너무 기쁩니다. 프로젝트에 대해 몇 가지 자세한 사항에 대해 질문해도 될까요? [질문] 이번에는 큰 프로젝트처럼 보여서, 완료하는데 많은 시간이 필요할 것 같습니다. 마감 기한과 몇 명의 인원이 배정되었는지 궁금합니다. 뿐만 아니라, 제 시간에 마치려면 부분적으로 아웃소싱이 필요할 수도 있습니다. 저희 총예산이 얼마인지 말씀해 주실 수 있나요? 초과근무수당까지 충분할까요? 그리고 우리가 어디서 일하게 될지 알고 계신가요? 현재 저희가 일하는 곳과 같은 장소일까요? 아니라면, 제가 좀 멀리 살고 있어서 근무시간을 조정해야 할 수도 있습니다. [마무리 인사] 정보 주셔서 정말 감사합니다. 그리고 시간 내주셔서 너무 고맙습니다.

등급업 표현

* get it done : get+목+done은 complete, finish과 같은 의미이지만, 구동사로 득점포인트가 높은 표현이다. get 대신 have도 사용 가능하다.

EXPRESSIONS 답변 핵심 표현

- be excited to ~해서 기쁘다
- details 자세한 사항, 내용
- look like ~처럼 보이다
- take time to ~하는데 시간이 걸리다, 시간을 보내다
- far away 멀리 떨어진
- due 마감
- be assigned to ~에 할당되다, 주어지다
- in time 제시간에
- budget 예산
- arrange schedule 스케줄을 정하다

02 원하는 메뉴가 카페에 없는 상황

AL-Unit35_2.mp3

Q) You are at a café, but your favorite drink is not on the menu. Ask three or four questions about the menu to the café employee.

당신은 카페에 있습니다. 하지만, 좋아하는 음료가 메뉴에 없습니다. 메뉴에 관해 카페 종업원에게 3-4가지 질문을 해주세요.

질문 키워드	café, not on menu, café employee
답변 키워드	답변을 시작할 때, 상황을 언급해 주면서, 정확히 파악했다는 인상을 주면 좋다. 언급하지 않았다고 해서 감점의 요인이 되지는 않지만, 질문으로 자연스럽게 이어질 수 있으니 답변의 도입에 항상 넣도록 한다. 상점/쇼핑/음식점/기타 편의 시설 등에서 원하는 상품(서비스)을 요구하는 상황에서는 추천 상품(서비스), 세일/할인 문의 등을 공통 질문으로 한다.

STORY TELLING 답변 연습

단계별 답변 키워드	샘플 답변
상황 설명 ① 인사 ② 상황 설명	① Excuse me, ma'am. Can I ask you a few questions? Thanks. ② I am a regular here, but I can't find my favorite drink on the menu today.
질문 ① 원하는 음료 요청 ② 비슷한 음료 추천 ③ 인기 음료 ④ 이벤트	① It is a strawberry latte with an extra shot, so is it possible to make one for me even though it's not on the menu? ② If it's not possible, can you recommend another drink similar to my favorite one? ③ If you don't have any, what type of drink would you recommend for me? What are the most popular drinks you have here? Sounds great. ④ By the way, is there any drink *on promotions? What are the details about the promotion and what are the drinks like? I'd love to try one of them.
마무리 인사	I really appreciate all the information. And thank you so much for your help.

해석 [상황 설명] 실례합니다. 몇 가지만 물어봐도 될까요? 감사합니다. 저는 여기 단골인데, 오늘 제가 가장 좋아하는 음료를 메뉴에서 찾을 수가 없네요. [질문] 샷 추가하는 딸기라떼인데, 메뉴에 없더라도 하나 만들어 주실 수 있나요? 안 된다면, 제가 좋아하는 것과 비슷한 다른 음료를 추천해주실 수 있나요? 비슷한 음료가 없다면, 어떤 음료를 추천해 주실 수 있나요? 여기서 가장 인기있는 것은 무엇인가요? 좋네요. 그런데, 행사 중인 음료가 있나요? 행사의 내용은 무엇인가요? 그 음료는 어떤가요? 하나 먹어보고 싶네요. [마무리 인사] 정보 주셔서 정말 감사합니다. 그리고 도와주셔서 너무 고마워요.

등급업 표현

* on promotions : 이 외에도, at a discount, on sale이 "할인 중"이라는 같은 의미를 갖는다. 전치사, 관사에 유의한다.

EXPRESSIONS 답변 핵심 표현

• regular	단골손님	• similar to	~와 비슷한	• details	자세한 사항, 내용
• recommend	추천하다	• by the way	그런데		

03 비행편이 지연되고 있는 상황

AL-Unit35_3.mp3

 You have arrived at the airport, but your flight is delayed by 2 hours. Go to the ticket desk and ask three or four questions about the situation.

당신은 공항에 도착했습니다. 그런데 비행편이 2시간 지연되었습니다. 발권 데스크에 가서, 상황에 대해 3~4가지 질문을 해주세요.

질문 키워드	flight~delayed~2 hours, ticket desk
답변 키워드	문제가 발생한 상황 같지만, 대안이나 해결책을 제시하는 것이 아니라 정보를 확인하기 위한 질문을 해야 한다. 이러한 상황에서는 문제가 언제쯤 해결될지, 다시 발생은 안 하는지, 상품이나 서비스라면 환불이나 교환이 되는지 등을 공통 질문으로 한다.

STORY TELLING 답변 연습

단계별 답변 키워드	샘플 답변
상황 설명 ① 인사 ② 상황 설명	① Excuse me, sir. ② *I've just been informed that the flight will be delayed by 2 hours. Can I ask you a few details about the situation?
질문 ① 해결 시간 ② 재발생 이슈 ③ 교환 ④ 환불	I am on a tight schedule, and it is very important for me to get to my destination on time. ① Do you have any idea when the flight will depart? I'm worried about making my connecting flight. I know a problem with a flight can cause other unexpected issues. ② I wonder if there is any chance the flight might get further delayed? ③ Let's see,,, would you be able to put me on a different plane right now so that I can get there in plenty of time? Actually, I have no reason to leave today if I can't get to my connecting flight on time. ④ In such a case, would it be possible to get a refund for this ticket?
마무리 인사	I really appreciate all the information. And thank you so much for your help.

해석 [상황 설명] 실례합니다. 제 항공편이 2시간 지연될 것이라고 방금 들었습니다. 상황에 대해 더 자세히 묻고 싶어요. [질문] 제가 일정이 빡빡해서, 목적지까지 제시간에 도착하는 것이 정말 중요합니다. 비행기가 언제쯤 출발할까요? 연결 항공편에 탑승할 수 있을지 걱정입니다. 때때로 항공편 문제로 인해 예기치 않은 다른 문제들이 생길 수 있다고 알고 있습니다. 항공편 지연이 더 길어질 가능성은 없는지 궁금해요. 잠시만요,,, 여유롭게 도착할 수 있도록 다른 항공편으로 변경해 주실 수 있나요? 실은 연결 항공편을 제시간에 이용하지 못하면, 오늘 출발할 이유도 없거든요. 그러한 경우라면, 항공권을 환불받을 수 있을까요? [마무리 인사] 정보 주셔서 정말 감사합니다. 그리고 도와주셔서 너무 고마워요.

등급업 표현

* I was informed that~: 들었다는 표현을 I hear that~이 아니라 I was told that~의 수동태를 사용하면 득점포인트가 된다. 마찬가지로 I was informed that~ 역시 화자보다 청자를 강조하는 수동태의 답변 핵심 표현이다.

EXPRESSIONS 답변 핵심 표현

• delay	지연하다, 미루다	• on time	정각에	• unexpected	예상하지 못한
• tight schedule	빡빡한 일정	• depart	출발하다	• plenty of	많은
• get to	~에 도착하다	• connecting flight	연결 항공편	• get a refund	환불받다
• destination	목적지				

Unit 36

주어진 상황에서 전화로 질문하기

[유형 공략법] Unit 35와 비슷한 유형이나 전화로 질문한다는 점만 다르다. 역시 첫 문장에서 상황이 주어지며, call 다음에 전화를 받을 사람과, about 뒤에서 질문해야 하는 내용이 주어진다. 전화 질문은 특히, 답변 도입에서 전화를 건 사람이 누구인지, 전화목적이 무엇인지 반드시 밝혀야 한다.

주제	기출 문제
집	You would like to get a house. Call a real estate agent and ask three or four questions about the house and what services they offer. 당신은 집을 구하고 싶습니다. 부동산에 전화해서, 집과 부동산이 제공하는 서비스에 대해 3~4가지 질문을 해주세요.
	Suppose you just moved to an apartment building. Call the person at the maintenance and ask three or four questions about the recycling policy in this building. 이제 막 아파트로 이사했다고 가정해 보세요. 관리실에 전화해서, 재활용 방법에 대해 3~4가지 질문을 해주세요.
상점	There is a newly opened store. Call your friend who knows about the new store and ask some questions to get some information about the store. 새로 개장한 상점이 있습니다. 새 상점을 아는 친구에게 전화해서, 상점에 대한 정보를 얻기 위해 몇 가지 질문을 해주세요.
	You would like to buy a new cell phone. Call a store and ask three or four questions about a new phone you would like to purchase. 당신은 새 휴대전화를 사고 싶습니다. 상점에 전화해서, 사고 싶은 새 휴대전화에 대해 3~4가지 질문을 해주세요. **출제팁** 새로 출시된 게임 정보, 신문 구독, 새로 생긴 카페, 다양한 상점으로 상품 전화문의가 출제됨.
인터넷	Your friend discovers a cool website. Call your friend and ask three or four questions about the site. 당신 친구가 좋은 웹사이트를 발견했습니다. 친구에게 전화해서, 친구가 찾아낸 사이트에 대해 3~4가지 질문을 해주세요. **출제팁** 친구가 추천한 상점/식료품점 전화문의가 출제됨.
음식점	You would like to go to a new restaurant that has opened recently. Call the restaurant and ask three or four questions to see if you want to go. 당신은 최근 오픈한 새로운 음식점에 가고 싶습니다. 음식점에 전화해서, 당신이 가고 싶을지 알아보기 위해 3~4가지 질문을 해주세요.
파티	You have been invited to a friend's birthday party. The party will be held at a bar. Call your friend and ask three or four questions about the place where the party is going to be held. 당신은 친구의 생일 파티에 초대받았습니다. 파티는 술집에서 열립니다. 친구에게 전화해서, 파티가 열리는 장소에 대해 3~4가지 질문을 해주세요.
	Your friend is thinking about having a holiday party and has asked for your help to plan the event. Call your friend and ask three or four questions to find out more about the party. 당신 친구는 휴일파티를 열려고 생각 중입니다. 그리고 이벤트 계획을 위해 당신에게 도움을 요청했습니다. 친구에게 전화해서, 파티에 대해 더 알기 위해 3~4가지 질문을 해주세요.
호텔	You are visiting a new city and need to stay at a hotel for the night. Call a hotel and ask three or four questions to find out about its rooms and services. 당신은 새로운 도시를 방문하는 중이고, 하루 밤 호텔에서 묵어야 합니다. 호텔에 전화해서 객실이나 서비스에 대해 알아내기 위해 3~4가지 질문을 해주세요.
교통	You need to rent a car for about a week. Call the rental agency and ask three or four questions to get all the information you need. 당신은 일주일간 차를 렌트해야 합니다. 렌터카 회사에 전화해서, 필요한 정보를 얻기 위해 3~4가지 질문을 해주세요.
여행	You want to take a trip within your own country. Call a travel agent and ask three or four questions to find out what you need. 당신은 국내 여행을 원합니다. 여행사 직원에게 전화해서, 필요한 것을 알아 내기 위해 3~4가지 질문을 해주세요.
	You are going on a trip overseas with your friend and want to use your phone. Call your mobile phone company and ask three or four questions about using your phone during the trip to a different country. 당신은 친구와 해외여행을 가서, 휴대전화를 사용하려고 합니다. 통신사에 전화해서, 해외 여행 중 휴대전화 사용에 관해 3~4가지 질문을 해주세요.
헬스장	You want to enroll in a class at a fitness center. Call the fitness center and ask some questions about their programs. 당신은 헬스장에서 수업을 등록하고 싶습니다. 헬스장에 전화해서, 프로그램에 대해 몇 가지 질문을 해주세요. **출제팁** 원하는 과목에 대한 수강 전화문의가 출제됨.

You would like to get a house. Call a real estate agent and ask three or four questions about the house and what services they offer.

당신은 집을 구하고 싶습니다. 부동산에 전화해서, 집과 부동산이 제공하는 서비스에 대해 3-4가지 질문을 해주세요.

질문 키워드	real estate agent, house, service
답변 키워드	집을 구하는 상황은 특정 어휘들을 사용해야 하므로, 연습해두지 않으면 답변하기 어렵다. 기본적으로 상품이나 서비스에 관해서는 가격과 구성(내용), 교환/환불 정보를 공통으로 묻는다.

STORY TELLING 답변 연습

단계별 답변 키워드	샘플 답변
전화건 목적 ① 인사 ② 목적 설명	① Hello, is this the ABC Real Estate company? Hi, my name is 김중현. ② I am looking for a 4-bedroom apartment in downtown Seoul near Gangnam subway station, so I would like to get some information from you.
질문 ① 가격 ② 수수료 ③ 방문 가능 ④ 보상	Since I have a big family, the number of rooms is very important. That's why I'm looking for a 4 to 5-bedroom apartment. ① What is the average price of apartments in that area? As you know, moving downtown *costs an arm and a leg, so I need something in my price range. What are your options like in my price range? ② Also, can you tell me how much the fees would be? ③ I've encountered problems with my previous place, and I wonder if I can view the apartments before purchasing. ④ If I discover some problems after I sign the contract, is there a way to receive any compensation?
마무리 인사	I really appreciate all the information. Can I call you back if I have more questions? Thank you so much for your time. Bye.

해석 [전화건 목적] 안녕하세요, ABC Real Estate 회사죠? 안녕하세요, 저는 김중현입니다. 제가 강남 지하철역 근처의 도심에 있는 방 4개짜리 아파트를 찾고 있거든요, 그래서 관련한 정보를 좀 얻고 싶습니다. [질문] 제가 대가족과 함께 살고 있어서, 방의 개수가 매우 중요해요. 그래서 방이 4-5개 되는 아파트를 찾고 있어요. 그 지역에 있는 아파트의 평균 가격은 얼마인가요? 아시다시피, 시내로 이사하는데 비용이 많이 들잖아요, 그래서 저의 예산범위 안에 있어야 하거든요. 제 예산 범위 내에 있는 매물이 어떤 것일까요? 또한, 수수료가 얼마나 될지 말씀해주실 수 있나요? 제가 예전 집에서 문제가 있었던 경험이 있어서요. 제가 구매 전에 미리 집을 둘러볼 수 있는지 궁금해요. 혹, 계약 후에 문제가 발견되면, 보상을 받을 방법이 있나요? [마무리 인사] 정보 주셔서 정말 감사합니다. 질문이 더 있으면 다시 전화해도 될까요? 시간 내 주셔서 너무 고맙습니다.

등급업 표현

* cost an arm and a leg : 비용이 많이 든다는 관용표현이다. an arm and a leg까지는 아니어도, cost를 사용한 비용 관련 문장은 be expensive보다는 레벨이 높은 문장이다.

EXPRESSIONS 답변 핵심 표현

* look for   ~을 찾다
* the number of   ~의 수
* average   평균의
* in one's price range   지불할 수 있는 가격대 내의

* option   옵션, 선택사항
* fee   수수료
* encounter   직면하다, 당하다

* sign the contract   계약서에 서명하다
* compensation   보상
* call back   다시 전화하다

02 생일파티 장소에 대해 친구에게 전화로 질문

AL-Unit36_2.mp3

Q) You have been invited to a friend's birthday party. The party will be held at a bar. Call your friend and ask three or four questions about the place that the party is going to be held at.

당신은 친구의 생일 파티에 초대받았습니다. 파티는 술집에서 열립니다. 친구에게 전화해서, 파티가 열리는 장소에 대해 3-4가지 질문을 해주세요.

질문 키워드	birthday party, at bar, your friend, place
답변 키워드	이 질문은 생일파티뿐 아니라, 파티를 하는 장소에 대한 질문이다. 먼저, 모임, 약속에 관한 공통질문으로는 날짜와 시간, 장소를 기본적으로 물으며, 장소에 관한 공통질문으로 위치, 교통편, 이동거리 등에 대해 질문한다.

STORY TELLING 답변 연습

단계별 답변 키워드	샘플 답변
전화건 목적 ① 인사 ② 목적 설명	① Hey, Tom. How are you doing? It's me. I'm really excited for your birthday party at the bar tonight. ② I have just a few questions to ask about the place.
질문 ① 술집 이름 ② 술집 위치 ③ 거리 ④ 대중교통 이용 가능 여부 ⑤ 파티 끝나는 시간	So, first of all, I am a little confused about the information on the invitation you gave me two days ago. I tried to find its address online, but I couldn't. ① What is the name of that bar exactly? ② Can you look up its location for me? I wonder if there are any landmarks nearby so that I can find it easily. ③ Do you know how long it takes to get to from my work? If I can't get out of the office on time, I might have to take a bus or subway. ④ Speaking of, is it easier to get to the bar by subway or bus? Also, I'm worried that the public transportation will stop running by the time the party is over. ⑤ How late do you expect your party to last?
마무리 인사	Cool, thanks a lot. See you tonight then! I'll call you when I'm on the way if I can't find it. Bye.

해석 [전화건 목적] 안녕, Tom. 나야. 오늘 밤 술집에서 너의 생일파티 너무 기대돼. 그 파티 장소에 대해 물어볼 게 있어서 전화했어. [질문] 우선, 네가 2일 전에 준 초대장에서 나온 내용이 약간 혼란스러워. 주소를 검색해봤는데, 못 찾았어. 정확히 이름이 뭐야? 위치를 찾아봐 줄 수 있을까? 혹시 내가 쉽게 찾을 수 있는 랜드마크 같은 것이 근처에 있을까? 우리회사에서 거기까지 얼마나 걸리는지 알아? 만약 내가 제시간에 퇴근을 못하면, 버스가 지하철을 타야 할 것 같아. 그래서 말인데, 버스나 지하철로 그 술집에 가는게 쉬워? 그리고 보통 파티가 끝날 즈음에 대중교통이 끊겨서 말인데, 너의 생일파티가 언제쯤 끝날까? [마무리 인사] 그래 고마워. 이따 보자! 못 찾으면 가는 길에 전화할게.

EXPRESSIONS 답변 핵심 표현

- confused 혼란스러운
- invitation 초대
- look up ~을 찾아보다
- get to ~에 도착하다
- get out of ~에서 나오다
- on time 정각에
- public transportation 대중 교통
- run 운행하다
- by the time ~즈음에
- last 지속하다

Unit 37 상황 설명하고, 예매/예약하기

[유형 공략법] 일상 생활에서의 예매/예약 상황은 매우 제한적이라 준비하기 쉬운 편이다. 예매/예약을 전화로 하거나, 직접 가서 하는 상황이 혼합되어 있지만, 주로는 전화 상황이 많이 출제되고 있다. 마찬가지로 첫 문장에서 상황이 주어지며, call/go to 뒤에 예매/예약을 받는 사람, 그리고 to이하로 예매/예약을 할 내용이 이어진다.

주제	기출 문제
영화	You want to take your friend to the movie. Call the theater and ask three or four questions to get tickets. 당신은 친구와 영화를 보고 싶습니다. 영화관에 전화해서, 표를 사기 위해 3-4가지 질문을 해주세요.
공연	You want to see a performance during your vacation. Call the box office and ask three or four questions to get two tickets. 당신은 휴가 동안에 공연을 보고 싶습니다. 매표소에 전화해서, 티켓 2매를 사기 위해 3-4가지 질문을 해주세요.
콘서트	You and your friend want to go to a concert this weekend. Call the concert venue and book tickets for both of you. 당신과 친구는 이번 주말 콘서트에 가고 싶습니다. 콘서트장에 전화해서, 둘을 위한 표를 예매하세요.
약속	You would like to meet up with your friend this weekend. Call your friend to figure out the details. 당신은 이번 주말 친구를 만나고 싶습니다. 친구에게 전화해서, 자세한 사항을 물어보세요.
교통	You need to buy a train ticket to go visit your friend this weekend. Go to the ticket counter at the train station and ask three or four questions to book a ticket. 당신은 이번 주말 친구를 방문하기 위해 기차표를 사야 합니다. 기차역 매표소에 가서, 기차표 예매를 하기 위해 3-4가지 질문을 해주세요.
파티	You want to have a birthday party at a restaurant. Call the restaurant to make a reservation. 당신은 음식점에서 생일 파티를 하고 싶습니다. 음식점에 전화해서 예약을 하세요. 출제팁 호텔 예약 문제도 출제됨.
전화	You have purchased the new phone recently, but the features are not what you expected. You would like to return it to get a new model. Call the store, explain the situation and make arrangements to get a new product. 당신은 최근에 새로운 휴대전화를 샀습니다, 하지만 기능들이 당신이 기대했던 것이 아닙니다. 반품하고 새로운 모델을 사고 싶습니다. 상점에 전화해서 상황을 설명하고, 새 상품을 구매하기 위해 약속을 잡으세요.
병원	You would like to make an appointment to see a doctor. Call the doctor's office and ask three or four questions about things you need to know. And then, set a time to visit the doctor. 당신은 의사에게 진찰을 받기 위해 예약을 하고 싶습니다. 병원에 전화해서, 당신이 알아야 하는 것들에 관해 3-4가지 질문을 해주세요. 그리고 방문 시간을 정해 주세요.

01 주말 기차표 예매

AL-Unit37_1.mp3

Q) You need to buy a train ticket to go visit your friend this weekend. Go to the ticket counter at the train station and ask three or four questions to book a ticket.

당신은 이번 주말 친구를 방문하기 위해 기차표를 사야 합니다. 기차역 매표소에 가서, 기차표 예매를 하기 위해 3~4가지 질문을 해주세요.

질문 키워드	train ticket, ticket counter, book
답변 키워드	첫 문장을 통해 기차표 예매임을 알 수 있다. 전화상이 아닌, 매표소에 직접 질문하는 상황이다. 예매와 관련되어 공통적인 질문 정보는 날짜, 시간, 인원, 좌석위치, 가격이다. 그 외, 표와 관련해서는 편도인지 왕복인지 여부와 환불/교환 방법이나 할인/프로모션 정보를 이용한다.

STORY TELLING 답변 연습

단계별 답변 키워드	샘플 답변
상황 설명 ① 인사 ② 상황 설명	① Hello, sir. ② I'd like to book a ticket to Busan this weekend. I hope you don't mind if I ask you a few questions about it.
예매/예약 질문 ① 시간 ② 좌석 ③ 고속열차 이용 ④ 비용 ⑤ 걸리는 시간 ⑥ 취소/환불 ⑦ 할인	① My first question is about availability. Can I book a ticket for 1pm this Saturday? ② I prefer a window seat, so is there an extra charge for that? If it's not available, is it possible to book another time on the same day? What about other seats? Can you show me the timetable for my destination this Saturday? ③ I am wondering if there is an express train I can take instead of a regular one. ④ How much does it cost for the express train ticket? Is that one-way or round-trip? ⑤ And how long would it take to get to my destination? ⑥ Are the tickets refundable? If I need to inevitably cancel my ticket, do I have to pay a cancellation fee? Then, can you tell me how much it would be? ⑦ Do you have any promotions going on for weekend passengers? If so, where can I get the details about that?
마무리 인사	I really appreciate all the information. And thank you so much for helping me out.

해석 [상황설명] 안녕하세요, 이번 주말 부산에 가는 표를 예매하고 싶습니다. 예매 관련해서 몇 가지 여쭤봐도 될까요? [예매/예약 질문] 첫 번째 질문은, 이번 주 토요일 오후 1시 표 예매가 가능할까요? 창가 쪽에 앉고 싶은데, 추가 요금이 있나요? 표가 없다면, 같은 날 다른 시간으로 예매는 가능한가요? 다른 좌석은? 이번 주 토요일 부산으로 가는 열차시간표를 볼 수 있을까요? 일반열차 대신 급행열차가 있는지도 궁금해요. 급행열차 요금은 얼마일까요? 편도가격인가요, 왕복가격인가요? 급행열차는 부산까지 시간이 얼마나 걸릴까요? 표는 환불이 되나요? 불가피하게 예매를 취소해야 하면, 취소수수료를 내야 하나요? 있다면, 수수료는 얼마나 될까요? 주말 승객들을 위한 프로모션이 있나요? 그렇다면, 어디에서 자세한 사항을 얻을 수 있을까요? [마무리 인사] 정보 주셔서 정말 감사합니다. 그리고 도와주셔서 너무 고마워요.

EXPRESSIONS 답변 핵심 표현

• availability	이용 가능성	• timetable	시간표	• round-trip	왕복의
• book	예약하다	• destination	목적지	• refundable	교환할 수 있는
• prefer	선호하다	• express train	고속열차	• inevitably	불가피하게, 어쩔수없이
• extra charge	추가 요금	• instead of	～대신에	• cancellation fee	취소 수수료
• help out	돕다				

02 생일파티를 위한 음식점 예약

 Q) You want to have a birthday party at a restaurant. Call the restaurant to make a reservation.
당신은 음식점에서 생일 파티를 하고 싶습니다. 음식점에 전화해서 예약을 하세요.

질문 키워드	birthday party, at a restaurant, reservation
답변 키워드	일반적인 식사 예약이 아닌 파티 관련 예약이다. 일반적인 음식점 예약인 시간, 인원, 가격, 메뉴, 주차, 할인, 취소/환불 외에, 파티 때문에 확인할 법한 케이크/노래 제공, 아이들을 위한 편의 등도 포함할 수 있다.

STORY TELLING 답변 연습

단계별 답변 키워드	샘플 답변
상황 설명 ① 인사 ② 상황 설명	① Hello, is this the ABC restaurant? Hi, my name is 김서경. ② I am planning a birthday party, so I'd like to make a reservation for the party room at your restaurant. Can I ask you a few questions about it?
예매/예약 질문 ① 날짜, 시간 ② 인원 ③ 특별 서비스 ④ 메뉴 ⑤ 가격 ⑥ 주차	① This is a birthday party for my daughter and we will be expecting a large party to attend next Saturday at 7pm. ② Do you think your party room can accommodate 20 people? Also, I hope to arrange a lot of events for the party. ③ I am wondering if you provide any special services like a birthday cake or birthday song? What about special discounts for the birthday girl? ④ My daughter's friends will be attending, so we need kid friendly meals served. Can you tell me what you have? Speaking of, what time is your last order? I expect that the party will last until just after midnight. Then, ⑤ how much will it cost to reserve for the entire evening? ⑥ Oh, is parking available? Do you provide a valet service for your customers?
마무리 인사	Alright, it seems like I *have everything all figured out so far. I'll call you again if I need any more information. Thank you so much for your help. Bye.

해석 [상황설명] 안녕하세요, ABC 음식점이죠, 저는 김서경이라고 합니다. 제가 생일파티를 계획 중이라서, 파티 룸을 예약하려고 합니다. 관련해서 몇 가지 여쭤봐도 될까요? [예매/예약 질문] 제 딸아이의 생일 파티라서, 다음주 토요일 7시쯤 많은 사람들이 참석할 예정입니다. 파티룸이 한 20명 정도 수용 가능할까요? 또 파티를 위한 이벤트가 좀 많았으면 하는데, 케이크나 생일축하노래 같은 특별 서비스가 있는지 궁금합니다. 생일자를 위한 특별 할인은요? 딸아이의 친구들이 올거라, 아이들 메뉴도 필요합니다. 어떤 것들이 있나요? 말이 나와서 말인데, 마지막 주문을 받는 시간은 몇 시인 가요? 파티가 12시까지 계속될 것 같습니다. 그러면 저녁 시간 내내 이용하는데 얼마인가요? 아, 주차도 가능하죠? 발렛파킹도 하나요? [마무리 인사] 네, 지금까지는 궁금한 건 모두 알아낸 것 같습니다. 궁금한 게 더 생기면, 다시 전화할게요. 기대되네요. 도와주셔서 감사합니다.

등급업 표현
* have everything all figured out : 5형식 사역동사의 고난이도의 문장 형식이다. 문법적인 이해로 접근하기보다, "모든 것을 다 알아내다"는 통의미로 알고 사용하면 유용하다.

EXPRESSIONS 답변 핵심 표현

• plan	계획하다	• accommodate	수용하다	• last	지속하다
• make a reservation for	~을 예약하다	• arrange	(날짜, 모임)을 잡다	• entire	전체의
• expect	예상하다	• provide	제공하다	• discount	할인
• attend	참석하다				

Unit 38 상황 설명하고, 대안 제시하기

[유형 공략법] 이 유형은 주로 해결해야 하는 문제가 주어지고, 이 문제를 해결하기 위한 대안이나 해결책을 제시해야 한다. 주어진 상황을 이해했다는 시그널로 문제를 요약하며 답변을 시작하고, 2-3가지의 대안과 함께, 왜 그러한 대안을 제시하는지 이유도 곁들인다.

주제	기출 문제
맡은 일	When you arrive at your relative's house, the door is locked and the key is not where it is supposed to be. Call your relative's hotel, explain the situation, and give two or three options to solve the problem. 당신이 친척집에 도착했는데, 문이 잠겨 있고, 열쇠는 원래 두기로 한 곳에 없습니다. 친척이 묵고 있는 호텔에 전화해서, 이 상황을 설명하세요. 그리고 문제를 해결하기 위한 2-3가지 대안을 말해 주세요.
영화	You found out you purchased the wrong tickets at a theater. Go to the person at the ticket box, explain the situation, and offer two or three alternatives to solve the problem. 당신은 영화관에서 표를 잘못 구매한 것을 알게 되었습니다. 매표소에 있는 사람에게 가서 상황을 설명하고, 문제를 해결하기 위해 2-3가지의 대안을 말해 주세요.　출제팁 친구와 가기로 한 공연표가 매진된 상황에서 대안 제시 문제도 출제됨.
쇼핑	The clothes you ordered have just arrived, but one of the shirts has a problem. Call the clothing store, explain the problem, and give two or three alternatives to solve the problem. 당신이 주문한 옷이 도착했습니다. 그런데 한 셔츠에 문제가 있습니다. 옷가게에 전화해서 상황을 설명하고, 문제를 해결하기 위해 2-3가지 대안을 말해 주세요.　출제팁 상점에서 산 물건이 문제가 있거나, 가구 배송 오류를 해결하는 대안 제시 문제도 출제됨.
음식	You ordered food to be delivered to your workplace for a lunch meeting. When you opened the package, you realized that the delivery person brought you the wrong order. Call the restaurant, explain the situation to the manager, and offer two or three solutions to this problem. 당신은 점심시간에 회의를 하기 위해 회사로 음식 배달을 주문했습니다. 포장을 열었을 때, 배달하는 사람이 잘못된 주문을 가져다주었다는 것을 알게 되었습니다. 음식점에 전화해서 매니저에게 상황을 설명하고, 문제를 해결하기 위해 2-3가지 대안을 말해 주세요.
병원	Something has come up that has prevented you from seeing a doctor. Call the doctor's office, explain the situation, and give two or three alternatives to make a new appointment with the office. 갑자기 일이 생겨, 병원에 갈수가 없게 되었습니다. 병원에 전화해서 상황을 설명하세요. 그리고 새로운 예약을 위해 2-3가지 대안을 말해 주세요.
약속	You are supposed to meet your friend at the new bar tonight, but you are not feeling well. Call your friend, explain the situation, and make two or three suggestions to meet at a bar another time. 당신은 오늘밤 새로운 술집에서 친구를 만나기로 되어 있습니다. 하지만, 몸이 좋지 않습니다. 친구에게 전화해서 상황을 설명하고, 다음에 술집에서 만나기 위한 2-3가지 제안을 주세요. You were supposed to be on a train to visit a friend. However, you missed the train and can't make it today. Call your friend, explain about the situation, and give two or three alternatives to solve the problem. 당신은 친구집에 방문하기 위해 기차를 타기로 했습니다. 그런데 기차를 놓쳐서, 오늘 친구를 만나러 갈 수 없습니다. 친구에게 전화해서 상황을 설명해 주세요. 그리고 문제를 해결하기 위해 2-3가지 대안을 말해 주세요. 출제팁 비행기 지연으로 고객 미팅을 못 가는 상황, 상사와 함께 가는 해외출장을 못 가게 된 상황, 회사 인터뷰에 참석하지 못하는 상황, 갑작스런 일로 친구와 약속한 콘서트에 못 가는 상황, 차 사고/시험 때문에 친구의 생일파티에 못 가는 상황 등에서 대안 제시 문제가 출제됨.
교통	You have received the rental car, but there are many problems with it. Call the rental agency, explain the situation, and give two or three alternatives to solve the problem. 당신은 렌터카를 받았습니다. 그런데 렌터카에 문제가 많습니다. 렌터카 회사에 전화해서 상황을 설명해 주세요. 그리고 문제를 해결하기 위한 2-3가지 대안을 말해 주세요.　출제팁 환불이 안 되는 비행기표를 당일 이용할 수 없는 상황에서 대안 제시 문제도 출제됨.
여행	On the day of your beach trip, the weather is terrible. Call your friend, explain the situation, and offer several suggestions on the travel plan in the near future. 해변 여행 날에, 날씨가 좋지 않습니다. 친구에게 전화해서 상황을 설명하고, 곧 다시 잡을 여행 계획에 대해 몇 가지 제안을 주세요. You got a phone call from a travel agent. You are informed that there is a problem with the trip that you were supposed to go on and it is not available now. Call your friend, explain the situation, and give two or three alternatives. 당신은 여행사로부터 당신이 가기로 했던 여행에 문제가 있어, 현재 이용 불가능하다고 알리는 전화를 받았습니다. 친구에게 전화해서 상황을 설명하세요. 그리고 2-3가지 대안을 말해 주세요.　출제팁 호텔 예약 시 만실이 되는 상황에서 대안 제시 문제도 출제됨.
은행	You just got your credit card, but you found out that there is something wrong with it. Call the bank, explain the situation, and offer two or three alternatives to solve the problem. 당신은 이제 막 신용카드를 받았습니다. 그런데 카드에 문제가 있음을 발견하였습니다. 은행에 전화해서 상황을 설명하고, 문제를 해결하기 위해 2-3가지의 대안을 말해 주세요.

01 주문한 옷에 하자가 있는 문제 상황 해결

AL-Unit38_1.mp3

 Q) The clothes you ordered have just arrived, but one of the shirts has a problem. Call the clothing store, explain the problem, and give two or three alternatives to solve the problem.

당신이 주문한 옷이 도착했습니다. 그런데 셔츠 하나에 문제가 있습니다. 옷가게에 전화해서 상황을 설명하고, 문제를 해결하기 위해 2-3가지 대안을 말해 주세요.

질문 키워드	shirts, problem, clothing store
답변 키워드	구매한 셔츠에 문제가 있는 상황이다. 물론 어떤 문제가 있는지 구체적으로 언급하지 않았기 때문에 무한한 상상력을 발휘해도 좋다. 더불어, 문제가 있는 상품과 관련해서는 환불/교환 요청, 환불/교환 방법(현금으로 받거나, 포인트로 받거나), 반품방법(매장방문 혹은 배송) 등이 공통적인 해결책이 될 수 있다.

STORY TELLING 답변 연습

단계별 답변 키워드	샘플 답변
문제설명 ① 인사 ② 문제 설명	① Hello, is this the ABC clothing store? This is 이준희. ② I ordered some clothes from your store, and they just arrived, but one of them looks like it has a problem. There is a stain and a hole in one of the shirts. How do you normally handle a situation like this? Here are my suggestions.
대안 ① 교환-같은 스타일 ② 교환-다른 색 ③ 환불-현금 ④ 매장방문 ⑤ 환불-포인트	① My first choice would be an *exchange for a new one. Can I just get the same shirt? ② If the color is not available, can I get it in a different color? The red one is cool with me. ③ If even that isn't available, I'd like to get a full refund. I paid by credit card, but can I get a refund in cash? ④ Although I ordered online, I would like to visit your store to go through the refund process. I would really appreciate it if you let me know where the nearest branch is. ⑤ By the way, if a cash refund is difficult to get, I don't mind a store credit either.
마무리 인사	Please let me know what works best for you and me. And keep me posted on the process. Thank you so much for your help. Bye.

해석 [문제설명] 안녕하세요, ABC 옷가게죠. 저는 이준희입니다. 제가 당신의 가게에서 옷을 몇 개 주문해서 방금 받았는데요. 그 중 하나에 문제가 있어요. 셔츠 한 개에 얼룩이랑 구멍이 있어요. 보통 이런 상황을 어떻게 처리하나요? 저의 제안입니다. [대안] 먼저, 새것으로 교환을 원합니다. 같은 스타일로 바꿀 수 있나요? 그 색이 매진되었다면, 같은 스타일로 다른 색은 있나요? 붉은 계통이면 괜찮아요. 그 역시도 재고가 없다면, 환불을 원합니다. 제가 신용카드로 계산했는데, 현금으로 환불 받을 수 있을까요? 저는 온라인으로 주문했지만, 직접 매장을 방문해서 환불절차를 밟고 싶습니다. 가장 가까운 매장 위치를 알려 주시면 감사하겠습니다. 아 그런데, 현금으로 환불이 어렵다면, 포인트로 받아도 상관없습니다. [마무리 인사] 무엇이 당신과 저에게 최선인지 알려주세요. 처리사항 계속 업데이트 해주시구요, 도와 주셔서 감사합니다.

등급업 표현
* exchange : 교환과 교체의 의미로 exchange와 replace를 사용한다. 이전 것과 새 것을 동시에 언급하는 경우 전치사 사용에 주의한다. exchange A for B / replace A with B

EXPRESSIONS 답변 핵심 표현

• look like	~처럼 보이다	• be cool with	괜찮다	• go through	겪다, 진행하다
• stain	얼룩	• get a refund	환불받다	• process	처리
• handle	취급하다	• pay by	~로 지불하다	• store credit	(카드 등의) 적립포인트
• available	가능한	• in cash	현금으로	• keep posted on	~에 대해 계속 알려주다

02 급작스러운 일로 병원예약을 취소해야 하는 상황 해결

AL-Unit38_2.mp3

 Something has come up that has prevented you from seeing a doctor. Call the doctor's office, explain the situation, and give two or three alternatives to make a new appointment with the office.

갑자기 일이 생겨, 병원에 갈수가 없게 되었습니다. 병원에 전화해서 상황을 설명하세요. 그리고 새로운 예약을 위해 2-3가지 대안을 말해 주세요.

질문 키워드	prevents, see the doctor, doctor's office, new appointment
답변 키워드	이 질문의 상황은 어떤 일(약속)을 취소해야 하는 상황이다. 구체적으로 어떤 일이 있었는지는 언급하지 않았기 때문에 여러 가지 이슈로 답할 수 있다. 대안으로는 해당일의 다른 시간으로 변경, 다른 날짜로 변경이 공통적이며, 병원이라는 특수 상황이므로 다른 의사 진료나 다른 병원 방문 등을 들 수 있다.

STORY TELLING 답변 연습

단계별 답변 키워드	샘플 답변
문제설명 ① 인사 ② 문제 설명	① Hello, is this the ABC Clinic? This is 김신아. ② I have an appointment today, but unfortunately, something urgent has come up. I won't be able to make it this morning. I'd like to make a new appointment.
대안 ① 시간 변경 ② 날짜 변경 ③ 의사 변경	① I think I can make it in the late afternoon. Could you push the appointment to later in the day? ② If not available, how about rescheduling for later this week? Thursday or Friday is good for me. ③ If both days are fully booked, I'm totally fine with another doctor on either day. Can you tell me who might be able to see me? Please let me know in advance if I need to prepare anything before coming in.
마무리 인사	Please call me back with what the best arrangement is for me. Thank you so much for your help. Bye.

해석 [문제설명] 안녕하세요. ABC 병원이죠. 저는 김신아입니다. 제가 오늘 예약이 있는데, 안타깝게도 급한 일이 생겨서 오늘 아침에 못 갈 것 같습니다. 그래서 새로 예약을 하고 싶습니다. [대안] 오늘 늦은 오후에는 갈 수 있을 것 같습니다. 예약 시간을 조금 미뤄도 될까요? 오후가 안 된다면, 이번 주 다른 요일로 변경은 어떤가요? 목요일이나 금요일이면 좋습니다. 둘 다 예약이 다 찼다면, 다른 의사선생님도 괜찮습니다. 누가 진료가 가능한지 알려주실 수 있나요? 가서 진료를 보기 전에 준비할 것이 있다면 미리 알려주세요. [마무리 인사] 무엇이 가장 좋을지 다시 전화주세요. 도와주셔서 감사합니다.

EXPRESSIONS 답변 핵심 표현

- have an appointment   예약하다
- urgent   긴급한
- come up   나오다, 생기다
- make it   해내다, 지키다
- reschedule   일정을 다시 조정하다
- booked   예약된
- in advance   미리
- come in   들어오다, 방문하다

AL-Unit38_3.mp3

 Q) You got a phone call from a travel agent. You are informed that there is a problem with the trip that you were supposed to go on and it is not available now. Call your friend, explain the situation, and give two or three alternatives.

당신은 여행사로부터 당신이 가기로 했던 여행에 문제가 있어, 현재 이용 불가능하다고 알리는 전화를 받았습니다. 친구에게 전화해서 상황을 설명하세요. 그리고 2-3가지 대안을 말해 주세요.

질문 키워드	trip, not available, your friend
답변 키워드	이 질문이 여행사에 전화해서 상황을 해결해야 했다면, 1번에서 언급한 요소를 답변하면 된다. 하지만, 친구와의 약속이 취소된 상황에 대한 대안이므로 다른 날로의 변경이거나, 장소의 변경, 혹은 다른 활동으로의 제안 등을 할 수 있다.

STORY TELLING **답변 연습**

단계별 답변 키워드	샘플 답변
문제설명 ①인사 ②문제 설명	① Hey, how are you doing, it's Michael. I have some bad news. ② I just got off the phone with the travel agent, and unfortunately, she said the trip we're supposed to go on is not available. Please feel free to let me know what you think about my suggestions, OK?
대안 ①날짜 변경 ②연기 ③목적지 변경 ④다른 활동 제안	① Here is my first suggestion. If you don't mind, I think we can reschedule this trip. What about another day next month? My schedule is wide open for next month. What about you? ② If you're not available, we could postpone this trip and wait for another package when it's available. I hope it won't take too long. ③ Or I guess we could change the destination. There might be some trips available for the days we want. ④ If you don't want to do that, what would you say about doing some other things instead of going on a trip like watching a performance or an exhibition?
마무리 인사	Which sounds better to you? Please call me back if you have any other things in mind later. As you know, I am up for anything. Bye.

해석 [문제설명] 안녕, 나 마이클이야. 안 좋은 소식이 있어. 방금 여행사와 통화했는데, 안타깝게도 우리가 가기로 했던 여행을 할 수 없게 되었대. 그래서 내 제안에 대해 어떻게 생각하는지 편하게 알려줘, 알겠지? [대안] 첫 번째 제안은, 너만 괜찮으면, 여행 일정을 변경할 수도 있을 것 같아. 다음 달 어때? 내가 다음 달에 여유가 좀 있어. 너는 어때? 네가 안 된다면, 이번 여행은 연기하고, 가능할 때 다른 패키지를 기다릴 수도 있어. 그렇게 오래 걸리지 않길 바래. 아니면 목적지를 바꿀 수도 있을 것 같아. 우리가 원하는 날에 가능한 여행이 있을 거야. 목적지를 바꾸고 싶지 않다면, 여행가는 거 대신, 공연이나 전시 같은 다른 걸 하는 건 어때? [마무리 인사] 너는 어떤 것이 좋아? 다른 것이 생각나면 전화 줘. 알다시피, 나는 무엇이든 괜찮아.

등급업 표현

* I'm up for : I'm good/OK/fine/cool with과 같은 의미다. 구동사는 늘 고득점 요소이다.

EXPRESSIONS **답변 핵심 표현**

• get off the phone	전화를 끊다	• reschedule	일정을 다시 조정하다
• travel agent	여행사 직원	• postpone	미루다, 연기하다
• be supposed to	~하기로 되어 있다	• take long	오래 걸리다
• feel free to	편히 ~하다		

• destination	목적지
• performance	공연
• exhibition	전시

Unit 39 상황 설명하고, 도움 요청/부탁 하기

[유형 공략법] 이 유형은 자주 출제되는 유형은 아니지만, 요청이나 부탁하기와 관련한 표현이 필요하므로 한번 정도는 기출 문제를 통해 정리한다. 요청이나 부탁은 질문은 물론 제안의 형태도 포함이 되며, 상황도 더 디테일하게 주어지므로 문제에 집중하여 주어진 상황을 파악해야 한다.

주제	기출 문제
집	When you get to your new home, you are surprised to find out that a window is broken. Call a repair shop, explain how you think the window got broken, and ask if you can get the window fixed as soon as possible. Explain two or three reasons why you would like to get a new window today. 당신이 새 집에 도착했을 때, 창문이 깨져있는 것을 발견하고 놀랐습니다. 수리점에 전화해서, 왜 창문이 깨졌다고 생각하는지 설명하고, 가능한 빨리 창문을 수리해 달라고 요청하세요. 왜 오늘 새 창문이 필요한지 2~3가지 이유로 설명해 주세요.
상점	You got some items from the store, but you accidentally left one behind. Call the store and explain the situation. Ask some questions about when you can visit the store to get your missing item. 당신은 상점에서 물건을 샀습니다. 그런데 실수로 물건 한 개를 상점에 두고 왔습니다. 상점에 전화해서 상황을 설명하세요. 그리고 잃어버린 물건을 찾기 위해 언제 상점을 방문할 수 있는지 질문해 주세요. 출제팁 다양한 장소에서 두고 온 물건을 찾아야 하는 문제가 출제됨.
	You are trying to find a recently opened store, but you got lost on the way. Go to the closest restaurant and ask three or four questions about where the new store is. 당신은 최근에 오픈 한 상점을 찾고 있습니다. 하지만, 가는 동안 길을 잃었습니다. 가장 가까운 음식점에 가서 새로운 상점이 어디에 있는지 3~4가지 질문을 해주세요.
음식점	You just had a great meal at the new restaurant, but after your meal, you find out that you left your money and credit card at home. Explain your situation to the staff and make suggestions to deal with this situation. 당신은 이제 막 새로운 음식점에서 식사를 했습니다. 하지만 식사 후에, 현금과 신용카드를 집에 두고 온 것을 알았습니다. 직원에게 상황을 설명하고, 상황을 해결하기 위한 제안을 해주세요.
술집	You want to pay for the drinks at the bar, but you find out that you don't have your wallet with you. Explain your situation to the clerk and give several alternatives to deal with this situation. 당신은 술집에서 술값을 지불하고 싶습니다. 그런데, 지갑이 없다는 것을 알았습니다. 점원에게 상황을 설명하고, 상황을 해결하기 위해 몇 가지 대안을 말해 주세요.
인터넷	You have tried to log on to a website, but there is something wrong with your web browser. Call the internet help desk and ask for help. Explain two or three reasons why you need help as soon as possible. 당신은 웹사이트에 로그인하려고 합니다. 하지만 웹브라우저에 문제가 있습니다. 인터넷 업무 지원 센터에 전화해서, 도움을 요청하세요. 왜 가능한 빨리 도움이 필요한지 2~3가지 이유로 설명하세요.
자전거	You want to borrow a bike from your friend to go to a mall for shopping. Call your friend and three or four questions as to whether you can borrow the bike. 당신은 쇼핑몰로 쇼핑을 가기 위해 친구에게 자전거를 빌리길 원합니다. 친구에게 전화해서, 자전거를 빌릴 수 있는지에 대해 3~4가지 질문을 해주세요.

You are trying to find a recently opened store, but you got lost on the way. Go to the closest restaurant and ask three or four questions about where the new store is.

당신은 최근에 오픈 한 상점을 찾고 있습니다. 하지만, 가는 동안 길을 잃었습니다. 가장 가까운 음식점에 가서 새로운 상점이 어디에 있는 지 3-4가지 질문을 해주세요.

질문 키워드	got lost, restaurant, where, new store
답변 키워드	새로운 상점에 대한 질문이라면, 앞서 직접 질문하기나 전화로 질문하기와 동일한 요소로 답변하면 된다. 하지만 여기서는 길을 묻는 상황이다. 따라서 상점이 오픈 한 상황, 상점을 아는지, 그리고 위치에 대한 정보를 확인하다.

STORY TELLING 답변 연습

단계별 답변 키워드	샘플 답변
상황설명 ① 인사 ② 문제상황 설명	① Hi, excuse me, may I ask you something? ② I'm looking for a new store that recently opened around here, called the ABC Mart. I thought I could find the place and it should be nearby, but I think I'm lost. If you wouldn't mind, can you help me figure out where it is?
도움요청/부탁 ① 상점 인지 여부 ② 간판이나 랜드마크 ③ 상점이 위치한 건물 ④ 가는 길	Thanks. ① Do you know if there are any new stores that recently opened around this area? Have you heard anything about that store? Was it a grocery store? I'm sure the store is around the alley over there, but I can't find it. I guess I missed it somehow. ② Does it have a big storefront sign or are there any landmarks nearby? ③ What does the building look like? Is it on a big road or in an alley? I'm a little confused about the roads in this neighborhood. ④ Can you give me detailed directions on how to get there from here? Oh, that makes sense.
감사 인사	Thanks to you, I can now understand what the GPS app on my phone is saying. I really appreciate your help.

해석 [상황설명] 안녕하세요. 실례합니다. 뭐 좀 여쭤봐도 될까요? 여기 근처에 열었다는 새로운 가게를 찾고 있는데, ABC 마트라고 해요. 근처에 있어서 제가 찾을 수 있을 거라고 생각했는데, 길을 잃은 듯합니다. 괜찮으시면, 어디 있는지 알려주실 수 있나요? [도움요청/부탁] 감사합니다. 이 근처에 새로 문을 연 상점이 있는지 아시나요? 그 상점에 대해서 들어 보셨어요? 식료품점이었나요? 저쪽에 있는 골목에 있는 것 같은데, 못 찾겠어요. 어쩌다가 지나쳤나 봐요. 큰 상점 간판이 있거나, 근처에 주요 건물이 있나요? 건물은 어떻게 생겼나요? 큰 도로에 있나요 아님 골목 안에 있나요? 이 동네의 도로가 조금 헷갈려요. 여기서 거기까지 가는 길을 상세하게 안내해 주실 수 있어요? 아, 이해 했어요. [감사인사] 덕분에, 이제서야 제 스마트폰 GPS앱이 이해가 되네요. 도움을 주셔서 정말 감사합니다.

EXPRESSIONS 답변 핵심 표현

• look for	~을 찾다	• figure out	알아내다	• look like	~처럼 보이다
• recently	최근에	• alley	골목	• confused	혼란스러운
• nearby	근처에	• storefront sign	가게 간판	• detailed	자세한
• be lost	길을 잃다				

02 음식값 지불 지연 부탁

AL-Unit39_2.mp3

Q) You just had a great meal at the new restaurant, but after your meal, you find out that you left your money and credit card at home. Explain your situation to the staff and make suggestions to deal with this situation.

당신은 이제 막 새로운 음식점에서 식사를 했습니다. 하지만 식사 후에, 현금과 신용카드를 집에 두고 온 것을 알았습니다. 직원에게 상황을 설명하고, 상황을 해결하기 위한 제안을 해주세요.

질문 키워드	left money/credit card home, staff, suggestions
답변 키워드	이 질문은 지갑을 두고 왔지만, 물건을 두고 온 것과는 다른 상황이다. 물건을 찾는 것이 아니라, 직원에게 양해를 구하고, 지불방법을 제안하는 내용이 담겨야 하기 때문이다. 기본적으로 지갑을 가지러 갔다 오거나 계좌이체 방법을 제안으로 답한다.

STORY TELLING 답변 연습

단계별 답변 키워드	샘플 답변
상황설명 ① 인사 ② 문제상황 설명	① Hello, excuse me, sorry to bother you, but I have a bit of a problem. ② It seems that I left my wallet at home and have no way to pay for this meal. May I offer a few ideas?
도움요청/부탁 ① 계좌 이체 ② 지인에게 도움 요청 ③ 지갑을 가져와서 지불	① Actually, I can send money to your bank account through phone banking. Would that be ok? Please let me know your bank account. ② If not, I can call a family member who works nearby and ask him to come by and pay for the meal, but he can't make it until after work around 7ish. Is it OK for me to wait around until he gets here? ③ Or my house is just right *around the corner at the ABC apartment complex. You know the place, right? I'm sure I can come back here within 10 minutes. Do you mind letting me run home to get my wallet? I'm totally fine with leaving my phone here as collateral.
감사 인사	I am so sorry for the trouble. I sincerely apologize. And I really appreciate your patience and understanding.

해석 [상황설명] 안녕하세요. 실례합니다. 죄송합니다만, 제가 약간 문제가 생겼어요. 집에 지갑을 두고 나와서, 방금 한 식사를 계산할 방법이 없는 것 같아요. 제가 몇 가지 방법을 제시해도 될까요? [도움요청/부탁] 사실, 지금 폰뱅킹으로 계좌이체는 할 수 있어요. 그건 괜찮을까요? 계좌 번호를 알려주세요. 안 된다면, 근처에서 일하는 가족에게 전화해서, 와서 계산을 좀 해달라고 부탁할 수 있어요. 그런데, 7시 퇴근 전에 올 수가 없어요. 제가 올 때까지 기다려도 될까요? 아니면, 제 집이 ABC 아파트 단지로 바로 이 근처에요. 거기 아시죠? 10분 이내에 갔다 올 수 있을 것 같아요. 집에 가서 지갑을 가지고 와도 괜찮을까요? 담보로 휴대전화를 두고 가도 정말 괜찮아요. [감사인사] 문제를 일으켜 정말 죄송해요. 진심으로 사과 드립니다. 그리고 인내하고 이해 해주셔서 정말 감사합니다.

등급업 표현

* right around the corner : 물론 문자 그대로 "바로 모퉁이만 돌면"이라는 의미도 가지고 있지만, 그만큼 가까운 거리에 있다는 의미도 있다.

EXPRESSIONS 답변 핵심 표현

• bother	방해하다	• nearby	근처에	• wait until	~까지 기다리다
• leave	남겨두다	• make it	해내다, 지키다	• apartment complex	아파트 단지
• pay for	~을 지불하다	• come by	잠깐 들르다	• collateral	담보
• bank account	은행 계좌				

모의
고사

TEST 1

Q1 Let's start the interview now. Tell me a little about yourself.

> ✏ memo

Q2 Tell me about one of the well-known industries in your country. Is it an entertainment or automotive industry or another industry? Tell me about it in as much detail as possible.

> ✏ memo

Q3 How does that industry help you in your life? Tell me about it in detail.

✎ memo

Q4 Tell me about one of the most promising companies in that particular industry. How did it start? Talk about everything that happened to make it so promising.

✎ memo

Q5 In your background survey, you indicated that you prefer to stay at home during vacations. Tell me about the people you would like to spend your vacation with.

✏ memo

Q6 Tell me about what you did during your last vacation. Who did you meet and where did you go? Please describe everything you did from the first to the last day of your vacation.

✏ memo

Q7 Tell me about an unusual, unexpected or unsatisfying experience you had during a vacation at home. What happened? Give me all the details.

✏ memo

Q8 Tell me about your favorite piece of furniture. Why is it special? Talk about it in detail.

✏ memo

Q9 Tell me about the furniture you had when you were young. How were they different from the furniture you have today?

🖉 memo

Q10 Tell me about a time when you had problems with your furniture. What exactly happened? How did you solve the problem?

🖉 memo

Q11 I'd like to give you a situation and ask you to act it out. You want to buy an MP3 Player. Call your friend and ask about the one your friend is using. Ask three or four questions about what will help you decide to buy the same product your friend is using.

✏ memo

Q12 I'm sorry, but there is a problem which I need you to resolve. You have borrowed your friend's MP3 player, but broke it by accident. Call your friend and explain and offer two or three alternatives to get your friend a working MP3 player as soon as possible.

✏ memo

Q13 That's the end of the situation. Do you have any experience that some sort of equipment broke or did not work properly? Tell me what exactly happened and how you resolved the problem.

✎ memo

Q14 Many houses today are equipped with new appliances or electronic devices that make everyday life more convenient. How have those devices changed responsibilities at home?

✎ memo

Q15 Tell me about household appliances or devices that people consider as useful at home. What do people say about them?

🖉 memo

Q1

Let's start the interview now. Tell me a little about yourself.

[기본 소개] Sure, no problem. I'd be happy to tell you a couple of things about myself. My name is 김이박, and I am 21 years old and a junior at Hanguk Korean University.

[살붙이기] I am majoring in chemistry. I spend most of my time doing lab work, as well as preparing my CV for job interviews. On top of that, these days I'm also working on a big experiment with my professor to help my career. But, when I'm not busy, I love hanging out with my friends whenever I get the chance. As for my personal life, I live on campus in a dorm with my roommate. In my family, I have my mom and dad and I also have two older brothers.

[인상적인 마무리] Someday soon, I really hope to get a job at a major company in the chemistry field quickly, because it's really competitive out there these days and I've always wanted to be a successful scientist in a professional field. That's all I can think of about myself right now, thanks.

문제 이제 인터뷰를 시작하겠습니다. 당신에 대해 말해주세요.

답변 좋습니다. 저에 대해 몇 가지 이야기해 드리겠습니다. 내 이름은 김이박이고 21세이며 한국대학교 1학년입니다. 저는 화학을 전공하고 있습니다. 저는 실험연구에 대부분의 시간을 보내고 취업 면접을 위해 이력서를 준비합니다. 게다가 요즘 교수님과 함께 제 경력을 위해 큰 실험을 하고 있습니다. 그러나, 제가 바쁘지 않은 기회가 있을 때마다 친구들과 어울리는 것을 좋아합니다. 제 개인적인 생활은 룸메이트와 함께 캠퍼스 기숙사에 살고 있습니다. 가족은 엄마와 아빠가 있고 두 형제도 있습니다. 언젠가 곧 화학 분야의 대기업에서 일하기를 정말 바라고 있습니다. 왜냐하면 요즘은 그 분야에 정말 경쟁력이 있고 성공적인 과학자가 되고 싶습니다. 그게 바로 지금 제 자신에 대해 생각하는 것입니다. 감사합니다.

Q2

Tell me about one of the well-known industries in your country. Is it an entertainment or automotive industry or another industry? Tell me about it in as much detail as possible.

[이유나 근거 말하기] Industries in my country are not that different from industries around the world, and I can tell you about one of them. I'll tell you about the electronics industry where I am working now. There are many electronics companies here and some are extremely successful. They make all different kinds of products, and they are usually very high quality and popular around the world. They sell personal electronics such as smartphones, televisions, air conditioners and other things like that. And most Korean electronics companies are well-known brands, like Samsung, LG, and ABC Electronics.

[자신의 경험 예로 들기] Personally, I used to prefer to use international brands for home appliances and devices before, but since it has gotten so much better for their quality and function, I always prefer to use Korean brands now. On top of that, I think the price is way more reasonable and the repair service is way easier and more comfortable to get.

[과거에 미친 영향이나 앞으로 미칠 영향을 언급하며 마무리] The electronics industry is very important and well-developed in my country, and I am sure it has been effective for our country.

문제 당신 나라에서 잘 알려진 산업 중 하나에 대해 말해 주세요. 연예 산업인가요? 자동차 산업인가요? 혹은 다른 산업인가요? 가능한 자세히 말해주세요.

답변 우리나라의 산업은 전 세계의 산업과 크게 다르지 않습니다. 저는 그중 하나에 대해 말하고자 합니다. 제가 지금 일하고 있는 전자 산업에 관해서 말씀드리겠습니다. 여기에 많은 전자 회사가 있으며 대부분 아주 성공적입니다. 모든 종류의 제품을 생산하며 대개 전 세계에서 매우 높은 품질과 인기를 누리고 있습니다. 그들은 스마트폰, 텔레비전, 에어컨과 같은 개인 전자 제품을 판매합니다. 대부분의 한국 전자 제품 회사는 삼성, LG, ABC 전자와 같은 유명 브랜드입니다. 개인적으로 다른 나라 가전 제품 및 기기를 사용하는 것을 선호했었지만 품질 및 기능면에서 훨씬 우수해졌기 때문에 항상 한국 브랜드를 선호합니다. 게다가 가격이 훨씬 합리적이고 서비스를 편리하게 받을 수 있다고 생각합니다. 전자 산업은 우리나라에서 매우 중요하고 잘 발달되어 있으며, 우리나라에 긍정적이라고 확신합니다.

How does that industry help you in your life? Tell me about it in detail.

[일어난 배경이나 원인 설명하기] When I was younger, we didn't have a lot of electronics. Not everyone had air conditioners or cell phones. The situation wasn't bad, but it was much harder to find entertainment or to do household chores.

[결과나 영향 말하기] Over the last 20 or 30 years, however, the electronics industry has gotten much more developed, so I have many more conveniences and entertainment in my daily life and things are much more comfortable. I use my smartphone in many different ways and use home appliances in my house. Every day I use things that are made by the electronics industry in my country. To be honest, I don't know how I would get anything done without the products they make. I can research things, clean my house, and more thanks to them.

[결론이나 자신의 의견으로 마무리] I think Koreans should be very proud of how successful and helpful the electronics industry is here.

> 문제 그 산업이 당신의 삶에 어떤 도움이 되었나요? 자세히 말해주세요.

> 답변 제가 젊었을 때는 전자 제품이 별로 없었습니다. 모든 사람이 에어컨이나 휴대폰을 가지고 있는 것은 아니었습니다. 그런 상황이 나쁘지 않았지만 오락을 찾거나 집안일을 하는 것이 훨씬 더 어려웠습니다. 그러나 지난 20~30년 동안 전자 산업은 훨씬 발전되어 일상생활에서 더 많은 편리함과 오락 거리를 갖게 되었으며 모든 것이 훨씬 편리해졌습니다. 저는 스마트폰을 여러 가지 방법으로 사용하고 집에서 가전제품을 사용합니다. 매일 우리나라에서 전자 산업에 의해 만들어진 것들을 사용합니다. 솔직히 말해, 저는 이 제품들 없이는 아무것도 하지 못하게 될 것입니다. 알아보자면, 집을 청소하는 것부터 여러 가지로 더 감사할 수 있습니다. 한국인들은 전자 산업이 얼마나 성공적이며 도움이 되는지 매우 자랑스러워해야 한다고 생각합니다.

Tell me about one of the most promising companies in that particular industry. How did it start? Talk about everything that happened to make it so promising.

[토픽 소개] One of the most promising companies in the electronic industry would be ABC Electronics, and I can tell you about it.

[시간에 따라 사건과 행동 이야기하기] Back in the 1930s, the company first started by trading goods as a small company. But over the last century, they have grown a lot and continued to develop their technology. Since then, it has become one of the number one electronic companies in the world. They have developed many products and their service and quality have both improved. In the meantime, they have focused on function and design at the same time for their products and sell them at a reasonable price. So, these days they lead the international market, and they are still working hard to make more kinds of goods with up-to-date technology.

[결과 및 경험에 대한 느낌으로 마무리] As a result, this company has become very promising internationally and people love their products. It makes me feel really proud when I see people in other countries using that company's products.

> 문제 어떤 산업에서 가장 유망있는 회사 중 하나에 대해 말해주세요. 그 회사는 어떻게 시작했나요? 유망있게 되기까지 어떤 일이 있었는지 모두 말해주세요.

> 답변 전자 산업에서 가장 유망한 회사 중 하나가 ABC 전자 제품이 될 것이고, 저는 이것에 대해 말하고자 합니다. 1930년대에 이 회사는 처음에 소기업으로 상품을 거래하기 시작했습니다. 그러나 지난 세기 동안, 그들은 많이 성장했고 기술을 계속 개발했습니다. 그 이후로, 세계 최고의 전자 회사 중 하나가 되었습니다. 많은 제품을 개발했으며 서비스와 품질은 모두 향상되었습니다. 한편, 그들은 제품에 대한 기능과 디자인에 동시에 집중하고 합리적인 가격으로 판매합니다. 오늘날 국제 시장을 이끌고 있으며 최신 기술로 더 많은 종류의 제품을 만들기 위해 열심히 노력하고 있습니다. 결과적으로 이 회사는 국제적으로 매우 유망하고 사람들은 이곳의 제품을 좋아합니다. 이 회사의 제품을 사용하는 다른 나라 사람들을 보면 정말 자랑스럽습니다.

In your background survey, you indicated that you prefer to stay at home during vacations. Tell me about the people you would like to spend your vacation with.

[인물 소개] I have a lot of reasons why I like to stay at home during vacations, and I love spending my vacation with my family and friends as much as I love spending my vacation at home.

[객관적인 정보] So, when I have time off, I mostly spend time with my family to catch up on many things. We sleep in and spend the day taking care of personal stuff like running errands, visiting my parents' house, and doing projects around the house. It is a low-key and relaxing way to spend my vacation time together. Sometimes we like to do something special, like go to an amusement park or spend the day at a museum or a zoo. When I get a chance, I like to hang out with my friends during my vacation and grab a beer or two while we catch up on our lives.

[특징 강조하며 마무리] It is usually much more relaxing and comfortable to spend my vacation at home. That's because I feel like I can really connect with everyone and get recharged for work again.

문제 당신은 설문조사에서 휴가 동안 집에서 보내기를 좋아한다고 했습니다. 함께 휴가를 보내고 싶은 사람에 대해 말해주세요.

답변 제가 휴가 중에 집에 머물기를 좋아하는 데는 많은 이유가 있습니다. 집에서 휴가를 보내고 싶어 하는 만큼 가족과 친구들과 함께하는 것을 좋아합니다. 그래서 쉬는 시간 여러 가지 일을 하려고 대부분 가족과 시간을 보냅니다. 잠을 자는 것과 심부름, 부모님의 집 방문, 집 주변 일과 같은 개인적인 일들을 돌아보며 하루를 보내고 있습니다. 함께 휴가를 지내는 편한 방법입니다. 때로는 놀이공원에 가거나 박물관이나 동물원에서 하루를 보내는 등 특별한 일을 합니다. 기회가 생기면 휴가 때 친구들과 어울려 맥주를 마십니다. 보통은 집에서 휴가를 보내는 것이 훨씬 편안합니다. 왜냐하면 사람들과의 관계와 일을 다시 할 수 있도록 재충전되기 때문입니다.

 Tell me about what you did during your last vacation. Who did you meet and where did you go? Please describe everything you did from the first to the last day of your vacation.

[경험 소개] I last had a vacation during the summer this year, and I decided to stay home for my vacation to get some rest and take some personal time. I can tell you a bit about it.

[6하원칙 정보로 경험 묘사] For the first 2 days, I just slept and cleaned up the house. I had a lot of stress from the previous few months, so I needed to take it easy at home with my family. After that, I felt more rested and happier, so during the remaining days I got together with my friends for drinks and to have a good time. I probably drank a bit too much, but it was a great way to relieve my stress. On the very last day, I visited my parents' house to see how they were doing and took them out for dinner. We talked about how our lives were going and what they were spending their time on recently. It wasn't anything special, but it was nice to reconnect.

[기분이나 느낌으로 마무리] It was pretty relaxing and peaceful and I was able to get recharged for the rest of the year.

문제 최근 여행에서 한 일에 대해 말해주세요. 누구를 만났나요? 어디를 갔나요? 당신의 휴가의 첫 날부터 마지막 날까지 모두 묘사해주세요.

답변 저는 올해 여름 방학을 마지막으로 쉬었습니다. 휴식을 취하고 개인적인 시간을 보내기 위해 집에 머물기로 했습니다. 이것에 대해 조금 말해보려 합니다. 처음 이틀 동안, 잠을 자고 집을 청소했습니다. 지난 몇 개월 동안 많은 스트레스를 겪었으므로 가족과 함께 집에서 편하게 지낼 필요가 있었습니다. 그 후 저는 더 편하고 행복해졌습니다. 그래서 남은 날에는 친구들과 함께 술을 마시며 즐거운 시간을 보냈습니다. 너무 많이 마셨지만 스트레스 해소에 좋은 방법이었습니다. 마지막 날에, 부모님 집을 방문해서 어떻게 지내는지를 둘러보고 저녁 식사를 위해 함께 나갔습니다. 최근에 어떻게 지내고 있는지 이야기했습니다. 특별한 것은 아니지만 다시 만나는 것이 좋았습니다. 남은 한 해를 아주 편안하고 평화롭게 재충전을 할 수 있었습니다.

Q7 Tell me about an unusual, unexpected or unsatisfying experience you had during a vacation at home. What happened? Give me all the details.

[에피소드 소개] I have had a lot of unexpected experiences while staying at home on vacation, actually. Last summer, I was resting with my family when we had a pretty memorable experience.

[6하원칙 정보로 에피소드 묘사] Since it was the middle of summer, the weather outside was extremely hot. There was actually a record heat wave, and it was really uncomfortable. Everything was great for the first couple of days, because we just relaxed in the air conditioning and ordered delivery food and watched movies. Nobody wanted to go out and do anything special because it was too hot. Unfortunately, a few days into the vacation, the AC shorted out and wouldn't turn back on again. It got very hot immediately, my whole family and I were sweating and complaining. I called a repairman to come right away, but he was busy because so many people were having the same difficulties as us, so we all had to just wait.

[결말이나 해결, 또는 기억에 남는 이유로 마무리] By the time the AC was fixed, my vacation time was already over.

문제 집에서 휴가를 보내는 동안, 이상하거나, 예상치 못했거나, 만족하지 못했던 경험에 대해 말해주세요. 최대한 자세히 말해주세요.

답변 저는 집에서 휴가를 보내면서 예기치 못한 경험을 많이 했습니다. 작년 여름 우리가 꽤 기억에 남을 경험은 가족과 함께 쉬고 있었을 때였습니다. 한 여름 중에 바깥의 날씨가 매우 더웠습니다. 실제로 기록적인 더위가 있었고 정말 불편했습니다. 처음 이틀 동안은 모든 것이 훌륭했습니다. 에어컨을 편안하게 사용하고 음식을 주문하고 영화를 보았기 때문입니다. 아무도 나가서 특별한 일을 하고 싶지 않았습니다. 불행히도, 휴가 며칠간 에어컨이 망가져서 다시 켜지지 않았습니다. 바로 뜨거워졌습니다. 온 가족과 저는 땀을 흘리며 불평했습니다. 나는 수리공에게 즉시 와야 한다고 했지만 너무 많은 사람들이 우리와 같은 어려움을 겪고 있었기 때문에 바빴습니다. 그래서 우리 모두는 그저 기다려야 했습니다. 에어컨이 고쳐질 무렵에 휴가는 이미 끝났습니다.

Q8 Tell me about your favorite piece of furniture. Why is it special? Talk about it in detail.

[사물 소개] I think I like all the furniture in my apartment, but I can tell you about the one I like the best. My favorite piece of furniture is the sofa in my living room, because I spend a lot of time lying there at home.

[구체적인 묘사나 추상적인 묘사] It is just a big brown leather sofa and I got it from the furniture store about 3 years ago. However, it is really long, and it has firm comfortable cushions, and is very well-built and trendy. On top of that, it also matches the other furniture and the atmosphere in my living room, so there is nothing that I don't like about it. It is really comfortable to sit or lay down on it because it is not too soft or hard, it is just right. Also, it is right across from the TV in the living room, so I usually watch TV there with my family.

[의견이나 생각으로 마무리] We all love to be couch potatoes there, and that's why I like it the best.

문제 가장 좋아하는 가구에 대해 말해주세요. 왜 특별한가요? 가능한 자세히 말해주세요.

답변 제 아파트의 모든 가구가 마음에 든다고 생각하지만, 가장 좋아하는 가구에 대해서 말하고자 합니다. 제가 가장 좋아하는 가구는 거실에 있는 소파입니다. 왜냐하면 집에 누워서 많은 시간을 보내고 있기 때문입니다. 단지 커다란 갈색 가죽 소파 일 뿐. 3년 전에 가구점에서 샀습니다. 정말로 깁니다. 그리고 안정되고 편안한 쿠션이 있고 세련되게 잘 만들어졌습니다. 게다가 거실의 다른 가구와 어울립니다. 그래서 싫어할 수가 없습니다. 너무 부드럽거나 단단하지 않기 때문에 앉아 있거나 누워있을 때 정말 편안합니다. 또한 거실의 TV 건너편에 있으므로 가족과 함께 TV를 볼 수 있습니다. 우리는 소파에 늘어져 앉아있기를 좋아합니다. 이것이 제가 가장 좋아하는 이유입니다.

Tell me about the furniture you had when you were young. How were they different from the furniture you have today?

[대상 각각 소개] I remember a lot of the furniture I had growing up, and I can tell you a bit about it. The furniture I had when I was young was a lot different than what I have now, mostly because my parents and I have very different tastes and budgets.

[비슷한 점과 차이점 이야기하기] When I was growing up, I only had a few pieces of furniture that my parents purchased for me, like as a desk, a bed, and a chair in my room, and they were a lot smaller and more expensive than what I have now. But nowadays I have a lot more furniture than I used to have, and they are a lot bigger and cheaper. Not only that, they are way more stylish and modern than the ones I had in my room growing up.

[대상에 대한 자신의 의견으로 마무리] Those are the differences between the furniture I had when I was young and now, and I wish I still had some of the nice things I had when I was younger, since they were so well-made and classic.

[문제] 당신이 어렸을 때 가지고 있던 가구에 대해 말해주세요. 지금 가지고 있는 가구와 어떻게 다른가요?

[답변] 어렸을 때 가구가 많았던 게 기억나는데 조금 말해보겠습니다. 제가 어렸을 때 가지고 있던 가구는 제가 지금 가지고 있는 가구와 많이 달랐습니다. 주로 부모님과 제가 아주 다른 취향과 예산을 가지고 있었기 때문입니다. 자라오면서 저는 부모님이 제 방에서 책상, 침대, 의자같이 저를 위해 구입 한 몇 가지 가구가 있었을 뿐이었습니다. 그리고 훨씬 더 작았습니다. 제가 지금 가지고 있는 것보다 더 비쌌습니다. 그러나 요즘엔 전에 가지고 있었던 것보다 훨씬 더 많은 가구를 가지고 있습니다. 훨씬 더 크고 저렴합니다. 뿐만 아니라, 어릴 적보다 더 세련되고 현대적입니다. 이것이 제가 어렸을 때 가지고 있던 가구와 지금의 가구들 사이의 차이점입니다. 그리고 어렸을 때 가지고 있었던 좋은 것들을 아직도 가지고 있었으면 좋겠습니다. 왜냐하면 전통적으로 아주 잘 만들어졌기 때문입니다.

 Tell me about a time when you had problems with your furniture. What exactly happened? How did you solve the problem?

[문제 상황 소개] I haven't had many problems with my furniture before, but I do remember something that happened a couple of years ago when I bought my new couch online. I'll tell you a bit about it.

[해결책과 그 해결책을 쓴 이유 설명하기] The couch I had ordered looked great in the online store, and I was excited to have it delivered to tie the decor together, but when it arrived at the house, I discovered a few scratches on it here and there, and there was actually a really big tear on the back. Maybe there was a problem when it was delivered, but I couldn't be sure. I called the online store and asked to replace it, but I had to send the first one back. It was quite a hassle to pack it up. It actually took about 2 weeks to get a new one. It was pretty inconvenient, but I had no choice.

[이 과정을 통해 느낀점으로 마무리] Since then, I always go to the store when I buy furniture. You know, it is always better safe.

[문제] 가구에 문제가 생겼던 때에 대해 말해주세요. 정확히 어떤 일이 있었나요? 어떻게 그 문제를 해결했나요?

[답변] 이전에는 가구에 많은 문제가 없었지만 몇 년 전 온라인에서 새로운 소파를 구입했을 때 일어난 일을 기억합니다. 그것에 관해 조금 말해보려고 합니다. 제가 주문한 소파는 온라인 상점에서 볼 때 장식이 묶여져서 좋아 보였지만 집에 도착해서 보니 몇 가지 흠집이 발견되었습니다. 여기 저기에 흠이 있고, 실제 뒷부분이 크게 찢어져 있었습니다. 어쩌면 옮길 때 문제가 있었던 것인지 확신할 수 없었습니다. 온라인 상점에 전화를 걸어 교체해달라는 요청을 했지만 처음처럼 다시 보내야 했습니다. 포장하는 것은 상당히 번거로웠습니다. 새로운 것을 받기까지 대략 2주가 소요되었습니다. 정말 불편했습니다. 저는 선택의 여지가 없었습니다. 그 이후로 저는 가구를 살 때 항상 상점에 갑니다. 이 방법이 훨씬 안전합니다.

Q11 **I'd like to give you a situation and ask you to act it out. You want to buy an MP3 Player. Call your friend and ask about the one your friend is using. Ask three or four questions about what will help you decide to buy the same product your friend is using.**

[전화인사 및 전화건 목적 말하기] Hey, it's me Michael. I'm just calling to ask you about your MP3 player you showed me last time. Mine is totally broken and I am thinking to get a new one. So, If you don't mind, I would like to ask a few questions about yours.
[질문하기] I don't remember exactly the name of the MP3 player that you showed me earlier. Can you repeat the brand name and model? I got some idea of what it is capable of, but still don't quite understand everything it can do. What kinds of functions does the device have? I am a little concerned about running out of space and don't want to buy extra memory if I don't have to. So, I am wondering, how many gigabytes does it have? Do you remember how much you paid for it?

[인사로 마무리] Thanks so much for all your help. I really appreciate it. I will call you back if I have more questions. See you soon.

문제 상황을 드릴 테니 역할극을 해주세요. 당신은 MP3 플레이어를 사고 싶습니다. 친구에게 전화해서 친구가 사용하고 있는 것에 대해 질문하세요. 친구가 사용하고 있는 것과 같은 것을 살지 결정하는데 도움이 될 질문을 3-4가지 해주세요.

답변 안녕, 나 마이클이야. 지난번에 나한테 보여준 MP3 플레이어에 대해 물어보려고 해. 내 것은 완전히 고장 나서 새로운 것을 사려고 해. 괜찮으면 몇 가지 질문을 하려고 해. 이전에 보여 줬던 MP3 플레이어의 이름을 정확히 기억하지 못해. 브랜드 이름과 모델을 다시 말해줄래? 무엇이 괜찮을지 생각은 있지만 여전히 모든 것을 이해하지는 못하고 있어. 그 기기에는 어떤 종류의 기능이 있습니까? 나는 용량이 부족한 것이 조금 걱정되는데 여분의 메모리를 사고 싶지 않아. 그래서 궁금한 것은 몇 기가 바이트 일까? 사는데 얼마였는지 기억하니? 도와줘서 고마워. 질문이 더 있으면 다시 전화할게. 곧 만나자.

 Q12 **I'm sorry, but there is a problem which I need you to resolve. You have borrowed your friend's MP3 player, but broke it by accident. Call your friend and explain and offer two or three alternatives to get your friend a working MP3 player as soon as possible.**

[상황 또는 문제 설명하기] Hey, it's me Michael. How are you doing? Unfortunately, I have some bad news. I think I broke the MP3 player that I borrowed from you. I was stepping off of the bus, and I dropped it accidentally on the ground, so the screen is cracked, and it doesn't seem to be working. I'm really sorry, but I want to replace it, so let's figure out what to do instead, OK?
[대안 제시하기] I can buy you a new one if you want to. If so, would you prefer the same model or a different one? If it is more comfortable for you, you can just order anything you want online and have me pay for it. What do you think? Do you like that plan better? If you don't need the MP3 player, I think it would be much better for both of us if I just pay you cash instead.

[인사로 마무리] I am really sorry again. Please give me a call when you make up your mind. I'm ok with anything. Talk to you soon. Bye.

문제 미안하지만, 당신이 해결해야 하는 문제가 생겼습니다. 당신은 친구로부터 MP3 플레이어를 빌렸습니다. 그런데 실수로 망가뜨렸습니다. 친구에게 전화해서 가능한 MP3 플레이어를 작동하게 할 2-3가지 대안을 제시하세요.

답변 나 마이클이야. 잘 지내? 불행히도 나쁜 소식이 있어. 너에게 빌린 MP3 플레이어가 망가졌어. 나는 버스 근처에 걷고 있었고, 그것을 실수로 바닥에 떨어뜨렸어. 그래서 화면에 금이 갔고 작동하지 않는 것 같아. 정말 미안해. 그래서 고치려고 하는데 대신 무엇을 해야 할지 알아보려고 해. 네가 원한다면 새것을 사줄 수 있어. 그렇다면 동일한 모델과 다른 모델 중 어느 것이 낫니? 사는 게 편하다면, 네가 온라인에 원하는 것을 주문해서 내가 비용을 지불할 수 있어. 어떻게 생각해? 이 계획이 더 마음에 드니? MP3 플레이어가 필요하지 않다면 대신 현금을 주는 것이 모두에게 더 좋을 것이라고 생각해. 정말로 미안해. 결정하면 전화해줘. 무엇이든 괜찮아. 곧 이야기하자. 안녕.

That's the end of the situation. Do you have any experience when some sort of equipment broke or did not work properly? Tell me what exactly happened and how you resolved the problem.

[문제 상황 소개] Actually, there was a time when I had a problem with my smartphone battery because the battery kept dying. I can tell you a bit about how I fixed that.

[해결책과 그 해결책을 쓴 이유 설명하기] Every time I charged my phone to 100 percent, it wouldn't even last for more than an hour without running out. It was so bad that If I wanted to use my phone, I had to keep it plugged into the wall, and sometimes it didn't charge at all. So, I took my phone to the repair center and asked them to help. I went there because my phone was still under warranty, so the service was free. When I got there, it was really simple to fix it. They took the old battery out and replaced it with a new one, and ever since then it has worked perfectly.

[이 과정을 통해 느낀점으로 마무리] I feel like it was a really normal and boring experience, but I definitely trust my phone company's after-service more now.

[문제] 마지막 상황입니다. 어떤 기기가 고장나거나 제대로 작동되지 않았던 경험이 있나요? 정확히 어떤 일이 일어났고, 문제를 어떻게 해결했는지 말해주세요.

[답변] 사실, 스마트폰 배터리가 닳아서 문제가 있었습니다. 그것을 어떻게 고쳤는지 말해보고자 합니다. 휴대 전화를 100 %로 충전할 때, 계속 사용하지 않았는데도 1시간 이상 지속되지 않습니다. 휴대 전화를 사용하고 싶다면 벽에 충전기를 꽂아 사용해야 했고 때로는 충전이 되지 않는 경우도 있었습니다. 그래서 수리 센터에 전화를 걸어 도움을 청했습니다. 저는 휴대 전화 보증 기간이 있었기 때문에 거기에 갔습니다. 그래서 서비스는 무료였습니다. 제가 거기에 가서 고치는 것은 정말 간단했습니다. 오래된 베터리를 꺼내 새로운 배터리로 교체했으며, 그 이후로는 완벽하게 작동했습니다. 정말 평범하고 지루한 경험 같지만, 제 휴대전화 회사의 수리 서비스를 신뢰합니다.

 Many houses today are equipped with new appliances or electronic devices that make everyday life more convenient. How have those devices changed responsibilities at home?

[일어난 배경이나 원인 설명하기] I think I can tell you a bit about how new appliances have changed responsibilities around the home. Back in the day, electronic devices hadn't developed as much as they have now. There were just a few home appliances or devices that helped daily life. If you compare between now and how you cleaned your house 10 years ago, you can clearly see how much has changed.

[결과나 영향 말하기] Long story short, I think that since electronic technology has developed a lot, it has made everything related to household chores easier and more comfortable, which means our responsibilities at home are a lot less tiring. Also, as a result of this electronic improvement, there are lots of different varieties and purposes for typical devices, so everyone can find something that works for them.

[결론이나 자신의 의견으로 마무리] Not only are there better functions and more variety of old devices, but also there are lots of newly invented devices such as air and water purifiers, and even robot vacuum cleaners. All these things make our daily lives way more convenient and comfortable.

[문제] 오늘날 많은 가구들이 매일의 삶을 편리하게 해주는 가전제품이나 전자기기들을 갖추고 있습니다. 그러한 기기들이 집안일을 어떻게 바꾸어 놓았나요?

[답변] 저는 새로운 가전 제품이 집안일을 어떻게 바꿔 놓았는지 조금 말해보려고 합니다. 과거에 전자 제품은 지금처럼 발전하지 못했습니다. 일상 생활에 도움이 되는 가전 제품이나 기기가 몇 가지 있었습니다. 10년 전에 당신이 집을 청소하는 법과 지금을 비교한다면, 얼마나 많은 변화가 있었는지 분명히 알 수 있습니다. 짧게 말하자면, 전자 기술이 많이 발전했기 때문에 집안일과 관련된 모든 것이 더 쉽고 편해졌습니다. 집에서 하는 일이 훨씬 덜 피곤합니다. 이렇게 전자 제품이 발달해서 일반적으로 다양한 종류와 목적이 있고 모두가 적합한 것을 찾을 수 있습니다. 더 나은 기능과 다양한 기기가 있을 뿐만 아니라 공기 청정기와 정수기, 로봇 청소기 등 새로 발명된 기기도 많이 있습니다. 이 모든 것들이 우리의 일상 생활을 더욱 편리하게 합니다.

Q15 **Tell me about household appliances or devices that people consider as useful at home. What do people say about them?**

[이유나 근거 말하기] I think there are lots of new appliances or electronic devices that make everyday life more simple and comfortable. But I would like to talk about air purifiers and robot vacuum cleaners.

[자신의 경험 예로 들기] Personally, I think the most useful devices these days are air purifiers, because pollution in cities now is really bad, even inside people's homes. An air purifier helps take all the pollution out so people can breathe easier. Having one can help your family be healthier because they won't have any difficulty breathing. And another device people might consider would be a robot vacuum cleaner. It is not as popular or common as an air purifier yet, but they are becoming much more successful, and you can find them in many people's homes these days. I am not 100 percent sure how they work, but I know that they just vacuum the floor by themselves.

[과거에 미친 영향이나 앞으로 미칠 영향을 언급하며 마무리] Ever since people have been looking for a more convenient lifestyle, I don't think we can live without some modern devices.

문제 사람들이 집에서 유용하다고 여기는 가전제품이나 기기에 대해 말해주세요. 그것들에 대해 어떻게 생각하나요?

답변 일상생활을 보다 쉽고 편안하게 해주는 새로운 가전제품이나 전자 기기가 있습니다. 저는 공기 청정기와 로봇 청소기에 대해 이야기하고 싶습니다. 개인적으로 도시에서의 공기 오염은 이제 집안에서도 정말 나쁘기 때문에 요즘 가장 유용한 장치는 공기 청정기라고 생각합니다. 공기 청정기는 사람들이 쉽게 호흡할 수 있도록 오염물질을 제거하는 데 도움을 줍니다. 하나를 가지고 있으면 호흡에 어려움이 없으므로 가족의 건강을 도울 수 있습니다. 사람들이 생각할 수 있는 또 다른 장치는 로봇 청소기입니다. 그것은 공기 청정기만큼 대중적이거나 일반적인 것은 아닙니다. 그러나 점점 더 발전하고 있으며 요즘 많은 사람들의 집에서 찾을 수 있습니다. 저는 로봇이 어떻게 일하는지 100% 확신하지는 못했지만, 스스로 바닥을 진공청소기로 청소한다는 것은 압니다. 사람들이 보다 편리한 라이프 스타일을 찾고 있는 이래로, 저는 현대적인 기기 없이는 살 수 없다고 생각합니다.

모의
고사

TEST 2

Q1 Let's start the interview now. Tell me a little about yourself.

🖉 memo

Q2 Tell me about the hotels in your country. What are those places like? Where are they located? Are they different from the ones in other countries?

🖉 memo

Q3 Tell me what you typically do when you visit hotels. What do you do usually do? When do you usually stay at hotels?

✎ memo

Q4 When was the last time you stayed in a hotel? Tell me the whole story of where you were, why you were there, and what you did there. Talk about the whole hotel stay from beginning to end.

✎ memo

Q5 I would like to know about the phone calls that you make. What kinds of things do you talk about with your friends over the phone?

✏️ memo

Q6 How did you get to pick your current phone? Did someone recommend that phone for you? What made you buy that phone?

✏️ memo

Q7 Tell me about a recent phone call you remember. Who did you talk to and what did you talk about? What made that phone call so memorable?

✎ memo

Q8 You indicated in the survey that you like to watch movies. What kinds of movies do you like to watch? Why do you like those types of movies?

✎ memo

Q9 Tell me about when you went to the movies recently. Who did you go with and how was that day? What did you do before the movie and what did you do after?

✏ memo

Q10 Who is your favorite movie star? Tell me about the news that involved your favorite movie star. What was the issue about? How did the news affect your impression of that star? Tell me all the details.

✏ memo

Q11 I'd like to give you a situation and ask you to act it out. Someone in your family is going on vacation and you have agreed to take care of some of the responsibilities at home. Call your relative and ask three or four questions to get all the information you need.

✏ memo

Q12 I'm sorry, but there is a problem which I need you to resolve. When you got to your relative's house, the house is locked, and the key is not where it is supposed to be. Call your relative's hotel and leave a message explaining the situation and suggest two or three options to resolve the problem.

✏ memo

Q13 That's the end of the situation. Have you ever been in a situation when you agreed to do something for a friend or family member, but couldn't do it? Give me all the details from start to finish about what you agreed to do, what happened, and how the situation was resolved.

✎ memo

Q14 Pick two different types of music or composers you like. What is special about each type of music? What are some similarities and differences between the two?

✎ memo

Q15 Talk about some music gadgets or equipment that people are currently interested in. How are they useful, and what do people like about them?

🖉 memo

Let's start the interview now. Tell me a little about yourself.

[기본 소개] Sure, no problem. I'd be happy to tell you a couple of things about myself. My name is 김이박 and I am in my mid-40s.

[살붙이기] I've been working for 20 years as a researcher in the R&D department of ABC Electronics, which is the largest corporation in Korea. I live with my wife and two kids in an apartment in Suwon. My wife is a homemaker and takes care of the kids, and my children are about to enter middle school next year. I am usually extremely busy at work, but when I get some time off, I like to go out to dinner with my family or, actually, we just usually rest at home and watch a movie on TV. When I get some time to myself, I enjoy a round of drinks with some colleagues or old friends.

[인상적인 마무리] I love to learn many things from people so that I can grow and be a better person. So socializing is the most important and happiest thing in my life. That's all I can think of about myself right now, thanks.

문제 이제 인터뷰를 시작하겠습니다. 당신에 대해 말해주세요.

답변 물론입니다. 저에 대해 몇 가지 이야기해 드리겠습니다. 제 이름은 김이박이고 40대 중반입니다. 저는 한국에서 가장 큰 회사 인 ABC 전자의 연구 개발 부서에서 20년간 연구원으로 일해 왔습니다. 저는 수원에 있는 아파트에 아내와 두 자녀와 함께 살고 있습니다. 제 아내는 주부이며 아이들을 돌보고 아이들은 내년에 중학교에 입학합니다. 저는 직장에서 아주 바쁩니다. 그러나 시간이 나면 가족과 함께 저녁 식사를 하고 싶습니다. 우리는 집에서 쉬면서 TV로 영화를 봅니다. 제 자신의 시간을 조금 가진다면 동료나 옛 친구와 함께 술을 마십니다. 저는 사람들에게 많은 것을 배우기를 좋아해서, 점점 더 나은 사람이 될 것입니다. 그래서 사교성은 제 인생에서 가장 중요하고 행복한 것입니다. 이것이 바로 지금 제 자신에 대해 말하는 모든 것입니다. 감사합니다.

 Tell me about the hotels in your country. What are those places like? Where are they located? Are they different from the ones in other countries?

[장소 소개] I think hotels in my country are not all that different from hotels in other places, and I can tell you a little about them.

[장소 묘사] There are a wide variety of hotels here. You can find all different kinds of hotels in the country, and they are usually located near airports, downtowns, or tourist attractions. There are hotels that look just like hotels all over the world, there is a big sign with the name of the hotel, and they look mostly fancy and big. All these hotels have different types of rooms such as penthouse suites, doubles, and singles, just like you can find everywhere. And most hotels also offer many kinds of amenities and facilities, like saunas, gyms, gift shops, restaurants, and normal things like that. Not only that, but hotels in my country also have friendly service and can help you figure out any small thing you need help with.

[오감 느낌으로 마무리] It is normally very convenient and comfortable to stay in hotels in my country.

문제 당신의 나라에 있는 호텔에 대해 말해주세요. 어떻게 생겼나요? 어디에 위치해 있나요? 다른 나라의 호텔들과 다른가요?

답변 우리나라의 호텔은 다른 곳의 호텔과 다르지 않다고 생각합니다. 이에 대해 조금 이야기하겠습니다. 우리나라에는 다양한 종류의 호텔이 있습니다. 우리나라에서는 온갖 종류의 호텔들을 찾을 수 있으며 보통 공항, 시내 또는 관광 명소 근처에 있습니다. 전 세계에 있는 호텔처럼 생긴 호텔이 있으며, 호텔의 이름이 크게 간판에 붙어있으며 대부분 화려하고 큽니다. 이 호텔들에는 다른 호텔에서 찾을 수 있는 펜트 하우스, 스위트 룸, 더블 사이즈 룸, 싱글 룸과 같은 다양한 유형의 객실이 있습니다. 그리고 대부분의 호텔에는 사우나, 헬스장, 기념품 가게, 식당과 같은 일반적인 다양한 종류의 편의 시설이 있습니다. 뿐만 아니라 우리나라의 호텔도 친절한 서비스를 제공하며 도움이 필요한 작은 것을 찾아 낼 수 있도록 도와줍니다. 우리나라의 호텔에 머무르는 것이 일반적으로 매우 편리하고 편안합니다.

Tell me what you typically do when you visit hotels. What do you do usually do? When do you usually stay at hotels?

[주제 소개] I stay at hotels for a lot of different reasons, but I usually do the same things when I am there. I will tell you what I usually do when I stay at a hotel.

[습관이나 경향 말하기] Generally, for convenience, I make a reservation for the hotel on the Internet in advance. When I get to the hotel, the first thing I usually do is check in at the front desk. In order to do this, I give them my credit card and receive my room key. Then, once I get into my room, I usually look around the hotel room and unpack my stuff. From that point, I either relax in the room or I go to the hotel lounge and get a drink. It helps me a lot to be relaxed from the trip and prepare for the next thing on my schedule. In the morning, I always go for breakfast at the hotel buffet. And the last thing I usually do is check out.

[습관이나 경향에 대한 내 생각] All these steps are basically routine when I stay at a hotel.

문제 당신이 호텔을 방문했을 때 하는 일에 대해 말해주세요. 보통 무엇을 하나요? 언제 호텔에서 머무르나요?

답변 저는 여러 가지 이유로 호텔에 머무르지만 항상 같은 일을 합니다. 제가 호텔에서 평소에 무엇을 하는지 말하고자 합니다. 일반적으로 편의를 위해 사전에 예약을 합니다. 호텔에 도착했을 때 가장 먼저 하는 일은 프론트 데스크에서 체크인하는 것입니다. 체크인을 위해서, 신용카드를 주고 방 열쇠를 받습니다. 그런 다음, 일단 방에 들어가면 보통 호텔 방을 둘러보고 짐을 풉니다. 그 후로, 방에서 긴장을 풀거나 호텔 라운지에 가서 술을 마십니다. 그것은 제가 쉬면서 다음 일정을 준비하는 데 많은 도움이 됩니다. 아침에는 항상 호텔 뷔페에서 아침 식사를 하러 갑니다. 그리고 제가 보통 하는 마지막 일은 체크 아웃입니다. 이것이 제가 호텔에 있으면 기본적으로 하는 일상입니다.

 When was the last time you stayed in a hotel? Tell me the whole story of where you were, why you were there, and what you did there. Talk about the whole hotel stay from the beginning to end.

[경험 소개] I think I can remember the last time I stayed in a hotel. I will tell you about a hotel I stayed in during a recent business trip to Japan.

[6하원칙 정보로 경험 묘사] A couple of months ago, I went on a business trip and stayed at a hotel for a week. I was making a presentation for my company at a conference in Japan, and I had to prepare lots of things at the hotel. As usual, I flew in and went to the hotel and started work there. I thought it would be just a regular business hotel, but it was a nice and comfortable 5-star hotel. After I got done working, I had to rest. So, I went to the hotel spa to relax in the hot tub. After that, I grabbed a bite to eat at the hotel lounge and finished up my presentation for the morning.

[기분이나 느낌으로 마무리] It was pretty nice and helped me to be more productive and focused and I guess I wouldn't have been able to do it without that good facilities.

문제 마지막으로 호텔에서 머물렀던 때는 언제인가요? 당신이 있던 곳과 그곳에 있었던 이유, 그곳에서 한 일에 대해 전부 말해주세요. 호텔에서 머물렀던 처음부터 마지막까지 모두 말해주세요.

답변 호텔에 마지막으로 머물렀던 때가 기억납니다. 저는 최근에 일본으로 출장가는 동안 머물렀던 호텔에 대해 이야기하려고 합니다. 저는 몇 달 전에 출장을 갔고 일주일 동안 호텔에 묵었습니다. 저는 일본에서 열린 컨퍼런스에서 회사에 대한 프리젠테이션을 하고 있었고 호텔에서 많은 것을 준비해야 했습니다. 평소와 같이, 호텔에 가서 일을 시작했습니다. 저는 보통의 비즈니스호텔 일 것이라고 생각했습니다. 그러나 편안하고 멋진 5성급 호텔이었습니다. 저는 일을 마치면 쉬어야만 했습니다. 그래서 온수 욕조에서 휴식을 취하기 위해 호텔 스파에 갔습니다. 그 후에 호텔 라운지에서 식사를 하고 아침에 발표를 마쳤습니다. 꽤 기분이 좋았고 더 생산적이고 집중적으로 일하도록 도와준 곳입니다. 이렇게 좋은 시설 없이는 불가능했을 것입니다.

Q5 I would like to know about the phone calls that you make. What kinds of things do you talk about with your friends over the phone?

[주제 소개] I talk on the phone with my friends way less now than in the past, since these days I use the Kakaotalk app on my smartphone. It is the most popular internet chat application in Korea. But I can tell you a bit about things I talk about with my friends over the phone.

[습관이나 경향 말하기] I usually make phone calls to my friends. We usually talk to confirm the place or location to hang out, or when I am on the way to meet them. Other than those basic information phone calls, my friends and I talk on the phone to have serious conversations from person to person, and we usually talk about important issues such as family and relationships or problems at work or careers and things like that. If a conversation is really serious, we might talk longer than an hour or two.

[습관이나 경향에 대한 내 생각] In my opinion, it always works better to talk on the phone than to chat through text messages, since we can hear the nuance in each other's voices.

[문제] 당신의 전화통화에 대해 알고 싶습니다. 친구들과 전화로 어떤 것들에 대해 이야기 나누나요?

[답변] 요즘 스마트 폰에서 카카오톡 앱을 사용하고 있어서 전보다 친구와의 대화가 적습니다. 그것은 한국에서 가장 인기있는 인터넷 채팅 앱입니다. 하지만 전화로 친구들과 이야기하는 것에 대해 조금 말하고자 합니다. 저는 보통 친구들에게 전화를 합니다. 우리는 보통 놀고 싶은 장소를 확인하거나 만나러 가는 길에 대화를 합니다. 기본적인 전화 외에도 저는 친구들과 진지한 대화를 전화로 합니다. 우리는 가족이나 직장에서의 문제와 같은 중요한 이슈에 대해 이야기합니다. 대화가 정말로 심각한 경우는 1시간 또는 2시간 이상 이야기합니다. 제 의견으로는, 문자 메시지를 통해 대화하는 것보다 항상 전화로 대화하는 것이 더 효과적입니다. 서로의 목소리에서 미묘한 차이가 있기 때문입니다.

Q6 How did you get to pick your current phone? Did someone recommend that phone for you? What made you buy that phone?

[일어난 배경이나 원인 설명하기] If I am not mistaken, I think I got my phone a year ago after my old phone broke, and I was looking for a bigger screen with a lighter one. One of my friends recommended my current phone to me and it is perfect for many reasons, and I am really satisfied with it.

[결과나 영향 말하기] First of all, since I got a new one, it is much more convenient to use when I read or see pictures on it since it has a bigger touch screen. Another good thing about getting a new phone is, the internet on this data plan is a lot faster, and even better, the hard drive has a ton more gigabytes for saving media files. And the biggest benefit that I got was the money I saved, since I got a discount on my monthly plan and a government grant that covered the purchase price of the phone itself.

[결론이나 자신의 의견으로 마무리] Overall my new phone is much better than my old phone, even though I really liked my old phone.

[문제] 어떻게 당신이 현재 사용하는 전화를 고르게 되었나요? 누군가 추천해주었나요? 왜 전화를 샀나요?

[답변] 제가 잘못 안게 아니라면 1년 전 전화가 고장 난 후에 갖게 되었다고 생각합니다. 저는 더 가볍고 큰 화면이 있는 것을 찾고 있었습니다. 친구 중 한 명이 추천했으며 여러 가지 이유로 완벽합니다. 정말 만족합니다. 우선 새것을 가진 후에는 터치 스크린이 더 크기 때문에 사진을 볼 때 훨씬 편리합니다. 새로운 전화기의 좋은 점은 데이터 속도가 훨씬 빠르며 하드 드라이브가 미디어 파일을 저장하는 기가바이트가 훨씬 더 많다는 것입니다. 그리고 가장 큰 혜택은 매월 전화 자체의 구매 가격을 충당하는 정부 보조금으로 할인 받을 수 있기 때문에 돈이 절약됩니다. 전반적으로 오래된 전화가 정말 맘에 들었지만 그보다 새로운 전화가 훨씬 좋습니다.

Q7 **Tell me about a recent phone call you remember. Who did you talk to and what did you talk about? What made that phone call so memorable?**

[경험 소개] I think I can remember a phone call I made a couple of days ago, actually. I will tell you about a recent phone call I had with my boss about a project issue.

[6하원칙 정보로 경험 묘사] A couple of weeks ago, I was resting at home before bed, but my boss called me. Since it was pretty late, I knew it had to be an emergency. My boss panicked and told me there was a problem with a project that we were working on. He explained the situation from the beginning to the end, and thankfully I knew what to do right away, and gave him my opinion over the phone. He thanked me for saving so much time and effort for him. Because of that phone call, I gained a lot of credit at work and my boss was really proud of me.

[기분이나 느낌으로 마무리] I remember this phone call since it was really successful, and I feel like it is going help me in the future.

문제 당신이 기억하는 최근 전화통화에 대해 말해주세요. 누구와 이야기를 나누었나요? 무엇에 대해 이야기를 나누었나요? 왜 그 전화통화가 기억에 남나요?

답변 며칠 전 제가 했던 통화를 기억합니다. 프로젝트 이슈에 대해 팀장님과 통화 한 것에 대해 말씀드리겠습니다. 2주 전에 저는 집에서 쉬고 있었지만, 팀장님이 저에게 전화를 걸었습니다. 꽤 늦은 시간이었기 때문에, 긴급한 상황이라는 것을 알았습니다. 팀장님은 당황했고 우리가 작업하고 있는 프로젝트에 문제가 있다는 말을 들었습니다. 그는 처음부터 끝까지 상황을 설명했고, 다행스럽게도 저는 무엇을 해야 할지 알고 전화로 의견을 말했습니다. 팀장님은 많은 시간과 노력을 절약할 수 있게 해줘서 저에게 감사하다고 했습니다. 그 전화통화 때문에 직장에서 많은 신임을 얻었고 팀장님은 정말로 저를 자랑스러워했습니다. 저는 이 성공적인 전화통화를 기억하고 있으며, 미래에 도움이 될 것 같은 기분입니다.

 Q8 **You indicated in the survey that you like to watch movies. What kinds of movies do you like to watch? Why do you like those types of movies?**

[주제 소개 및 자신의 의견 이야기하기] I like all kinds of movies since I just usually watch the newest releases at the theater or whatever is popular at that time because I'm a movie geek. But come to think of it, I like action and adventure-type movies the best, and there are some reasons I can tell you about.

[뒷받침 생각 말하기] I am a big fan of Marvel superhero movies since I like to watch sci-fi or fantasy the best. The storylines are very well written, and the acting is charming and moving. On top of that, the special effects really blow me away, because they help me feel like the movie is real and happening in front of me, not just on the screen. Plus, they help me to understand the story better as well.

[의견 요약 정리로 마무리] Overall, the acting, writing, and special effects are all the reasons why I have seen every single one, even though about 20 Marvel movies have been released by now. I can't wait to see what happens in the next one.

문제 당신은 설문조사에서 영화 관람을 좋아한다고 했습니다. 어떤 종류의 영화를 좋아하나요? 왜 그런 종류의 영화를 좋아하나요?

답변 영화관에서 가장 최신 영화부터 모든 종류의 영화를 좋아하는 광팬입니다. 하지만 생각해 보니 액션과 어드벤처 유형의 영화를 가장 좋아하는 몇 가지 이유가 있습니다. 저는 마블 영웅 영화의 광팬입니다. 공상 과학이나 판타지를 가장 좋아합니다. 스토리 라인이 잘 쓰여 있고 연기는 매력적이며 감동적입니다. 그뿐만 아니라, 특수 효과는 영화가 마치 현실 앞에서 일어나는 것처럼 느껴지도록 도와주어서 저를 놀라게 합니다. 또한, 이야기를 더 잘 이해할 수 있게 도와줍니다. 전반적으로, 지금까지 약 20개의 마블 영화가 출시되었지만, 하나도 빠트리지 않고 본 이유는 연기와 대본, 특수효과 때문입니다. 저는 다음에 무엇이 나올지 너무나 기다려집니다.

Tell me about when you went to the movies recently. Who did you go with and how was that day? What did you do before the movie and what did you do after?

[경험 소개] A couple of weeks ago, I went to see a movie with my friend. I'll tell you a bit about it.

[6하원칙 정보로 경험 묘사] Before going to the theater, my friend and I picked out the movie we wanted to see. There were a few interesting options, but we decided on a classic action film since we were in the mood for a thrill. We made a reservation for tickets online in advance, and read reviews about the movie as well. Later at the movie theater, we stopped by the snack bar to load up with some popcorn and drinks. Finally, we sat down to enjoy the movie. It was actually way better than we expected. Right after the movie, we went to a nice restaurant to get some dinner and drinks at a place near the theater that had been very popular on Instagram lately. We took some pictures of ourselves and the food to show off to our other friends.

[기분이나 느낌으로 마무리] Those are some of the things I did before and after a movie recently.

문제 최근 영화 관람에 대해 말해주세요. 누구와 갔었나요? 그날은 어땠나요? 영화를 보기 전과 후에 무엇을 했나요?

답변 2주 전, 저는 친구와 함께 영화를 보러 갔습니다. 그것에 대해 조금 이야기하겠습니다. 극장에 가기 전에, 제 친구와 저는 보고 싶은 영화를 골랐습니다. 흥미로운 옵션이 몇 가지 있었지만 저희는 스릴 넘치는 것을 보고 싶었기 때문에 고전 액션 영화를 보기로 했습니다. 저희는 사전에 온라인으로 티켓을 예약했고 영화에 대한 리뷰도 읽었습니다. 영화 극장에서 저희는 팝콘과 마실 것을 사기 위해 스낵 바에 들렀습니다. 마침내 저희는 영화를 보러 앉았습니다. 실제로 저희가 예상했던 것보다 훨씬 좋았습니다. 영화가 끝나고 바로 저희는 극장 근처에 인스타그램에서 매우 인기가 있었던 식당에서 저녁 식사와 술을 먹으러 갔습니다. 저희는 친구들에게 자랑하기 위해 셀카와 음식을 찍었습니다. 그것이 제가 영화 보기 전후로 했던 일 중 몇 가지입니다.

 Who is your favorite movie star? Tell me about the news that involved your favorite movie star. What was the issue about? How did the news affect your impression of that star? Tell me all the details.

[소식을 접한 배경] I have been watching some news about movie stars lately, I can tell you something I heard about Bradley Cooper.

[소식에 대해 구체적으로 이야기하기] I saw a report on a celebrity gossip website about Bradley Cooper a few months ago that I thought I was pretty interesting. He's a great actor and also unbelievably handsome, and in his most recent blockbuster "A Star is Born", he played an old singer-songwriter who falls in love with a young woman musician played by Lady Gaga. The movie was nominated for a few Academy Awards, so the actors had to promote it a lot, and were flirting in character to sell the film. Because of this, there were many rumors about them actually dating in real life. Even though it wasn't true since Bradley Cooper is happily married and his wife was at every performance.

[소식에 대한 의견이나 생각으로 마무리] Personally, I think it is a sign of a great actor to be able to fool all of your fans into thinking you are in a secret relationship because of your character in a movie.

문제 가장 좋아하는 영화배우는 누구인가요? 당신이 좋아하는 영화배우와 관련된 소식에 대해 말해주세요. 어떤 내용이었습니까? 그 소식은 배우에 대한 인식에 어떤 영향을 미쳤나요? 가능한 자세히 말해주세요.

답변 저는 최근에 영화배우에 관한 뉴스를 봤습니다. 저는 브래들리 쿠퍼에 대해 들은 것을 이야기하겠습니다. 저는 몇 달 전에 브래들리 쿠퍼에 대한 연예인 가십 웹 사이트에 대한 보도를 보고 꽤 흥미롭다고 생각했습니다. 그는 대단한 배우이며 엄청나게 잘 생겼으며 최근 블록버스터 영화 "A Star is Born"에서는 레이디 가가가 연기하는 젊은 여성 가수와 사랑에 빠지는 가수 겸 작곡가를 연기했습니다. 이 영화는 아카데미상 몇 종목에 후보로 지명되었기 때문에 많이 홍보를 해야 했으며 홍보 과정에서 배우들은 자신의 캐릭터들처럼 연기를 잘했습니다. 이 때문에 현실에서도 둘이 사랑에 빠졌다고 하는 소문이 돌았습니다. 브래들리 쿠퍼는 기혼자이며 아내가 모든 공연에 참석했으니 이 소문은 사실이 아니었지만 그래도 상상해 보는 건 재밌었습니다. 개인적으로 영화의 캐릭터 때문에 비밀스러운 연애를 하고 있다고 팬들을 속일 정도면 훌륭한 배우라고 생각합니다.

I'd like to give you a situation and ask you to act it out. Someone in your family is going on vacation and you have agreed to take care of some of the responsibilities at home. Call your relative and ask three or four questions to get all the information you need.

[전화인사 및 전화건 목적 말하기] Hi! I'm calling you to ask some questions about what I should do to take care of your home while you are on vacation. Do you have time to talk right now? I would like to confirm a few things, so I can make sure I get everything exactly right.

[질문하기] You asked me to feed your dog every day and I am wondering, what time does he need to be fed? Can you tell me where I should put the mail that I pick up from the mailbox? Do you have any houseplants you need for me to water? Would it be helpful if I cleaned up before you came home? Could you please give me some directions for how to get there, and is there a parking lot available in your apartment building? I just have one more question. I wonder, is there a way for me to contact you in case of an emergency?

[인사로 마무리] I am happy to help you out with this, I hope you have a great trip.

문제 상황을 드릴 테니 역할극을 해주세요. 가족친지 중 누군가가 여행에 갈 예정입니다. 당신은 집안일을 맡아주기로 동의했습니다. 친척에게 전화를 걸어 당신이 필요한 정보에 대해 3-4가지 질문을 해주세요.

답변 여보세요? 네가 휴가를 가는 동안 집에서 해야 될 일에 대해서 몇 가지 질문하려고 전화했어. 지금 시간 괜찮아? 내가 일을 정확하게 처리 할 수 있도록 몇 가지만 확인할게. 매일 개에게 먹이를 주라고 했는데 궁금한 게 몇 시 정도에 먹이면 돼? 우편함에 있는 우편을 어디에 놓아두면 돼? 물을 줘야 하는 화분이 있을까? 네가 집에 오기 전에 내가 청소를 하면 도움이 될까? 그 집으로 가는 길 좀 알려줘. 그리고 아파트에 주차장이 있니? 마지막 하나만 더 할게. 궁금한데 비상시에 연락할 수 있는 방법이 있을까? 내가 도와줄 수 있어서 좋네. 좋은 여행이 되길 바라.

 I'm sorry, but there is a problem which I need you to resolve. When you got to your relative's house, the house is locked, and the key is not where it is supposed to be. Call your relative's hotel and leave a message explaining the situation, and suggest two or three options to resolve the problem.

[자신이 처한 상황 설명하기] Hello, it's me Michael. Unfortunately, I'm running into some difficulties at your apartment. I just got to your house and I am not able to find the key anywhere that you left for me. The key was supposed to be under the mat, but it isn't there. I don't know what to do now. That's why I am calling you to figure it out.

[도움요청/부탁하기] If there is a spare key that I can get, I think it would be great. Did you leave another spare key with any neighbors or family members who I could contact? If not, how about calling the building superintendent and asking if he can open the door? I may be able to call a locksmith to open it and get an extra key. Do you want me to do this? I don't really know what to do now.

[감사 인사로 마무리] Give me a call when you get this message. I will get some coffee next to your apartment while I am waiting for your phone call. Thanks.

문제 미안하지만, 당신이 해결해야 하는 문제가 생겼습니다. 당신이 친척집에 들어가려는 데, 집이 잠겨있고, 열쇠는 있어야할 곳에 없습니다. 친척이 묵고 있는 호텔에 전화를 걸어 상황을 설명하는 메시지를 남기고, 문제를 해결할 2-3가지 대안을 제시하세요.

답변 안녕. 나야 마이클. 불행하게도 아파트에서 좀 어려움을 겪고 있어. 집에 막 도착했는데 열쇠를 아무 곳에서도 찾을 수가 없네. 매트 아래 있어야 되는데 없어. 이제 뭘 할지 모르겠어. 그래서 전화해서 해결하려고 해. 만일 내가 구할 수 있는 여분의 열쇠가 있다면 참 좋겠어. 혹시 내가 연락할 수 있는 이웃이나 다른 가족분에게 열쇠를 남긴 건 없어? 없다면 건물 관리자를 연락해서 문을 열어달라고 하는 건 어때? 아니면 내가 자물쇠 수리공에게 전화해서 문을 열고 여분의 열쇠를 구할 수 있을 것 같아. 그렇게 할까? 이 메시지를 받으면 나에게 전화 줘. 나는 아파트 근처에서 커피를 마시면서 네 전화를 기다릴게. 고마워.

Q13 **That's the end of the situation. Have you ever been in a situation where you agreed to do something for a friend or family member, but couldn't do it? Give me all the details from start to finish about what you agreed to do, what happened, and how the situation was resolved.**

[문제 상황 소개] I remember a time when I was supposed to go to my friend's birthday party but I couldn't make it, and I will tell you about it. A couple of weeks ago, it was the birthday of one of my best friends and I got invited. Most of my friends from back in high school were going to come and celebrate together. We planned out everything for the party. But just a day before the party, I had to go on a business trip to China unexpectedly and couldn't make it to the party.

[해결책과 그 해결책을 쓴 이유 설명하기] I felt very sorry and guilty, so I was thinking a video call would be a good way to participate, like I always do with conference calls at work. That way, I could still be there and not missing the party.

[이 과정을 통해 느낀점으로 마무리] It worked actually great. I was able to see everyone and talked to them. I really felt like was at a party and my friend very appreciated it.

문제 마지막 상황입니다. 친구가 가족을 위해 무엇을 하기로 동의했던 경험이 있나요? 당신이 하기로 한 일에 대해 처음부터 끝까지 자세히 말해주세요. 어떤일이 있었나요? 어떻게 상황은 해결되었나요?

답변 저는 친구 생일 파티에 가야 할 때가 있었지만 갈 수 없었던 때를 기억합니다. 2주 전 가장 친한 친구 중 한 명의 생일파티에 초대받았습니다. 고등학교 때 친구들 대부분이 함께 축하해 주려고 했습니다. 우리는 파티를 위한 모든 것을 계획했습니다. 그러나 파티를 열기 하루 전에 저는 예기치 않게 중국으로 출장을 가야 했고 모임을 갈 수 없었습니다. 매우 유감스럽고 죄책감을 느껴서 저는 직장에서 화상 회의를 하는 것처럼 영상 통화가 좋은 방법이 될 것이라고 생각했습니다. 그렇게 저는 여전히 거기에 있을 수 있고 파티를 놓치지 않을 수 있었습니다. 실제로 효과가 있었습니다. 저는 모든 사람을 보면서 이야기할 수 있었습니다. 저는 파티에 있는 것 같았고 친구는 매우 고맙게 생각했습니다.

 Q14 **Pick two different types of music or composers you like. What is special about each type of music? What are some similarities and differences between the two?**

[대상 각각 소개] I like lots of music and singers so it is not easy to pick two musicians. But I would go with 성시경 and G Dragon for this. Since 성시경 has been a ballad king over the last decade and G Dragon has been a hip-hop icon for a long time.

[비슷한 점과 차이점 이야기하기] One similarity between the two would be their professionalism. They both are singers, performers and composers and very professional at their work as well. Another similarity would be how attractive they are. They both are very good-looking, and because of this, they have lots of fans and can still be on TV. On the other hand, there is a difference between the two, which is their music genres that make them so special. 성시경 has very a soft voice to fit well for ballad songs. But G Dragon has a unique style of rapping and dancing that fits his hip-hop style.

[대상에 대한 자신의 의견으로 마무리] Even though they sing in different genres, there is no doubt about how talented they are.

문제 당신이 좋아하는 두 가지 종류의 음악 또는 작곡가를 고르세요. 각각의 음악의 특징은 무엇인가요? 둘 사이의 비슷한 점과 다른 점은 무엇인가요?

답변 저는 많은 음악과 가수를 좋아해서 두 명의 뮤지션을 선택하는 것이 쉽지 않습니다. 하지만 성시경과 G드래곤을 말하려고 합니다. 성시경은 지난 10년 동안 발라드 왕이었고 G Dragon은 오랫동안 힙합 아이콘으로 활동 해왔습니다. 둘의 공통점은 전문성이 있다는 것입니다. 둘 다 가수이자 공연가 및 작곡가이며 노래도 매우 전문적입니다. 또 다른 공통점은 매력적이라는 것입니다. 둘 다 매우 잘 생겼습니다. 그래서 팬이 많고 계속 TV에 나옵니다. 다른 한편으로는 이 둘 사이에는 차이가 있습니다. 두 음악 장르는 매우 특별합니다. 성시경은 발라드 곡에 잘 어울리는 부드러운 목소리가 있습니다. 그러나 G Dragon은 자신의 힙합 스타일에 맞는 독특한 랩 스타일과 춤이 있습니다. 서로 다른 장르로 노래를 부르지만, 그들이 얼마나 재능이 있는지는 의심의 여지가 없습니다.

Q15 **Talk about some music gadgets or equipment that people are currently interested in. How are they useful, and what do people like about them?**

[사물 소개] People these days usually use their smartphones to do almost everything. They are not limited to just being music gadgets.

[구체적인 묘사나 추상적인 묘사] First of all, smartphones are all-in-one devices and their function for music is one of their best. You can just download music online and stream or play or save it all at the same time. Not only that, the quality of music is also way better than most other music gadgets as well. You can use online music apps to create your own personal music albums to save and play whenever you want. Plus, you can research any new music you want to with your smartphone. Probably the best thing is that people can do other things on the phone while they are listening to music with it.

[의견이나 생각으로 마무리] In my opinion, music gadgets are not just for listening to music these days, they have been added into the same device as our cameras and phones. That's why it is more useful and people use them more.

[문제] 사람들이 현재 관심있어 하는 음악 기기나 기계에 대해 말해주세요. 어떻게 유용한가요? 사람들은 어떤 점을 좋아하나요?

[답변] 요즘 사람들은 대부분 거의 모든 일을 하기 위해 스마트폰을 사용합니다. 단지 음악 장치만 되는 것에 국한되지 않습니다. 우선, 스마트폰은 올인원 (all-in-one) 장치이며 음악을 듣는 기능은 최고입니다. 음악을 온라인으로 다운로드하고 동시에 스트리밍 하거나 재생하거나 저장할 수 있습니다. 뿐만 아니라 음악의 품질도 다른 대부분의 음악 장치보다 훨씬 낫습니다. 온라인 음악 앱을 사용하여 언제든지 저장하고 나만의 개인 음악 앨범을 만들 수 있습니다. 또한 스마트폰으로 원하는 새로운 음악을 찾을 수 있습니다. 아마도 가장 좋은 점은 사람들이 음악을 듣고 있는 동안 다른 일을 할 수 있다는 것입니다. 저는 음악을 듣는 장치뿐만 아니라, 카메라와 전화 같은 장치가 추가되었다고 생각합니다. 그것이 더 유용하고 사람들이 더 많이 사용하는 이유입니다.

MEMO

MEMO

퀵

오픽 최신기출
반영

OPIc AL+